DFG

Fortschritte in der Semantik

VCH
Acta humaniora

DFG Deutsche Forschungsgemeinschaft

Fortschritte in der Semantik

Ergebnisse aus dem Sonderforschungsbereich 99
„Grammatik und sprachliche Prozesse"
der Universität Konstanz

Herausgegeben von
Arnim von Stechow und Marie-Theres Schepping

Sonderforschungsbereiche

VCH
Acta humaniora

Deutsche Forschungsgemeinschaft
Kennedyallee 40
D-5300 Bonn 2
Telefon (02 28) 8 85-1

CIP-Titelaufnahme der Deutschen Bibliothek:
Fortschritte in der Semantik : Ergebnisse aus d. Sonderforschungsbereich 99 "Grammatik u. Sprachl. Prozesse" d. Univ. Konstanz / DFG, Dt. Forschungsgemeinschaft. Hrsg. von Arnim von Stechow u. Marie-Theres Schepping. – Weinheim : VCH, Acta Humaniora, 1988
(Sonderforschungsbereiche)
ISBN 3-527-17023-5
NE: Stechow, Arnim von [Hrsg.]; Deutsche Forschungsgemeinschaft

Herstellerische Betreuung: L & J Publikations-Service GmbH, D-6940 Weinheim
Satz: Hagedorn Satz, D-6806 Viernheim
Druck: Zechnersche Buchdruckerei, D-6720 Speyer
Bindung: Buchbinderei Kränkl, D-6148 Heppenheim
Printed in the Federal Republic of Germany

Vorwort

Der Sonderforschungsbereich 99 (SFB 99) wurde 1974 unter dem Namen *Linguistik* gegründet, den er bis 1983 beibehielt. Von 1983 bis zu seinem Auslaufen Ende 1985 hieß der SFB *Grammatik und sprachliche Prozesse.* Die Gründung selbst ist der Initiative des 1984 verstorbenen Konstanzer Ordinarius für Allgemeine Sprachwissenschaft Peter Hartmann zu verdanken. Die von Peter Hartmann verfolgte Idee bestand darin, in Konstanz mit dem Sonderforschungsbereich einen Schwerpunkt Linguistik einzurichten, in dem langfristig linguistische Grundlagenforschung getrieben werden könne.

Die Etablierung eines so ausgerichteten Sonderforschungsbereiches lag in der Intention der Gründer der Universität Konstanz. So heißt es im Gründungsbericht der Universität, S. 23: „Mit der Sprache beschäftigen sich neue Theorien, die ihren Ursprung nicht in der Philologie haben." In eben diesem Bericht werden Überlegungen zur Einrichtung eines Schwerpunktes Sprache angestellt. Wieder wird die Sprachwissenschaft eher unter das mathematisch-naturwissenschaftliche als unter das historisch-philologische Paradigma eingereiht. Auf S. 47 des Gründungsberichts heißt es: „Bei der Wahl dieses Themas [= Sprache] wären unterschiedliche Akzentsetzungen denkbar, je nachdem, ob etwa die Formalisierung der Sprachwissenschaft in ihrer Beziehung zur Logik und Mathematik oder das Wesen der Information unter physikalischem und biologischem Aspekt im Zusammenhang mit den Formen menschlicher Sprache untersucht werden sollte." Im Laufe seiner über zehnjährigen Geschichte hat der SFB 99 zu beiden Zielsetzungen wichtige Beiträge geleistet.

Neben den wissenschaftlichen Publikationen ist der SFB 99 durch die Organisation einiger internationaler Kolloquien an die Öffentlichkeit getreten. Speziell zum Thema „Semantik" organisierte der SFB die beiden Kolloquien *Semantics from different points of view* (1978) und *Meaning, use and interpretation of language* (1981). Beide Veranstaltungen schlugen sich in Sammelbänden nieder. Vergleiche Bäuerle/Egli/von Stechow (1979) und Bäuerle/Schwarze/von Stechow (1982).

Da sich das Thema „Semantik" wie ein roter Faden durch die Geschichte des SFBs zieht, wurde es als Rahmenthema für das Abschlußbuch gewählt. Das Abschlußbuch selbst verfolgt zwei Ziele. Erstens möchte es dem Nichteingeweihten einen Einblick in die Fragestellungen und Arbeitsweisen dieser Forschergemeinschaft geben. Zweitens sollen die wichtigsten Ergebnisse dokumentiert werden. Das erste Ziel ist das übergeordnete, da die Forschungsergebnisse in aller Regel bereits publiziert und daher der Fachwelt zugänglich sind. Deshalb wurde darauf verzichtet, für jedes Teilprojekt eine Art auflistenden Artikel zu verfassen, der alle wichtigen Ergebnisse enthielte. Vielmehr gibt es von jedem Projekt einen Beitrag zu einer oder zu mehreren semantischen Fragestellungen, der die Arbeitsweise und den wissenschaftlichen Stil des Projektes dokumentieren soll. Teilweise handelt es sich um Originalbeiträge, teilweise werden im SFB entstandene Forschungen referiert. Sofern dies nicht aus den Beiträgen selbst hervorgeht, wird zu jedem Projekt in einem Vorspann Hintergrundinformation geliefert, die es erlaubt, die im Dokumentationsteil aufgeführte Literatur zu lokalisieren. Eine allgemeine Einleitung führt in den heutigen Forschungsstand der Semantik ein.

Arnim von Stechow
Marie-Theres Schepping

Inhaltsverzeichnis

Vorwort

Teil I. Einleitung

Teil II. Einzelbeiträge

Teil I. Einleitung

Fortschritte in der Semantik

Arnim von Stechow

1 *Drei Aspekte von Bedeutung*

Die verschiedenen Teildisziplinen der Linguistik setzen ein unterschiedliches Abstraktionsniveau voraus. Am konkretesten ist die Phonologie. Die dort benutzten Begriffsbildungen sind zwar auch abstrakt, aber erfahrungsgemäß leicht nachvollziehbar. Die Begriffsbildungen der Syntax sind wesentlich abstrakter. So lassen sich etwa die Prinzipien, nach denen größere syntaktische Einheiten organisiert sind (Phrasenstruktur mitsamt den einschlägigen strukturellen Begriffen), nur durch sehr indirekte Methoden ermitteln, keineswegs durch direkte empirische Beobachtung.

Die Semantik ist die abstrakteste linguistische Disziplin, so abstrakt, daß die behavioristisch orientierten amerikanischen Linguisten der ersten Hälfte dieses Jahrhunderts sie ganz aus der Sprachwissenschaft verbannt wissen wollten. Semantik hat es wesentlich mit „Begriffen" zu tun, und für diesen Bereich gibt es keine so naheliegende Forschungsstrategie wie für die Syntax: Die Syntaxforschung basiert auf unserer intuitiven Fähigkeit, zwischen Sätzen und Nicht-Sätzen unterscheiden zu können; dagegen verfügen wir über keine Intuition, die es uns gestattet, zwischen einem Begriff und einem Nichtbegriff zu unterscheiden. Eine der Hauptschwierigkeiten für das Gebiet der Semantik besteht darin, Einigkeit über die Art des wissenschaftlichen Gegenstandes dieser Disziplin zu gewinnen. Eine ständige Quelle für Konfusionen ist die Verwechselung von logischen und psychologischen Begriffsbildungen in der Semantik. Dies wurde bereits vor hundert Jahren von Gottlob Frege klar gesehen, aber die Mißverständnisse treten heute genau wie im letzten Jahrhundert immer wieder auf und belasten das Verhältnis der verschiedenen Forschungsrichtungen innerhalb der Semantik, zum Beispiel das zwischen „logischer Semantik" und „psychologischer Semantik".

Im folgenden wird es darum gehen, die verschiedenen Begriffsbildungen der semantisch orientierten Disziplinen einzuführen, sie gegeneinander abzugrenzen und dem Leser ein Gefühl für ihre Tragweite und Fruchtbarkeit zu vermitteln. Auf dieser Grundlage können die verschiedenen Forschungsaktivitäten innerhalb des Sonderforschungsbereiches 99 (SFB 99) einsichtsvoll lokalisiert werden.

Es ist sinnvoll, drei große Stränge des Bedeutungsbegriffes auseinanderzuhalten: *Information, Informationsrepräsentation* und *Informationsverarbeitung*. Diese Begriffe sind zunächst weitgehend theorieneutral intendiert und sollen recht weit verstanden werden.

Information ist in dem Sinne der modelltheoretischen Semantik zu verstehen. Information hat etwas mit Referenz und Wahrheitsbedingungen zu tun. In dem Zweig der Semantik, der Information in diesem Sinne untersucht, sind meines Erachtens die größten Fortschritte in den letzten zwei Jahrzehnten gemacht worden. Die Forschungsstrategie dieser Art von Semantik ist durch die Stichwörter *Wahrheitsbedingungen* und *Kompositionalität* charakterisiert, die in den folgenden Abschnitten erläutert werden. Der hier vorausgesetzte Informationsbegriff ist recht allgemein. Er ist keineswegs auf die „Darstellungsfunktion" der Sprache beschränkt; Information wird z. B. erfragt, geglaubt, bildet den Inhalt von Befehlen oder Wünschen.

Die *Informationsrepräsentation* wird man, je nach Forschungsinteressen, in verschiedenen Disziplinen ansiedeln. Rein logisch und technisch orientierte Disziplinen werden die Repräsentationen nach innertheoretischen oder technischen Gesichtspunkten organisieren. Der logische Semantiker wünscht sich eine einfach zu interpretierende Repräsentation, der Künstliche-Intelligenz-Forscher (KI-Forscher) dagegen zum Beispiel vielleicht eine Darstellung, die optimales Theorembeweisen ermöglicht. Der Psychologe und der kognitive Linguist sehen in der Repräsentationsfrage dagegen ein empirisches Problem. Sie möchten im Prinzip wissen, wie es wirklich ist. Wie sehen die „mentalen Repräsentationen" aus, die wir in unseren Köpfen haben?

Die *Informationsverarbeitung* ist der komplexeste Gegenstand der semantikorientierten Forschungen. Darunter fallen globale Fragen wie Textverstehen, Wissensrepräsentation und Folgerungen aus faktischem Wissen, die in die allgemeine Kognition hineinreichen, aber auch Detailprobleme wie Abhängigkeit der Interpretation vom sprachlichen Kontext (z. B. Anaphernauflösung), die teilweise mit Methoden der Semantik im engeren Sinne behandelt werden können. In der Psychologie erfreut sich dieser Aspekt der Bedeutung unter der Überschrift *Sprachverarbeitung* eines ständig wachsenden Interesses. Es liegt auf der Hand, daß die schnelle Entwicklung der KI-Forschung zu diesem Gebiet viel beitragen dürfte.

Der Sonderforschungsbereich 99 hat alle drei Stränge des Bedeutungsbegriffes verfolgt, naturgemäß mit unterschiedlicher Schwerpunktsetzung je nach Provenienz und Interessen der beteiligten Forscher, wie die folgende Übersicht über die Projekte zeigt.

Das Projekt des Verfassers dieser Zeilen hat in erster Linie mit Methoden der logischen Semantik gearbeitet, hat also den Gesichtspunkt der Information in den Vordergrund gestellt:

Projekt A 1. Formale Syntax und Semantik natürlicher Sprachen.
Engeres Fach: Syntax/Semantik.
Projektleiter: Arnim von Stechow.

Bei den folgenden Projekten hat neben dem logischen Aspekt der Gesichtspunkt der Informationsverarbeitung eine zentrale Rolle gespielt:

Projekt B. Wissensabhängige Deutung von Ereignisbeschreibungen.
Engeres Fach: Semantik/Pragmatik.
Projektleiter: Urs Egli.

Projekt E 2. Übersetzungsbezogene Kontexttheorie.
Engeres Fach: Übersetzungstheorie.
Projektleiter: Eberhard Pause.

Projekt E 3. Vergleichende Textsemantik.
Engeres Fach: Sprachvergleich.
Projektleiter: Christoph Schwarze.

Die psychologischen Projekte des Sonderforschungsbereichs beschäftigen sich naturgemäß mit Fragen der mentalen Repräsentation sowie der Sprachverarbeitung, also mit dem zweiten und dritten Aspekt der oben skizzierten Systematik:

Projekt D 1. Experimentalpsychologische Untersuchungen aphasischer Störungen.
Engeres Fach: Psychologie/klinische Neurologie.
Projektleiter: Rudolf Cohen.

Projekt D 3. Sprachphysiologie.
Engeres Fach: Psychologie.
Projektleiter: Robert Freeman.

Das Projekt D 3 ist in diesem Band übrigens nicht dokumentiert, da zum Zeitpunkt des Manuskriptabschlusses keine verwertbaren Berichte über seine Forschungsergebnisse vorlagen.

Eine allgemeine Systematik der Disziplin Semantik darf nicht dazu führen, daß man die Selbstverständlichkeit aus den Augen verliert, daß die Sprache ein soziales und damit auch kulturelles und historisches Phänomen ist und folglich sowohl synchron als auch diachron den verschiedensten Einflüssen ausgesetzt ist. Diese Gesichtspunkte stehen in den folgenden beiden Projekten im Vordergrund:

Projekt F. Geschichte und Bewertung sprachwissenschaftlicher Theorien.
Engeres Fach: Geschichte der Sprachwissenschaft.
Projektleiter: Urs Egli.

Projekt G 1. Untersuchungen zur Muttersprache von Gastarbeiterkindern im Kontakt mit Deutsch.
Engeres Fach: Linguistik.
Projektleiter: Aldo di Luzio.

Wenn eine Disziplin ein gewisses theoretisches Niveau erreicht und sich empirisch bewährt hat, wird sie zu einem interessanten Gegenstand für die Wissenschaftstheorie. Zwei der heute einflußreichsten Grundströmungen in der theoretischen Linguistik lassen sich folgendermaßen charakterisieren: Die generative Grammatik hält die gattungspsychologische Basis für das wesentliche konstituierende Moment der Sprachfähigkeit. Nach dieser Konzeption sind die wichtigsten Strukturbegriffe, mit deren Hilfe die Grammatik operiert, genetisch bedingt. Sie werden nicht erlernt, sondern beim Spracherwerb aktiviert. Die traditionelle Mehrheitsmeinung sieht in der Sprache dagegen ein soziales Phänomen. Sprache wird durch eine soziale Praxis konstituiert. Diese beiden Auffassungen sind zunächst einmal unverträglich und somit ein fruchtbares Feld für philosophische Grundlagenforschung. Das philosophische Projekt des Sonderforschungsbereichs steht auf dem Boden der letztgenannten Tradition:

Projekt H. Philosophische Semantik.
Engeres Fach: Philosophie.
Projektleiter: Friedrich Kambartel.

Im folgenden werden die drei genannten Aspekte des Bedeutungsbegriffes soweit erläutert, wie dies für ein Verständnis der in diesem Band abgedruckten Aufsätze für notwendig gehalten wird. Anschließend werden die Beiträge charakterisiert.

2 *Information*

Der heute einflußreichste Begriff von semantischer Information wird treffend durch eine Passage aus Ludwig Wittgensteins *Tractatus* charakterisiert:

> „4.024 Einen Satz verstehen, heißt, wissen was der Fall ist, wenn er wahr ist. (Man kann ihn also verstehen, ohne zu wissen, ob er wahr ist.)"

Im *Tractatus* gibt es aber noch Schwierigkeiten mit der technischen Durchführung. (Negierte Sätze bezeichnen „negative Tatsachen", wobei unklar ist, was diese sein sollen.) Erst Kripke [1959] entwickelt, aufbauend auf Carnap [1947], eine semantische Theorie, die als Mögliche-Welten-Semantik bekannt geworden ist. Die *Bedeutung* eines Satzes ist die Menge der möglichen Umstände, Situationen, Welten oder dergleichen, in denen der Satz wahr ist.

Diese Redeweise ist kontrafaktisch zu verstehen. Da *mögliche* Umstände betrachtet werden, kann man auch sagen, daß die Satzbedeutung einem für beliebige Umstände sagt, ob der Satz unter diesen Umständen wahr *wäre,* falls er unter diesen Umständen geäußert *würde,* oder ob er unter diesen Umständen falsch *wäre.*

Zum Beispiel kennt man die Bedeutung des Satzes *Die Katze schläft,* wenn man für eine beliebige Situation mit einer Katze beurteilen kann, ob diese gerade schläft oder nicht. Man kann also die Bedeutung dieses Satzes als ein Verfahren ansehen, welches die „Katzen-Situationen" in solche einteilt, in denen die Katze schläft, und solche, in denen sie nicht schläft.

Technisch kann man das so ausdrücken, daß man die Satzbedeutung mit der Menge von Situationen identifiziert, in denen der Satz wahr ist. Satzbedeutungen dieser Art werden *Propositionen* genannt. Man kann dann in naheliegender Weise semantische Begriffe wie Wahrheit und Folgerung einführen: Eine Proposition ist *wahr* in einer Situation, wenn letztere zu der Menge der Situationen gehört, welche die Proposition ausmachen. Wenn die Situation nicht zu dieser Menge gehört, ist die Proposition *falsch* in dieser Situation. Eine Proposition ist *informativer* als eine andere (impliziert diese logisch), wenn sie eine Teilmenge von ihr ist.

Die Mehrzahl der „logischen" Semantiker ist sich über die Grundzüge des Informationsbegriffes einig. Umstritten ist dagegen die Frage, wie die Grundbegriffe (Situation, Welt, Umstand und dergleichen) zu rekonstruieren sind. Für die linguistische Praxis ist es nicht unbedingt notwendig, zu solchen ontologischen Fragen Stellung zu beziehen.

3 *Das Fregeprinzip*

Frege wird die erste explizite Formulierung des Prinzips zugesprochen, daß sich die Bedeutung eines komplexen Ausdrucks aus den Bedeutungen der Teile ergeben müsse. Dies „Kompositionalitätsprinzip" wird in der Literatur meistens *Fregeprinzip* genannt. Das Prinzip ist in der Linguistik erst innerhalb der Wahrheitsbedingungen-Semantik ernsthaft verwirklicht worden. Hinter dem Fregeprinzip steht die Idee, daß die Bedeutung eines komplexen Ausdrucks funktional von der Bedeutung der Teile abhängt. Die einfachste Weise, diese Idee technisch auszuführen, ist, einen komplexen Ausdruck stets in einen Funktor (eine Funktionsbezeichnung) und dazu passende Argumente zu zerlegen. So kann man etwa *oder* als einen Funktor ansehen, welcher aus zwei Sätzen wieder einen Satz macht. Die auf Adjukiewicz [1935] zurückgehende Notation dafür ist (S/SS). Ein Satz der Form α *oder* β hat dann die Struktur

(1)

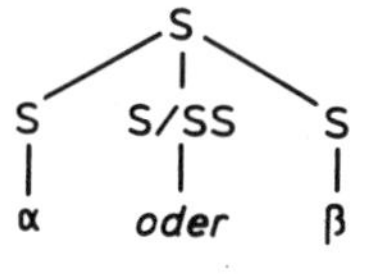

Allgemein ist eine Kategorie der Form $(\sigma/\tau_1, \ldots, \tau_n)$ zu lesen als „ist ein Funktor, der aus Ausdrücken der Kategorien $\tau_1, \ldots, \tau_n$ einen Ausdruck der Kategorie σ macht". (Eine genaue Erklärung dieses Formalismus der sogenannten kategorialen Grammatiken findet man z. B. in Cresswell [1973].) Man kann nun die folgende allgemeine Konvention für die Interpretation von Ausdrücken dieser Struktur einführen:

(2) Wenn α ein Funktor der Kategorie $\sigma/\tau_1, \ldots, \tau_n$ ist und $\beta_1, \ldots, \beta_n$ beziehungsweise den Kategorien $\tau_1, \ldots, \tau_n$ angehört, dann ist die Bedeutung des Ausdrucks $\alpha(\beta_1 \ldots \beta_n)$ die Bedeutung von α, angewandt auf die Bedeutungen $\beta_1, \ldots, \beta_n$.

Wir schreiben den Funktor oft an die Stelle, wo er an der Oberfläche realisiert wird, d. h. zwischen die Argumente, wie etwa bei (1), oder auch dahinter. (2) ist das Frege-prinzip in geradezu idealer Form. Man kann nun die Bedeutung von *oder* folgendermaßen beschreiben:

(3) Die Bedeutung von *oder* ist diejenige Funktion f, so daß für beliebige Propositionen p und q gilt: $f(p,q) = p \cup q$.

Entsprechend bedeutet *und* den mengentheoretischen Durchschnitt von Propositionen. Die Bedeutungsregel (3) macht völlig klar, worin der Beitrag von *oder* zur Gesamtbedeutung besteht. Die hier skizzierte Theorie ist darüber hinaus ganz offensichtlich kompositional. Vollkommen klar ist in diesem Ansatz auch, wie die Bedeutung der Negation zu analysieren ist: Sie ist nichts anderes als die mengentheoretische Komplementbildung.

(4) *nicht* gehört zur Kategorie S/S. *[nicht]*(p) = W-p, für eine beliebige Proposition p.

Wie in der Literatur üblich, habe ich hier [. . .] als Abkürzung für „die Bedeutung von . . ." benutzt. Statt von Bedeutung spricht man übrigens besser von „semantischem Wert", weil es verschiedene Bedeutungsbegriffe gibt, auch innerhalb dieses Ansatzes, wie wir noch sehen werden. In diesem Fall ist eine Satzbedeutung das, was wir in Abschnitt 1 *Information* genannt haben. W steht für die Menge aller Situationen.

Aufgrund von Regel (4) ist ein Satz der Form *nicht* α wahr in einer Situation w genau dann, wenn α falsch in w ist.

Bestimmte Folgerungen ergeben sich bei dieser Betrachtungsweise ohne Zusatzannahmen. Zum Beispiel folgt aus einem Satz der Form α immer ein Satz der Form 'α *oder* β', denn gleichgültig, welche Propositionen p und q die Ausdrücke α respektive β ausdrücken, p ist immer eine Teilmenge von $p \cup q$, weshalb die genannte Folgebeziehung besteht.

Die bisherigen Beispiele betreffen nur sogenannte logische Funktionswörter, die in der traditionellen linguistischen Semantik praktisch nie behandelt worden sind, wohl dagegen in der logischen Semantik. Die hier skizzierte Methode läßt sich aber auch auf sogenannte Inhaltswörter übertragen. Man betrachte etwa den folgenden Satz:

(5) *Der Bockhirsch maunzt.*

Für die Zwecke der Diskussion können wir *maunzt* als einen Funktor der Kategorie S/N, *der Bockhirsch* als N, d. h. einen Namen, ansehen. Die Bedeutungen dieser Wörter können wie folgt beschrieben werden:

(6) a. *[maunzt]* ist diejenige Funktion f von Katzen in Propositionen, so daß für eine beliebige Katze x gilt: f(x) ist wahr in einer Situation w genau dann, wenn x in w maunzt.
b. *[der Bockhirsch]* ist unser momentaner Kater, „Muck" genannt.

Aufgrund dieser Festlegungen drückt (5) die Proposition aus, daß unser momentaner Kater maunzt, d. h. die Menge der Situationen, in denen der Bockhirsch maunzt.

4 *Wahrheitsbedingungen und Gebrauch*

Der in Abschnitt 1 eingeführte Informationsbegriff basiert auf der Annahme, daß Sätze Wahrheitsbedingungen haben. Ein Standardeinwand gegen die Reichweite der Wahrheitsbedingungen kommt von der Sprechakttheorie her. Man betrachte etwa die folgenden Äußerungen:

(1) a. *Kommst du nach Hause?*
b. *Komm nach Hause!*
c. *Mögest du nach Hause kommen!*

Diese Äußerungen drücken der Reihe nach eine Frage, einen Befehl und einen Wunsch aus. Es ist aber nicht sinnvoll zu sagen, daß diese Sprechakte wahr oder falsch sind. Also haben sie keine Wahrheitsbedingungen. Wahrheitsbedingungen scheinen also nur für deskriptive Äußerungen einschlägig zu sein, die ja nur einen kleinen Bereich der möglichen Äußerungen abdecken. Damit sind anscheinend die Grenzen der Wahrheitsbedingungen-Semantik aufgezeigt. Die so argumentieren, berufen sich in der Regel (ob zu Recht oder zu Unrecht, bleibe dahingestellt) auf Autoren wie Wittgenstein [PU] oder Austin [1962]. Dennoch greift diese Argumentation zu kurz. Der Fehler, der hier gemacht wird, ist, daß nicht zwischen der einem Sprechakt zugrundeliegenden Proposition und dem Gebrauch unterschieden wird, der damit in diesem Sprechakt gemacht wird. Es spricht nichts dagegen, daß in allen drei Sprechakten dieselbe Proposition ausgedrückt wird, nämlich zum Beispiel, daß Ede nach Hause kommt. Diese Proposition wird in (1a) in Frage gestellt, in (1b) befohlen und in (1c) gewünscht. Wenn ein Sprecher etwa (1c) äußert, ist unter normalen Umständen zwar wahr, daß er sich wünscht, daß Ede nach Hause kommt. Daraus folgt aber in keiner Weise, daß auch sein Wunsch wahr ist. Man darf also nicht die Eigenschaft der verwendeten Proposition, wahr oder falsch zu sein, auf den Akt der Verwendung selbst übertragen. Sogenannte performative Äußerungen haben es an sich, daß sie kraft Gebrauch wahr werden. Zum Beispiel wird durch die performative Verwendung von (1a) die Proposition wahr, daß Maria fragt, ob Ede nach Hause kommt, sofern Maria der Äußerer ist. Saying so makes it so.

Diese Sicht der Dinge wird heute von der Mehrzahl der Semantiker geteilt; man vergleiche dazu die folgenden, teilweise im Sonderforschungsbereich 99 entstandenen Schriften: Cresswell [1973], Heim [1977], von Stechow [1982].

5 *Kontextabhängigkeit*

So gut wie jeder geäußerte Satz enthält Wörter, deren Bedeutung vom Verwendungskontext abhängt. Besonders offensichtlich ist dies für deiktische Wörter, wie etwa die Personalpronomina *ich, du, er* usw., Lokaladverbien wie *hier, dort,* Temporaladverbien wie *jetzt, heute, morgen.* Jedoch sind auch solche Wörter kontextabhängig, denen man es nicht auf den ersten Blick ansieht, wie zum Beispiel die Modale *können* und *müssen.*

Zur Beschreibung der Bedeutung von deiktischen Wörtern hat sich heute ganz allgemein die Methode der *Doppelindizierung* durchgesetzt. Was damit gemeint ist, sieht man am besten anhand der Bedeutungsbeschreibung für einen einfachen Satz, sagen wir, *Ich bin müde.* Wenn wir das Tempus außer acht lassen, dann läßt sich die Bedeutung dieses Satze folgendermaßen beschreiben:

(1) Für beliebige Kontexte k gilt: Falls *Ich bin müde* an k geäußert wird, dann gilt für jede Situation w: *Ich bin müde* ist wahr in der Situation w genau dann, wenn derjenige, welcher *Ich bin müde* an k äußert, in der Situation w müde ist.

Hinter dieser Definition steht folgendes allgemeine Schema:

(2) Satz S am Kontext k geäußert, ist wahr in der Situation w genau dann, wenn ...

Man nennt den Index k den Äußerungsindex, den Index w den Auswertungsindex.

Die Methode der Doppelindizierung läuft darauf hinaus, daß man in Abhängigkeit von einem Kontext k eine Bedeutung von der Art zuweist, die wir in Abschnitt 3 kennengelernt haben.

(3) *ich* ist ein Symbol der Kategorie N. *[ich]*(k)(w) ist derjenige, der *ich* an k äußert.

(4) *bin müde* ist ein Symbol der Kategorie S/N. *[bin müde]*(k) ist die Funktion von Lebewesen in Propositionen, so daß für ein beliebiges Lebewesen x und eine beliebige Situation w gilt: $w \in f(x)$ genau dann, wenn x in w müde ist.

An dieser Stelle ist eine terminologische Klärung angebracht. Wir haben gesehen, daß die Bedeutung eines Wortes von zwei Indizes, dem Äußerungs- und dem Auswertungsindex, abhängt. In Abschnitt 3 hatten wir einen kontextunabhängigen Bedeutungsbegriff. Um Konfusionen zu vermeiden, wollen wir den kontextabhängigen Bedeutungsbegriff in Anlehnung an Kaplan [1977] *Charakter* nennen. So ist etwa ein *Satzcharakter* eine Funktion von Kontexten in Propositionen, ein *Prädikatscharakter* dagegen eine Funktion von Kontexten in Eigenschaften (Funktionen von Individuen in Propositionen), ein *Namenscharakter* eine Funktion von Kontexten in Designatoren (Funktionen von Situationen in Individuen). Es ist üblich, Entitäten wie Propositionen, Eigenschaften und Designatoren *Inhalte* zu nennen. Der Charakter eines Ausdrucks ist also eine Funktion, die für jeden Kontext festlegt, welchen Inhalt der Ausdruck an diesem Kontext hat.

Der Inhalt, den ein zusammengesetzter Ausdruck $f(a_1 \ldots a_n)$ hat, der aus einem Funktor f und dazu passenden Argumentausdrücken $a_1 \ldots a_n$ besteht, wird so berechnet, daß man den Inhalt, den der Funktor an diesem Kontext hat, auf die Inhalte, welche die Argumente an diesem Kontext haben, anwendet. Mit anderen Worten:

(5) $[f(a_1 \ldots a_n)](k) = [f](k)([a_1](k), \ldots, [a_n](k))$.

Nach diesen Festlegungen können wir den Charakter des Satzes

(6) *Ich bin müde*

berechnen. Es ist *[bin müde]([Ich])*, d. h. der Charakter f, so daß für einen beliebigen Äußerungskontext k gilt: f(k) ist diejenige Proposition p, so daß für eine beliebige Welt w gilt: $w \in p$ genau dann, wenn derjenige, der *ich* an k äußert, in w müde ist.

Wir haben bisher Kontexte als Grundbegriffe angesehen. Dies ist aber nicht nötig. In Kratzer/von Stechow [1976] wurden Kontexte als Tripel $\langle w,z,o \rangle$, bestehend aus einer Welt, einer Zeit und einem Ort, analysiert. Tatsächlich liegt mit einem solchen Tripel neben der Welt der Äußerung, der Zeit der Äußerung und dem Ort der Äußerung alles für einen Kontext Relevante fest, z. B. der Sprecher an $\langle w,z,o \rangle$, der Angesprochene an $\langle w,z,o \rangle$, die Dinge, auf die der Sprecher zu $\langle w,z,o \rangle$ gezeigt hat, die Propositionen, welche Sprecher und Hörer für die Zwecke der Diskussion voraussetzen und unendlich vieles andere mehr. So ein Tripel ist der archimedische Punkt, an dem die Inhalte eines Ausdrucks festgemacht werden. Es ist praktisch, diese Tripel als k abzukürzen und sich auf die Komponenten von k als w_k, z_k und o_k zu beziehen.

Nach diesen Festlegungen kann man sagen, daß ein Satz S *wahr* an einem Kontext $\langle w,z,o \rangle$ ist, falls die von S an diesem Kontext ausgedrückte Proposition in w, d. h. der Welt der Äußerung, wahr ist.

Die Bedeutung von anderen deiktischen Wörtern läßt sich ganz analog beschreiben. Unproblematisch ist dies für das Personalpronomen der zweiten Person Singular.

(7) *[du]*(w,z,o) ist der in der Welt w zur Zeit z am Ort o Angesprochene.

Auf Temporaladverbien wie *jetzt* und *heute* kommen wir in diesem Band an späterer Stelle zu sprechen. Für Lokaladverbiale wir *hier, dort, überall* verweise ich auf von Stechow [1982].

Die Erfindung der Methode der Doppelindizierung ist besonders durch Stalnaker [1972] bekannt geworden. Zimmermann [1979] weist jedoch nach, daß diese Methode in Montagues *Universal Grammar* bereits vollständig entwickelt ist, allerdings, wie alles in diesem Aufsatz, in kryptischer Knappheit.

6 *Repräsentation von Bedeutung: Prototyp und Stereotyp*

Ein mögliches Unbehagen mit der Art und Weise, wie die Wahrheitsbedingungen-Semantik die Bedeutung angeht, rührt vermutlich daher, daß dieser Ansatz zwar sagt, was Information ist, nicht aber, wie das mentale Verfahren aussieht, das Gegenstände unter Begriffe, Tatsachen unter Propositionen subsumiert.

Die *Prototypensemantik* ist ein Ansatz, der es ermöglicht, sich ein solches Zuordnungsverfahren vorzustellen. Für Inhaltswörter kann man sich einen Prototyp als eine Art mentales Bild vorstellen. So entspricht dem Begriff ‚Vogel' etwa die Vorstellung eines oder mehrerer typischer Vögel, sagen wir Spatz oder Amsel. Jeder hat in seinem Kopf sozusagen seinen privaten Vogelkäfig. Konkrete Vogeleindrücke werden mit diesen „Vögeln im Kopf" verglichen. Wenn sie hinreichend ähnlich sind, wird der Gegenstand, der die Vorstellung evoziert, unter den Begriff ‚Vogel' subsumiert. Dieser Ansatz hat den Vorteil, daß der Begriff „Ähnlichkeit", der in dieses Zuordnungsverfahren eingeht, vage genug ist, um unserem tatsächlichen Operieren mit Begriffen nahezukommen. Bei manchen Exemplaren der Gattung sind wir uns auf Anhieb nicht sicher, ob es sich um einen Vogel handelt, zum Beispiel, wenn wir zum ersten Mal im Leben mit einem Pinguin konfrontiert werden und vorher von der Existenz solcher Tiere nichts gewußt haben. Wir haben in unserem mentalen Vogelkäfig einfach kein Exemplar, das einem Pinguin hinreichend ähnlich ist. Sobald wir allerdings belehrt werden, daß ein Pinguin ein Vogel ist, stecken wir ihn ebenfalls in unseren mentalen Vogelbauer. In Zukunft werden wir den Pinguin also als Vogel erkennen, allerdings nicht als besonders typisches Exemplar seiner Art. Dazu ist er einfach zu ungewöhnlich.

Dieser Ansatz ist damit verträglich, daß die analytischen Urteile im Bereich der Inhaltswörter immer wieder bestritten worden sind. Wer sagt uns schon, daß ein Pinguin unbedingt ein Vogel sein muß? Der prototypische Ansatz ist vor allem für Inhaltswörter ausgearbeitet worden, vgl. Rosch [1977] oder Berlin/Kay [1969]. Für Abstrakta funktioniert die Vorstellung, daß ein Prototyp eine Art von Gestalt oder von mentalem Bild ist, nicht. Selbst für die semantische Repräsentation von Konkreta bringt diese Konzeption Schwierigkeiten mit sich. So weist etwa Putnam [1978] zu Recht darauf hin, daß praktisch jeder den Begriff ‚Tier' als Oberbegriff des Begriffes ‚Hund' ansehen wird. Letzteren wird man sich aber kaum als Prototyp vorstellen können. Was soll schon ein prototypisches Tier sein? Prototypische Hunde gibt es dagegen ohne weiteres. Obwohl *Tier* ein Inhaltswort ist, ist sein Inhalt also wesentlich abstrakter als der von *Hund*, eben weil er sich nicht bildlich darstellen läßt. Dies ist lange bekannt, aber eine befriedigende Theorie, die die psychologische Omnipräsenz des Schlusses von Hund auf Tier erklärt, ist mir nicht bekannt. Putnam ist in der genannten Arbeit deshalb nichts anderes eingefallen, als sich Prototypen als semantische Merkmalsbündel vorzustellen.

Fillmore [1982] hat versucht, die Prototypensemantik auf die Analyse von Verben wie *kommen, gehen, klettern* zu übertragen. Er hat in diesem Zusammenhang mit alternativen Merkmalskombinationen gearbeitet. Zum Beispiel gehört zu einem typischen *to climb* entweder die vertikale Bewegung oder der Gebrauch der Hände. Im Rahmen des Sonderforschungsbereichs ist im Projekt E3 (Schwarze) in dieser Richtung gearbeitet worden. Einige Gelehrte sind der Meinung, dieser Ansatz involviere einen anderen Bedeutungsbegriff als den der Wahrheitsbedingungen-Semantik. Dies ist meiner Meinung nach ein Irrtum. Es handelt sich hier um eine Ausarbeitung des Zuordnungsverfahrens von Begriff und Gegenstand. Der Bedeutungsbegriff ist immer derselbe. Wir würden auch nicht sagen, daß verschiedene Berechnungsverfahren für die Addition einen verschiedenen Begriff der Addition erfassen. Die hier vorliegende Verwechslung liegt darin, daß Bedeutungen etwas Objektives sind, etwas, was also auch nicht im Kopf ist. Im Kopf sind die Zuordnungsverfahren. Selbst wenn man, wie das oft üblich ist, die letzteren Bedeutungen nennt, also einen psychologischen Bedeutungsbegriff hat, würde man immer noch den objektiven, „platonischen" Bedeutungsbegriff benötigen, weil nur der letztere ein Kriterium an die Hand gibt, welches uns sagt, wann zwei Personen denselben Begriff erfaßt haben.

Eng mit dieser Auffassung ist die sogenannte *Stereotypensemantik* verbunden. Unter einem Stereotyp versteht man ein Bündel von Eigenschaften, die eine Sprachgemeinschaft konventionellerweise mit einem Objekt assoziiert, gleichgültig, ob das Objekt die Eigenschaften hat oder nicht. Es kommt nur darauf an, daß aufgrund des Zusprechens dieser Eigenschaften das Objekt korrekt identifizierbar ist. Es ist klar, daß es auch hier um ein konkretes Verfahren der Subsumption von Gegenständen unter einen Begriff geht. Die Stereotypensemantik betont mehr den sozialen Aspekt der Bedeutung, die Bedeutungszüge, den *man* einfach wissen muß. Die Stereotypensemantik geht auf Putman zurück, z. B. Putnam [1978], während man mit Prototyp eher Rosch [1977] und Fillmore [1982] assoziiert. Innerhalb des Sonderforschungsbereiches ist in den Projekten D1 (Cohen) und E3 (Schwarze) mit Proto- und Stereotypen gearbeitet worden.

7 *Informationsrepräsentation und -verarbeitung in den kognitiven linguistischen Disziplinen*

7.1 *Drei kognitive Disziplinen*

Unter den kognitiven Wissenschaften, die sich mit Sprache beschäftigen, sind heute vor allem die *generative Grammatik*, die *kognitive Psychologie* und die *Künstliche-Intelligenz-Forschung* zu nennen. Zwischen den drei Gebieten gibt es mannigfache Bezüge. Sofern sich die beiden letztgenannten Disziplinen ernsthaft mit Sprache beschäftigen, sind sie durch die generative Grammatik in der einen oder anderen Weise beeinflußt. Es ist also sicher nicht unfair zu sagen, daß die generative Grammatik in diesem Forschungsparadigma eine Art Vorreiterrolle gespielt hat. Dies wird deutlich, wenn man etwa in das Literaturverzeichnis eines Standardwerks wie Miller/ Johnson-Laird [1976] schaut.

7.2 Generative Grammatik

Die wichtigste methodische Wende der *generativen Grammatik* (GG) besteht darin, daß sie ihre Aufmerksamkeit von der Sprache weg auf die Grammatik hin wendet. Allerdings erhält der Begriff Grammatik in der GG eine psychologische Reinterpretation, insofern nämlich darunter das *Sprachvermögen,* auch universale Grammatik (UG) genannt, verstanden wird. Die Idee ist, daß das Sprachvermögen aus angeborenen Prinzipien besteht, die den Spracherwerb steuern und den Variationsspielraum bestimmen, innerhalb dessen sich natürliche Sprachen bewegen können. Der Spracherwerb vollzieht sich demnach nicht so, daß das Kind sehr viele Daten betrachtet und dazu eine allgemeine Hypothese bildet. Wenn dem so wäre, müßten nämlich bestimmte Fehler beim Spracherwerb gemacht werden, die logisch möglich sind, die aber tatsächlich nie vorkommen. Das Bild dieses Ansatzes ist vielmehr, daß bereits ganz wenige Daten gewisse Parameter fixieren, welche durch die angeborenen Prinzipien zunächst offen gelassen sind. Sehr wenige Daten determinieren so sehr schnell eine bestimmte Grammatik. Die einflußreichsten Schriften dieser Richtung stammen von Chomsky. Ein in den letzten Jahren besonders intensiv rezipiertes Werk ist Chomsky [1981]. Eine deutsche Einführung in den neuesten Stand der GG geben von Stechow/Sternefeld [1985].

Wir können hier nicht näher auf die GG eingehen. Es sei nur so viel gesagt, daß es sich dabei um eine Theorie von mentalen Repräsentationen handelt, und zwar insbesondere der syntaktischen Repräsentationen. Da die Interpretation von sprachlichen Ausdrücken auf der Grundlage von syntaktischen Strukturen operiert, müssen syntaktische Repräsentationen eine entscheidende Rolle für semantische Repräsentationen spielen. Das genaue Verhältnis von Syntax und semantischer Interpretation ist zur Zeit Gegenstand von intensiven Untersuchungen. Im Sonderforschungsbereich ist diese Problematik besonders in den „logisch" orientierten Projekten untersucht worden, vor allem in A1 (von Stechow) und B (Egli), aber teilweise auch in E2 (Pause) und E3 (Schwarze).

Es ist üblich, im Zusammenhang mit dieser Theorie von Modularität zu sprechen. Damit ist zunächst nichts anderes gemeint, als daß die einschlägigen grammatischen Prinzipien unabhängig voneinander formuliert sind, sozusagen einzelne Bausteine grammatischen Wissens sind. In der kognitiven Psychologie hat Fodor [1983] unter Berufung auf diese Art von Sprachtheorie eine Art von Gehirntheorie entwickelt, die darauf hinausläuft, daß das Sprachvermögen als ein einzelnes Organ irgendwo lokalisiert ist. Diese Auffassung ist als *Vertikalismus* bekannt geworden und beispielsweise in diesem Buch von Cohen et al. kritisiert worden. Tatsächlich folgt ein Vertikalismus in keiner Weise aus der Chomskyschen Grammatiktheorie. Die Prinzipien sind sogar, zumindest innerhalb des Sprachvermögens, als übergreifend

(„horizontal") anzusehen, da sie in den verschiedensten Bereichen der Grammatik anzutreffen sind. Aus der Chomskyschen Grammatiktheorie folgt für eine Theorie der Gehirnabläufe so gut wie gar nichts Bestimmtes. Insbesondere meldet Chomsky selbst skeptische Vorbehalte gegen eine naive Lokalisationstheorie für Teile des Sprachvermögens an (wie z. B. die Lokalisation des Syntaxmoduls in den Brocabereich, die des Lexikons in den Wernickebereich), vgl. dazu etwa Chomsky [1980]. Die genannte Kritik an Fodor kann deshalb, selbst wenn sie berechtigt ist, die Konzeption der GG nicht treffen.

Es sei hier noch vermerkt, daß die generative Position in vielfältiger Weise ausbuchstabiert wird. Das Projekt A1 (von Stechow) hat im Rahmen der sogenannten *Rektions- und Bindungstheorie* (vgl. Chomsky 1981) gearbeitet. Dagegen wird im Projekt E3 (Schwarze) die sogenannte *lexikalische-funktionale Grammatik* gepflegt. Im Projekt B (Egli) bevorzugt man dagegen die sogenannten *generalisierten Phrasenstrukturgrammatiken*. Hierbei handelt es sich aber lediglich um etwas unterschiedliche Notationssysteme. Die grundsätzlichen Positionen sind die der GG.

7.3 *Kognitive Psychologie*

Die generative Grammatik versteht sich selbst als ein Zweig der kognitiven Psychologie. Diese Selbsteinschätzung wird aber sicher von sehr vielen Psychologen nicht akzeptiert. Teilweise wohl aus historischen Gründen, weil die GG nicht aus der Psychologie hervorgegangen ist, sondern aus der Linguistik. Teilweise wird diese Einteilung vielleicht deshalb nicht akzeptiert, weil das Abstraktionsniveau, die Terminologie und auch die Fragestellungen in beiden Disziplinen traditionell unterschiedlich sind. Dennoch ist es wohl nicht falsch zu sagen, daß seit Jahren eine Annäherung zwischen den Disziplinen stattfindet. Psychologische Standardwerke wie Miller/Johnson-Laird [1976] und Johnson-Laird [1983] sind auf der Höhe der GG und auch von den in der GG üblichen Fragestellungen beeinflußt. Andererseits werden auch einschlägige psychologische Forschungen von generativen Grammatikern sorgfältig rezipiert. Stellvertretend für viele Schriften sei Chomsky [1980] genannt. Der hier zu beobachtende Trend der wechselseitigen Beeinflussung von Psychologie und Linguistik wird sich vermutlich noch verstärken. Dies ist nur natürlich, da teilweise dieselben Fragestellungen untersucht werden. Dennoch wird in beiden Disziplinen der Schwerpunkt ein wenig unterschiedlich gesetzt, wie es dem Verfasser dieser Zeilen scheint. Die generative Grammatik charakterisiert in sehr abstrakter Form die grammatischen Prinzipien. Sie kümmert sich nicht darum (bisher jedenfalls nicht, und vielleicht prinzipiell mit gutem Recht nicht), wie diese Prinzipien im Gehirn implementiert sind. Die Psychologie hat dagegen eher ein Interesse an der Verarbeitung. Man möchte zumindest ein allgemeines Modell der Sprachverarbeitung entwickeln, das mit psychologischen Befunden und neurophysiologischen Erkenntnissen verträglich ist. Die bisherigen Erkenntnisse der GG sind mit sehr vielen Verarbeitungsmodellen verträglich, allerdings kaum mit solchen, bei denen sprachliche Fähigkeiten lediglich ein Reflex der allgemeinen Intelligenz sind. Die GG stellt sich das Sprachvermögen als ein autonomes Vermögen vor, das unabhängig von anderen Seelenvermögen studiert werden kann. Hier liegt eine Art Vertikalismus im Sinne von Fodor [1983] vor, falls man an das Sprachvermögen als ganzes denkt. Das von Fodor gezeichnete Bild ist aber wahrscheinlich viel zu simpel. Vergleiche dazu den Beitrag von Cohen et al. in diesem Buch.

Im Sonderforschungsbereich 99 ist als Zweig der kognitiven Psychologie die *Aphasieforschung* seit Jahren vertreten. Man erhofft sich von dieser Wissenschaft Aufschlüsse zu klassischen Fragen wie der Modalitätsproblematik (d. h. in welchen verschiedenen Formen wird Sprache gespeichert), der „Verdrahtung" von verschiedenen Speichern, Grammatikmodulen und so weiter. Der Schwerpunkt der Konstanzer Aphasieforschung betraf allerdings weniger verbale als vielmehr begriffliche Leistungen von Aphatikern. Kooperation mit Linguisten hat es vereinzelt gegeben, aber nur in Ansätzen. Eine gemeinsame Konzeption wurde nie ausgearbeitet. Einer der Gründe, weshalb keine befriedigende Kooperation zustande gekommen ist, liegt vermutlich darin, daß es in Konstanz niemals einen Wissenschaftler gegeben hat, der in Psychologie und in Linguistik gleichermaßen zu Hause gewesen wäre und zwischen den beiden Disziplinen hätte vermitteln können. Von der Sache her wäre die Zusammenarbeit sicher möglich und vor allem geboten gewesen. Man hat allerdings auch anderenorts die Erfahrung gemacht, daß der Aufbau einer funktionierenden psycholinguistischen Infrastruktur viele Jahre dauert. (Ich denke hier etwa an die Aachener Aphasiologen.) Aus dieser Situation ist es vermutlich zu erklären, daß die Konstanzer Aphasiegruppe in erster Linie „psychologisch" orientiert ist und gegenüber den aus der Linguistik stammenden kognitiven Ansätzen vorsichtige Skepsis anmeldet.

7.4 Textverstehen

Alle Probleme, die bei der Interpretation von Texten eine Rolle spielen, treten im Prinzip bereits bei der Interpretation von Sätzen auf. Allerdings multiplizieren sich die Mehrdeutigkeiten derart, daß das Problem der Desambiguierung sozusagen von der Quantität in die Qualität umschlägt. Schwarze spricht deshalb in seinem Beitrag von der prinzipiell offenen Bedeutung eines Textes, ein Topos, der als „semantisches Potential eines Textes" auch aus der Literaturwissenschaft wohlbekannt ist. Wenn es nicht um literarische Texte geht, wird es in der Regel darum gehen, die vom Produzenten intendierte Bedeutung eines Textes zu erschließen. Hinzu kommt, daß ein Text in aller Regel im hohen Grad elliptisch ist. Etwas aus der Situation Erschließbares oder was zum normalen Hintergrundwissen des angenommenen Adressaten gehört, wird im Text nicht ausgedrückt. Auer und di Luzio sprechen in diesem Zusammenhang von Kontextualisierungen.

Man kann nun versuchen, Textverstehen global zu erforschen. Derartiges wird in der Künstlichen-Intelligenz-Forschung (KI) auch versucht. Es ist nicht anzunehmen, daß Forschungen dieser Art in absehbarer Zeit zu einer ernsthaften Art von Theorie führen werden, weil in den Prozeß des Textverstehens praktisch alle Bereiche der Kognition involviert sind. Global angelegte KI-Forschungen werden wohl nur zu einer Simulation von Textverständnis führen können, die einem militärischen Planspiel insofern zu vergleichen ist, als dies durchgeführt wird, weil man eben die Vielzahl von Faktoren nicht überschaut. Eine derartige Simulation ist die schwächste Art einer möglichen Theoriebildung (vgl. etwa Marr [1977]). Immerhin mag sie dazu dienen, bestimmte Fragen zu präzisieren und so einer eigentlichen Theoriebildung zugänglich zu machen.

Die im Sonderforschungsbereich 99 in den Projekten E2 (Pause) und E3 (Schwarze) durchgeführten Untersuchungen zum Textverstehen sind diesen Gegenstand deshalb nicht global angegangen, sondern haben ganz bestimmte Aspekte des Textverstehens thematisiert. Pause geht es in seinem Beitrag vor allem um Prinzipien für die Desambiguierung von anaphorischen Pronomina im Text. Schwarze untersucht dagegen, welche Art von Information das Lexikon für das Textverständnis beisteuern muß.

8 *Soziokulturelle Aspekte: Gesprächsanalyse und „Bedeutung als Gebrauch"*

8.1 *Sprache als soziales Phänomen*

Die im vorigen Abschnitt genannten kognitiven Disziplinen betonen die Invarianten der sprachlichen Kompetenz, also das, was sich aufgrund der kognitiven Ausstattung des Menschen in allen Sprachen findet. Es ist klar, daß diese Auffassung von den kulturellen Faktoren der Sprache abstrahiert. Für die kognitive Linguistik ist es völlig gleichgültig, ob man die Sprache der Papuas oder die von Oxfordabsolventen studiert. In beiden Fällen wird man dieselben grammatischen Unversalien vorzufinden erwarten, allerdings verschieden parametrisiert. Es ist aber klar, daß die Sprache als soziales Gebilde ganz wesentlich von kulturellen Faktoren geprägt ist. Diese Prägung ist so omnipräsent, daß die traditionelle Sprachtheorie Sprache sogar wesentlich als ein soziales oder kulturelles Gebilde ansieht, so etwa Quine [1960] oder Sapir [1921]. Es bedurfte gerade der sogenannten Chomskyschen Revolution, um den nichtkulturellen Aspekt von Sprache, das Sprachvermögen, überhaupt als Forschungsgegenstand zu etablieren.

8.2 *Gesprächsanalyse*

Man kann sich darüber streiten, wieviel an der Sprache kulturell, wieviel kognitiv bedingt ist. Schätzungsweise ist aber der überwiegende Anteil an der Sprache kulturell bedingt. Chomsky hat lediglich gezeigt, daß vermutlich wesentlich mehr angeboren ist, als man geglaubt hat. Während kognitive Wissenschaften nach der Einheit hinter der Vielfalt suchen, betonen die kulturwissenschaftlich orientierten Sprachforschungen die schier unerschöpfliche Vielfalt von Sprachen. Dies geht so weit, daß etwa Sapir dachte, daß der Verschiedenheit möglicher natürlicher Sprachen prinzipiell keine Grenzen gesetzt seien. (Sapir ist allerdings nicht konsistent, insofern er unter der Überschrift „Drifts" auch genau das Gegenteil sagt.)

Diese Tradition hat auch etwa in der Ethnologie großartige Vorbilder aufzuweisen, wie zum Beispiel Bronislaw Malinowski [1960]. Eines der wichtigsten methodologischen Prinzipien dieser Richtung ist ein strikt phänomenologisches Vorgehen. Man versucht, keine Kategorien von außen an den Gegenstand heranzutragen, sondern die Dinge sozusagen selbst reden zu lassen. Wenn Malinowski in den *Argonauten des westlichen Pazifik* das Weltbild der Trobriander beschreibt, geht er nicht so vor, daß er sagt: „Diese Leute meinen ...". Was man als Aberglauben abtun könnte, wird vielmehr im modus realis dargestellt, ohne ein Wort der Distanzierung. Damit wird stilistisch die These unterstrichen, daß Weltbilder immer durch Kulturen geschaffen sind. Ganz Analoges gilt für die Sprache als ein kulturelles Gebilde, ja vielleicht *das* kulturelle Gebilde kat' exochen.

Aus dieser Auffassung folgt relativ zwanglos, daß man als Manifestation von Sprache nur natürliche Äußerungen zuläßt. Und dies werden im allgemeinen Gespräche sein, die unter natürlichen Bedingungen aufgezeichnet sind. Diese Gespräche können auch nicht nach den herkömmlichen Methoden transkribiert und analysiert werden, weil auf diese Weise eventuell Informationen verlorengehen können, die der Analysator durch die Brille seiner Vorurteile wegfiltert, die sich unter einem unbefangenen Blickwinkel aber als wichtig erweisen können. Nun ist es freilich so, daß Gespräche irgendwie analysiert werden müssen (denn sonst könnte man einfach die Tonbänder aufbewahren, ohne zu versuchen, sie zu analysieren), wobei zwangsläufig Information wegfällt. In der Gesprächsanalyse haben sich aber gewisse Techniken bewährt, die man mit einer traditionellen Terminologie als sehr breite phonetische Transkriptionen bezeichnen könnte. So gesehen schließt die Gesprächsanalyse durchaus an Praktiken der linguistischen Feldforschung an. Der aufwendige und arbeitsintensive Weg der Transkription natürlicher Interaktion wurde im Projekt G1 (di Luzio) begangen, wo 400 Stunden von Gesprächen mit und unter italienischen Migrantenkindern transkribiert wurden.

Wie jede Art von phänomenologisch inspirierter Forschung muß sich auch die Konversationsanalyse von seiten mentalistisch orientierter Sprachwissenschaftler oder quantitativ-behavioristisch arbeitender Sozialwissenschaftler gelegentlich den Vorwurf mangelnder Wissenschaftlichkeit gefallen lassen. In der Tat gibt es – wie in jeder anderen Disziplin – auch auf diesem Gebiet gute und schlechte konversationsanalytische Arbeiten. Letztere sind durch eine Verwechslung phänomenologischer und naturalistischer Vorgehensweisen gekennzeichnet: sie begnügen sich mit der Beschreibung oder gar mit unkontrollierter Interpretation von Interaktionssequenzen. Gegen ein solches naturalistisches Verfahren wird man einwenden, daß allenfalls ein Vorstadium wissenschaftlicher Forschung vorliegt, denn unbefangenes Anschauen ist noch keine wissenschaftliche Methode. Die Praxis der Konversationsanalyse und ihre inzwischen zahlreichen, gesicherten Ergebnisse widerlegen jedoch eine generelle Kritik am phänomenologischen Vorgehen. Die Gesprächsanalyse hat einige „harte" Themen in die Diskussion gebracht, die vorher schlichtweg nicht existierten, die aber für eine Theorie des Sprachverständnisses von großer Wichtigkeit zu sein scheinen, wie zum Beispiel die Turn-Taking-Problematik: An welchen Stellen im Dialog findet Sprecherwechsel statt? Wo wird gegebenenfalls unterbrochen? Wer darf unterbrechen? Wie werden unerwünschte Unterbrechungen sanktioniert usw.

Für die Semantik ist in der Gesprächsanalyse immer wieder betont worden, daß Bedeutungen im Dialog „ausgehandelt" werden. Dieses Phänomen ist zentral für eine adäquate Theorie der Bedeutung. Hier ist ein Anknüpfungspunkt an Fillmores Prototypensemantik (vgl. Abschnitt 6). Wenn die prototypische Bedeutung eines Wortes nur besagt, daß dies oder dies an zentralen Merkmalen vorliegen muß, dann muß in der konkreten Verwendung tatsächlich irgendwie klargemacht werden, wie nun das Wort genau gemeint ist. Hinzu kommt, daß die Bedeutung von Wörtern sich im Dialog verschieben kann. Für die Zwecke der Unterhaltung wird ein von der „Norm" abweichender Gebrauch (stillschweigend) ausgehandelt. Es kann sein, daß so etwas in aller Regel auftritt. Dies würde den Begriff der wörtlichen Bedeutung, den die Semantiker allgemein annehmen, als solchen problematisch machen.

8.3 Bedeutung als Gebrauch

Für denjenigen, der in der Sprache ein rein soziales Phänomen sieht, ist es natürlich, auch den Bedeutungsbegriff am faktischen Gebrauch festzumachen. Dieser Weg wurde im philosophischen Projekt des Sonderforschungsbereichs H (Kambartel) beschritten, das von dem Wittgensteinschen Bild von unterschiedlichen Sprachspielen ausgeht. Die Bedeutung eines Wortes wird sozusagen durch ihren Stellenwert in ganz unterschiedlichen Sprachhandlungen bestimmt. Eine Schwierigkeit, mit der ein solcher Ansatz konfrontiert ist, ist die folgende: Ein Wort wie *Ball* wird in unterschiedlichen Handlungszusammenhängen erlernt:

a. *Dies ist ein Ball.*
b. *Gib mir den Ball!*
c. *Ist das ein Ball?*

In (a) ist *Ball* Teil einer Aussagehandlung, in (b) Teil einer Befehlshandlung, in (c) Teil einer Fragehandlung. Es ist nicht von vornherein klar, ob das Wort in allen diesen Handlungen eine gemeinsame Bedeutung hat. Ein konsequenter Wittgensteinianer würde die Suche nach einer gemeinsamen Bedeutung vermutlich als eine durch nichts gerechtfertigte Fiktion ablehnen. Für einen Wahrheitsbedingungen-Semantiker wäre eine solche Konsequenz dagegen Grund genug, eine Gebrauchstheorie der Bedeutung als schlechte Theorie abzulehnen.

Wie dem auch sei: Der Sprachgebrauch ist der empirisch unmittelbar gegebene Gegenstand, und es ist daher naheliegend, eine Gebrauchstheorie der Bedeutung zu entwickeln. Sie wird sich allerdings an den Standards der in weiten Bereichen sehr erfolgreichen Wahrheitsbedingungen-Semantik zu messen haben.

9 Geschichte der Semantik

Eine große Anzahl von technischen Begriffen der heutigen Grammatiktheorie geht auf stoische Prägungen zurück: Syntax, Wortarten (z. B. Nomen, Verb, Adverb, Partizip, Artikel), Tempora (z. B. Präsens, Imperfekt, Perfekt, Futur). Unter den semantischen Begriffen, die auf die Stoiker zurückgehen, sind etwa Definitheit, Indefinitheit, Konjunktion, Disjunktion, Anaphorizität und andere. Diese Begriffe sind in der Regel unkritisch über die Tradition in die Moderne gelangt. Erst in den letzten Jahrzehnten ist diese Begriffsbildung im Zusammenhang systematisch erforscht worden. Besondere Beachtung fand die stoische Logik, also ein Gebiet, das unmittelbar zur Semantik gehört. So hat etwa Luksiewicz in den dreißiger Jahren entdeckt, daß die Stoiker eine gut entwickelte Aussagenlogik hatten. Andere Forscher, wie z. B. Prior [1955], haben die in der stoischen Tradition stehende Zeitlogik von Diodoros Kronos untersucht. Diese Untersuchungen haben die Entwicklung der Semantik für die Modallogik durch Kripke [1959] direkt beeinflußt und damit praktisch Pate bei der Geburt der Möglichen-Welten-Semantik gestanden. Die Idee einer Syntax als formales System, deren Regeln semantisch gedeutet werden, geht vermutlich auf den Stoiker Chrysipp zurück, wie Egli [1978] nachzuweisen versucht hat. Interessant sind auch die stoischen Vorstellungen zur Anapherntheorie, die nach dem Beitrag von Egli in diesem Buch eine Alternative zu den heute üblichen Quantifikations- und Bindungstheorien darstellen.

Die Geschichte der Semantik beginnt natürlich nicht mit den Stoikern, sondern mindestens mit Platon und Aristoteles. Es ist zum Beispiel ein reizvolles Unterfangen, die aristotelische Kategorienschrift oder die Metaphysik als Schriften zur Grundlegung der Semantik zu lesen. Es ist auch keineswegs so, daß die wichtigsten Beiträge für die Entwicklung der Semantik unbedingt auf die Antike zurückgingen. Die mittelalterlichen Referenztheorien sind sicher mindestens ebenso interessant und tief wie die antiken Schriften und auf jeden Fall vollständiger überliefert. Allerdings wird hier das Feld so unübersehbar, daß es nicht von einem einzelnen Projekt beackert werden kann, wie dies im Falle der stoischen Sprachtheorie im Sonderforschungsbereich 99 geschehen ist. Es soll hier nicht vergessen werden, darauf hinzuweisen, daß aus den Forschungen des historischen Projektes zwei großangelegte Neueditionen entstanden bzw. in Vorbereitung sind, nämlich kritische Editionen des Diokles-Fragmentes und der Fragmentsammlung zur stoischen Dialektik.

10 Lokalisation der Beiträge

Die Beiträge dieses Buches lassen sich grob nach den folgenden Gesichtspunkten einteilen. Die Philosophen stellen die uralte Frage: Was ist Bedeutung? Die systematische Linguistik hält diese Frage grundsätzlich für beantwortet und treibt konkrete Bedeutungsanalysen, die allerdings nicht ohne Rückwirkung auf eine allgemeine Bedeutungstheorie sind oder wenigstens gedacht sind. Die „angewandte" Linguistik (Textlinguistik, Übersetzungstheorie, Gesprächsanalyse) kümmert sich um Interpretationsstrategien, die auf einer unterschiedlich hohen Abstraktionsebene beschrieben werden. Der Psychologie ist es praktisch ausschließlich um Sprachverarbeitung zu tun.

Der Beitrag *Drei semantische Analysen* von Arnim von Stechow referiert drei im Sonderforschungsbereich 99 entstandene semantische Analysen, die die internationale Literatur beeinflußt haben. Es handelt sich um die Temporalsemantik von N. Schpak-Dolt und R. Bäuerle, die Semantik für Modale und Konditionale von A. Kratzer und die Semantik für propositionale Einstellungen von M. J. Cresswell und A. von Stechow. Der Beitrag bewegt sich vollständig auf dem Boden der Wahrheitsbedingungen-Semantik. Die genannten Phänomene gehören zu den schwierigsten der Semantik natürlicher Sprachen. Die vorgeschlagenen Analysen sind aber im Prinzip sehr einfach und dennoch machtvoll.

Der Beitrag *Anaphora* von Urs Egli ist eine historisch-systematische Behandlung der Anaphernsemantik. Im Vordergrund steht die Behandlung der sogenannten Eselsätze:

(1) *Wenn jemand in Athen ist, ist es nicht so, daß er in Rhodos ist.*

Das Problem ist, daß das anaphorische *er* im Konsequens des Konditionals nicht einfach durch *jemand* ersetzt werden kann, weil man sonst einen Satz von ganz anderer Bedeutung erhielte, nämlich

(2) *Wenn jemand in Athen ist, ist es nicht so, daß jemand in Rhodos ist.*

Die meisten heutigen Theorien betrachten das fragliche Pronomen im Konsequens als gebundene Variable. Egli ist dagegen der Ansicht, daß die antike (und die darauf aufbauende mittelalterliche) Vorstellung vom anaphorischen Gebrauch von Pronomina eine adäquatere, weil oberflächennähere Theorie der Pronominalisierung liefert. Auf diesem historischen Hintergrund vergleicht er die einflußreichsten zeitgenössischen Theorien der Pronominalisierung (Kamp [1981], Heim [1982], Hintikka/Kulas [1983]) und rechtfertigt seinen eigenen Ansatz, dessen Grundideen er auf antike, stoische Ansichten zurückführt.

Das Verfahren, das er skizziert, erinnert in verschiedener Hinsicht an Techniken der Resolutionslogik. Eine leichter lesbare Form des Systems liegt in Bäuerle/Egli [1985] vor. Das Vorgehen aller dieser Ansätze ist sehr ähnlich. Durch geeignete Umformungsregeln werden die natürlichsprachlichen Ausdrücke in eine Art von logischer Form gebracht, die dann semantisch gedeutet wird. Im Gegensatz zu Heim ist die von Egli propagierte logische Form quantorenfrei. Es gibt mehrere Arten von Termen, nämlich solche, die in einem gewissen Sinn universell referieren (freie Variablen, die von außen universell quantifiziert sind), solche, die in Abhängigkeit von anderen referieren (Skolemfunktionen, die von außen existentiell angebunden sind), und Terme, die definit referieren (deiktische Pronominale). Die Semantik der Quantifikation kommt also über die kontextuellen Deutungsregeln für die Terme sozusagen durch die Hintertür wieder herein. Es ist klar, daß Terme in sehr einfacher Weise in anaphorischer Relation stehen können, indem nämlich derselbe Term an mehreren Stellen vorkommt.

An dieser Stelle ist zu erwähnen, daß eine der zur Zeit einflußreichsten Arbeiten zur Semantik der indefiniten Pronomina, nämlich Heim [1982], in der Auseinandersetzung mit Egli [1979] entstanden ist. Das in diesem Buch skizzierte System von Egli ist eine Weiterentwicklung des früheren Ansatzes.

Der Aufsatz *Sprache und Denken – Beiträge aus der Aphasieforschung* von R. Cohen, S. Kelter, M. Koemeda-Lutz und E. Meier gibt einen zusammenfassenden Überblick über die Fragestellungen und Ergebnisse des Konstanzer Aphasieprojektes. Ein Leitgedanke der Aphasieforschung ist der, von selektiven Beeinträchtigungen von Hirngeschädigten auf psychische Verarbeitungssysteme von Gesunden zu schließen bzw. Hirnschädigungen und ihre spezifischen Auswirkungen auf einzelne Leistungskomponenten zu untersuchen. Dabei ergeben sich aber bestimmte Probleme der Forschungslogik und -methodik (welche der Aufsatz besonders betont), und deshalb warnen die Autoren davor, Befunde aus der Aphasiologie unkritisch als Belege für die eine oder andere Sprachtheorie heranzuziehen. Der Aufsatz richtet sich besonders kritisch gegen den sogenannten modularen Ansatz, also die Vorstellung, daß das Sprachvermögen in einzelne, wohlabgrenzbare Bausteine zerfällt, die weitgehend unabhängig von „zentralen" kognitiven Fähigkeiten funktionieren. Diese Vorstellung von der Funktionsweise der Gehirns heißt nach Fodor [1983] Vertikalismus. Ihr entgegengesetzt ist der sogenannte Horizontalismus, nach dem es übergreifende Fähigkeiten gibt, die in verschiedensten kognitiven Bereichen vorfindbar sind. Die klassische Konzeption der Aphasieforschung paßt eher zu einer vertikalistischen Konzeption: Bei Broca-Aphatikern ist eher das Syntaxmodul gestört, während bei Wernicke-Aphatikern eher das Lexikon, und zwar besonders die semantische Seite, gestört ist. Die Autoren argumentieren sehr vorsichtig, daß die Befunde ihrer Forschungen eher dafür sprechen, daß eine übergreifende („horizontale") Fähigkeit gestört ist, nämlich die Fähigkeit, einzelne Merkmale von einem Objekt zu abstrahieren. Diese Störung scheint für Aphatiker ganz allgemein typisch zu sein.

Peter E. Pauses Beitrag *Pronomina, Textinterpretation und Übersetzer* beschäftigt sich vor allem mit Prinzipien der Interpretation und Desambiguierung von Pronomina im Text. Prototypisch für den pronominalen Bezug ist die Eigenschaft des Antezedens, ein prominentes Thema des Texts zu sein. Thematizität im Text drückt sich in diversen Einzelfaktoren aus. Die Desambiguierung von Pronomina im Text wird mit Hilfe eines Prinzips der Faktorenkumulation beschrieben, d. h., daß beim Auftreten eines Pronomens im Text sich die verschiedenen Faktoren auf das intendierte Antezedens kumulieren. Dies läßt sich nicht durch absolut geltende, sondern nur durch heuristische Präferenzregeln beschreiben. Der Beitrag entwickelt ferner einige der wichtigsten Strategien zum Aufbau eines Textmodells, einer Repräsentation des Textinhalts („der Textwelt"). Ebenso wie Schwarze betont Pause das Dynamische des Ansatzes. Eine Textinterpretation funktioniert nicht etwa so, daß man zuerst eine syntaktische Analyse der Sätze des Textes liefert, diese dann anschließend semantisch interpretiert, um die Interpretation dann schließlich pragmatisch zu desambiguieren. Die Interpretation vollzieht sich vielmehr von links nach rechts und parallel auf allen Analyseebenen. Man hat ständig Zugang zu allen Komponenten des Wissens. Die Interpretation kann an jeder Stelle prinzipiell revidiert werden, bis eine optimale Übereinstimmung mit den die Interpretation leitenden Prinzipien erreicht ist. Der Ansatz ist teilweise mit Hilfe von Repräsentationsformen und Methoden der künstlichen Intelligenz präzisiert worden: es werden semantische Netzwerke und „frames" benutzt; ein Textverstehensmodell ist partiell an einem Rechner implementiert worden.

Der Beitrag *Textverstehen und lexikalisches Wissen* von Christoph Schwarze stellt die Frage, welche Art von Information das Lexikon für das Textverstehen beisteuern muß. Textverstehen ist nach Schwarze keine quasi mechanische Angelegenheit, die durch die Bedeutung der im Text vorkommenden Sätze mehr oder weniger determiniert ist. Ein Text läßt vielmehr viele Interpretationsmöglichkeiten zu. Dennoch gibt es Prinzipien, die das Verstehen steuern (Respektierung des Codes, d. h. der konventionellen sprachlichen Regeln, insbesondere der Bedeutungsregeln; Kohärenzbewahrung; Erschließbarkeit des Nichtgesagten, d. h. Auer und di Luzios Kontextualisierung). Schwarze ist der Ansicht, daß das Lexikon die Schnittstelle der verschiedenen Komponenten des Wissens ist, sei es sprachlich oder nichtsprachlich. Es enthält zunächst rein sprachliche Informationen, wie zum Beispiel phonologischer, morphologischer und syntaktischer Art. Diese Art von Informationen wird von Linguisten gleich welcher Provenienz stets im Lexikon angesiedelt. Schwarzes Hauptinteresse gilt jedoch der *lexikalischen Bedeutung*. Darunter ist keineswegs nur ein Eintrag zu verstehen, der den Beitrag des Lexems zu den Wahrheitsbedingungen des Satzes, in dem es potentiell vorkommt, charakterisiert. Zur Bedeutung gehören vielmehr Informationen ganz unterschiedlicher Art: I. die unmittelbare lexikalische Bedeutung (Beitrag zu den Wahrheitsbedingungen plus prototypische Information); II. Bedeutungspostulate (diese folgen vermutlich aus I., d. h. aus dem Beitrag des Wortes zu den Wahrheitsbedingungen); III. die Prädikat-Argument-Strukturen. Diese drei Arten von Informationen würde jeder Semantiker zur Bedeutung im engeren Sinne rechnen, d. h. zur Wahrheitsbedingungen-Semantik. Zur Bedeutung im weiteren Sinne gehören Informationen der folgenden Art: IV. Stereotype; V. allgemeine Begriffsschemata (nicht unmittelbar gegebene, sondern erschließbare Bedeutungspostulate; diese Information folgt vermutlich auch aus I); VI. sonstiges mit dem Wort verbundenes Wissen. Die Information VI. ist völlig heterogener Art. Sie enthält assoziatives Wissen über die Zusammenhänge, in denen das Wort eine Rolle spielen kann. Der Beitrag von Schwarze versucht an einem Beispiel zu zeigen, daß und wie man die verschiedenen Arten von lexikalischer Information für das Textverstehen benötigt. Die problematische Kategorie ist natürlich die Nummer VI. „Sonstiges".

Falls man diese ernsthaft zur Semantik rechnen will, wird man sie irgendwie strukturieren und beschränken müssen, eine Problematik, die Schwarze klar sieht.

Der Aufsatz *Diskurssemantische Eigenschaften der Sprache von italienischen Migrantenkindern* von Peter Auer und Aldo di Luzio bewegt sich auf einem Grenzgebiet zwischen Semantik und Stilistik. Der Aufsatz beschäftigt sich zunächst grundsätzlich mit der Problematik der Interpretation von Diskursen. Die Idee ist, daß diese interaktiv geschieht. Interpretationen werden sozusagen ausgehandelt. Eine wichtige Unterscheidung ist das *Referieren* (auf Bekanntes) gegenüber dem *Kontextualisieren* (Bezugnehmen auf Unausgesprochenes, nur aus der Situation Erschließbares). Je mehr „Inferenzen" ein Text erfordert, desto kontextabhängiger seine Verständlichkeit, desto größer seine *Inferenztiefe*. Die Autoren weisen nach, daß die italienischen Migrantenkinder einen stark kontextabhängigen Redestil verwenden, der im einzelnen charakterisiert wird als Stil B, der sich gegen einen formelleren, weniger kontextabhängigen Stil A abhebt. Die Unterscheidung der beiden Stilarten steht im Zusammenhang mit der augenblicklich aktuellen Diskussion von Mündlichkeit versus Schriftlichkeit und erinnert in vieler Hinsicht an Bernsteins Distinktion zwischen restringiertem und elaboriertem Kode.

Der Beitrag von F. Kambartel und P. Stekeler-Weithofer *Ist der Gebrauch von Sprache ein durch ein Regelsystem geleitetes Handeln?* ist ein Plädoyer für eine Gebrauchstheorie der Bedeutung. Die Autoren sind, wenn ich sie richtig verstehe, praktisch in allen Punkten anderer Auffassung als die Wahrheitsbedingungen-Semantik, die sie für zu eng halten, und zwar im wesentlichen aufgrund der in Abschnitt 4 kritisierten Argumente. Insbesondere halten sie das Programm der kognitiven Linguistik Chomskyscher Prägung, vor allem die Nativismushypothese, für einen naiven Irrweg, der sich bei vernünftiger philosophischer Reflexion klar als solcher entpuppt. Der Aufsatz zeigt, daß die Mehrheitsmeinung der theoretisch arbeitenden Semantiker keineswegs unkontrovers ist. Es bleibt allerdings abzuwarten, wie eine Gebrauchstheorie von der Art, wie sie sich die beiden Autoren vorstellen, aussehen könnte. Eine Gebrauchstheorie der Bedeutung, die mit der Wahrheitsbedingungen-Semantik auch nur im entferntesten konkurrieren könnte, gibt es heute noch nicht. Solange sich an dieser Situation nichts Grundlegendes ändert, werden die theoretisch orientierten Semantiker wohl an den Wahrheitsbedingungen als methodischer Grundlage ihrer Disziplin festhalten, jedenfalls was den semantischen Informationsbegriff betrifft.

11 Bilanz

Vergleichen wir den Stand der linguistischen Semantik heute mit ihrem Zustand vor 15 Jahren, so kann man folgendes feststellen. Methodologisch und deskriptiv hat sich in diesem Zeitraum eine stürmische Entwicklung vollzogen, an welcher der Sonderforschungsbereich nicht unbeteiligt ist. Wir glauben heute mit einiger Zuversicht sagen zu können, was Bedeutung ist, und wir haben die Methoden in der Hand, sie zu beschreiben. Keine der beiden Voraussetzungen war vor 15 Jahren selbstverständlich. Der *methodologische Fortschritt* der Disziplin ist somit meines Erachtens unverkennbar. Ebenso ist während der letzten 15 Jahre ein enormes Maß an *deskriptiver Arbeit* geleistet worden. Praktisch alle Aspekte der Bedeutung natürlicher Sprachen sind in erster Approximation analysiert worden, und zwar mit gutem Erfolg, wie ich meine. Es war das Ziel dieser Einleitung, diese beiden Gesichtspunkte (den methodologischen und den deskriptiven Fortschritt) herauszuarbeiten.

Literatur

Adjukiewicz, K. [1935]. Die syntaktische Konnexität. *Studia Philosophica 1,* 1–27.
Austin, J. L. [1962]. *How to do things with words.* Oxford: Oxford University Press.
Anttila, R. [1972]. *An Introduction to Historical and comparative linguistics.* London: MacMillan.
Bäuerle, R./Egli, U. [1985]. Anapher, Nominalphrase und Eselsätze. *Arbeitspapiere des SFB 99,* Universität Konstanz.
Bäuerle, R./Egli, U./von Stechow, A. [1979]. *Semantics from different points of view.* Berlin: Springer.
Bäuerle, R./Schwarze, Ch./von Stechow, A. [1982]. *Meaning, use and interpretation of language.* Berlin/New York: de Gruyter.
Berlin, B./Kay, P. [1969]. *Basic Colour Terms: Their Universality and Evolution.* Berkeley/Los Angeles: University of California Press.
Carnap, R. [1947]. *Meaning and Necessity.* Chicago: Chicago University Press.
Chomsky, N. [1980]. Rules and Representations. *The Behavioral and Brain Sciences 3,* 1–61.
Chomsky, N. [1981]. *Lectures on Government and Binding.* Dordrecht: Foris.
Cresswell, M. J. [1973]. *Logics and Languages.* London: Methuen.
Egli, U. [1978]. Stoic Syntax and Semantics. In: J. Brunschwig (Hrsg.), *Les stoiciens et leur logique.* Berlin: Springer.
Egli, U. [1979]. The Stoic concept of anaphora. In: R. Bäuerle/U. Egli/A. von Stechow (Hrsg.), *Semantics from different points of view.* Berlin: Springer, 266–283.
Fillmore, Ch. J. [1982]. Towards a Descriptive Framework for Spatial Deixis. In: R. J. Jarvella/W. Klein (Hrsg.), *Speech, Place, and Action.* Chichester: Wiley.
Fodor, J. A. [1983]. *The Modularity of Mind.* Cambridge/Mass.: M.I.T. Press.
Heim, I. [1977]. Zum Verhältnis von Wahrheitsbedingungen in Semantik und Sprechakttheorie. *Arbeitspapiere des SFB 99 Linguistik,* Universität Konstanz.

Heim, I. [1982]. The semantics of definite and indefinite noun phrases. *Arbeitspapiere des SFB 99,* Universität Konstanz.

Hintikka, J./Kulas J. [1983]. *The Game of Language.* Dordrecht: Reidel.

Johnson-Laird, P. N. [1983]. *Mental Models.* Cambridge: Cambridge University Press.

Kamp, H. [1981]. A theory of truth and semantic representation. In: J. Groenendijk/M. Stokhof/T. Jansen (Hrsg.), *Formal Methods in the Study of Language.* Amsterdam: Mathematical Centre.

Kaplan, D. [1977]. *Demonstratives. An essay on the semantics, logic, metaphysics of demonstratives and other indexicals.* Unveröffentlichtes Manuskript.

Kratzer, A./von Stechow, A. [1976]. Äußerungssituation und Bedeutung. *Zeitschrift für Literaturwissenschaft und Linguistik,* Heft 23/24, 98–130.

Kripke, S. A. [1959]. A completeness theorem in modal logic. *Journal of Symbolic Logic 24,* 1–14.

Malinowski, B. [1960]. *Argonauts of the Western Pacific. An Account of Native Enterprise and Adventure in the Archipelagoes of Melanesian New Guinea.* New York: Dutton.

Marr, D. [1977]. Artificial Intelligence – A Personal View. *Artificial Intelligence 9,* 37–48.

Miller, G. A./Johnson-Laird, Ph. N. [1976]. *Language and Perception.* Cambridge: Cambridge University Press.

Montague, R. [1974]. *Formal Philosophy.* New Haven/London: Yale University Press.
S. 188–221: English as a Formal Language (=EFL]
S. 222–246: Universal Grammar [=UG]
S. 247–270: The Proper Treatment of Quantification in Ordinary English [=PTQ].

Prior, A. N. [1955]. Diodoran modalities. *The Philosophical Quaterly 5,* 205–213.

Putnam, H. [1978]. Meaning, Reference and Stereotypes. In: F. Guenthner/M. Guenthner-Reutter (Hrsg.), *Meaning and Translation.* London: Duckworth.

Quine, W. V. O. [1960]. *Word and Object.* New York/London: Wiley u. M.I.T. Press.

Rosch, E. [1977]. Human Categorization. In: N. Warren (Hrsg.), *Advances in cross-cultural psychology,* Vol. 1. London: Academic Press.

Sapir, E. [1921]. *Language.* New York/London: Harcourt Brace.

Schwarze, Ch./Wunderlich, D. [1985]. *Handbuch Lexikologie.* Frankfurt: Athenäum.

Stalnaker, R. [1972]. Pragmatics. In: D. Davidson/G. Harman (Hrsg.), *Semantics of Natural Language.* Dordrecht: Reidel.

von Stechow, A. [1982]. Three Local Deictics. In: R. J. Jarvella/W. Klein (Hrsg.), *Speech, Place and Action.* Chichester: John Wiley.

von Stechow, A./Sternefeld, W. [1985]. Bausteine syntaktischen Wissens. *Arbeitspapiere des SFB 99,* Universität Konstanz.

Wittgenstein, L. [1984]. *Werksausgabe,* Band 1, Frankfurt: Suhrkamp. S. 7–86: Tractatus logico-philosophicus [= Tractatus]; S. 225–580: Philosophische Untersuchungen [=PU].

Zimmermann, Th. E. [1979]. Intensionale Logik und Natürliche Sprache. Eine elementare, aber kritische Darstellung der Montagueschen Referenztheorie. *Arbeitspapiere des SFB 99,* Universität Konstanz.

Teil II. Einzelbeiträge

Drei semantische Analysen

Arnim von Stechow (Projekt A1)

1 Vorbemerkungen

In diesem Beitrag möchte ich drei semantische Analysen referieren, die im Sonderforschungsbereich 99 entstanden sind und welche die internationale Forschung beeinflußt haben. Es handelt sich um die Tempussemantik von Niko Schpak-Dolt und Rainer Bäuerle, die Semantik für Modale und Konditionale von Angelika Kratzer und um die Semantik für sogenannte propositionale Einstellungen von Max Cresswell und mir.

2 Tempus und Temporaladverbien

Im Sonderforschungsbereich 99 sind durch Schpak-Dolt [1977], Bäuerle [1979] und Kratzer [1978] Tempusanalysen entwickelt worden, die allen bis dahin bekannten Theorien überlegen waren. In den USA, dem Mekka der formalen Semantiker, gibt es erst seit Beginn der achtziger Jahre Arbeiten von vergleichbarer Qualität, so etwa Enç [1981] oder Stump [1981]. Die meisten der neueren Arbeiten sind in irgendeiner Form durch die Konstanzer Forschungen beeinflußt, in der Regel durch Bäuerles Schrift, so etwa auch Fabricius-Hansen [1986].

Der folgende Abschnitt soll einen Einblick in die Komplexität der Temporalsemantik geben und zugleich einen Einblick in die von den Konstanzern vorgeschlagenen Analysen erlauben. Die Darstellung orientiert sich eng an Kratzer [1978].

Das erste, was man tun muß, um in die Temporalsemantik einzusteigen, ist, den Propositionsbegriff zu verfeinern. Wir haben in der Einleitung zu diesem Buch Propositionen als Mengen von Welten aufgefaßt. Stellt man sich Propositionen als mögliche Sachverhalte vor, dann ist damit festgelegt, unter welchen Umständen der Sachverhalt der Fall ist. Nun ist aber der Sachverhalt, daß Ede niest, nicht schlechthin in einer Welt der Fall oder nicht. Zu manchen Zeiten niest Ede, zu anderen nicht. *Es ist deswegen sinnvoll, Propositionen als Paare von Welten und Zeiten anzusehen.*

Die eben diskutierte Proposition läßt sich folgendermaßen charakterisieren:

(1) *Edes Niesen* bezeichnet die Menge der Welt-Zeit-Paare $\langle w,z \rangle$, so daß Ede in w zu z niest.

Ich habe bewußt eine nominalisierte Form anstelle des erwartbaren *Ede niest* gewählt. Das Präsens kann nämlich nicht so einfach beschrieben werden; es wird, wie deiktische Wörter und Modale, kontextabhängig zu interpretieren sein. Das Nominal *Edes Niesen* bezeichnet dagegen eine *zeitlich unbestimmte* Proposition. Die einfachste Methode, eine Proposition zeitlich bestimmt zu machen, besteht in der Angabe eines *Tempus*. Eine zeitlich bestimmte Proposition enthält die Information, wann sie der Fall ist. Es ist klar, daß eine einmal zeitlich fixierte Proposition nicht zu bestimmten Zeiten wahr, zu anderen falsch sein kann. Daß Cäsar an den Iden des Jahres 44 v. Chr. ermordet wird, ist heute genauso wahr wie zum Zeitpunkt der Ermordung. Daß Cäsar ermordet wird (Tempus wegdenken), ist dagegen an den Iden des Jahres 44 v. Chr. wahr, zu allen anderen Zeitpunkten aber falsch.

Wir machen jetzt die stark vereinfachende Annahme, daß das Präsens stets die kontextuell gegebene Sprechzeit bezeichnet. Wir wünschen uns dann die Wahrheitsbedingung (2b) für den Satz (2a).

(2) a. *Ede niest.*
b. *[Ede niest]*(k) ist die Proposition p, so daß für beliebige Welten w und Zeiten z gilt: $\langle w,z \rangle \in p$ genau dann, wenn Ede in w zur Zeit z_k niest.

Wir erinnern uns daran, daß z_k die Äußerungszeit ist (vgl. Abschnitt 5 der Einleitung). Wir müssen nun noch eine kompositionale Semantik für das Präsens angeben. Wir führen einen Satzoperator *Präs* ein und geben (2a) die logische Form (3).

(3)

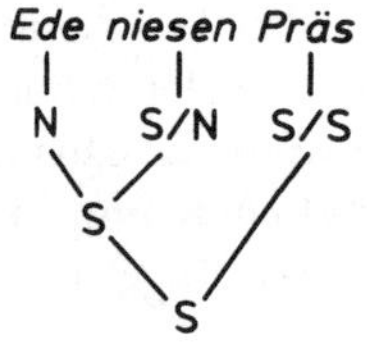

Dieser Satz kann gelesen werden als „Edes Niesen findet zur Sprechzeit z_k statt". Das „findet zur Sprechzeit z_k statt" hat genau die zeitlich determinierende Rolle, die wir dem Tempus zugeschrieben haben. (Zur kategorialen Schreibweise für syntaktische Kategorien vergleiche Abschnitt 3 der Einleitung.)

Folgende Bedeutungsregeln werden für die semantische Analyse benötigt:

(4) $\langle w,z \rangle \in$ *[niesen]*(k)(x) genau dann, wenn x's Niesen in w zu z stattfindet (für beliebige Welten w, Zeiten z, Subjekte x und Kontexte k).

(5) $\langle w,z \rangle \in$ *[Präs]*(k)(p) genau dann, wenn $\langle w, z_k \rangle \in p$, für eine beliebige Proposition p.

Es sollte unmittelbar einsichtig sein, daß diese beiden Regeln die gewünschte Wahrheitsbedingung liefern.

Das diskutierte Beispiel gibt Anlaß, einen weiteren Punkt zu erläutern, nämlich die Frage, was Zeiten sind. (2a) kann nicht an einem Zeit*punkt* wahr sein, da man zum Niesen eine gewisse Zeit*spanne* benötigt. Ein Niesereignis besteht aus einem *Ha-* und einem *Tschi*-Intervall. Propositionen sind also im allgemeinen nur zu *Zeitintervallen* wahr. Von einem Zeitpunkt, der zu einem Niesintervall gehört, würde man sagen, daß zu diesem Zeitpunkt der Niesende im Niesen begriffen ist, nicht aber daß er zu diesem Punkt vollständig niest. Im folgenden werden wir unter Zeiten immer Zeitintervalle verstehen. Zeitpunkte sind kleinste Zeitintervalle.

Wir setzen unseren Satz nun ins Präteritum:

(6) *Ede nieste.*

Es war vor den Konstanzer Analysen üblich, das Präteritum als „Es gibt einen Zeitpunkt vor der Sprechzeit, zu dem ...", also indefinit, zu deuten. Diese auf Prior [1967] zurückgehende Analyse findet sich noch in den Arbeiten Montagues, z. B. in [PTQ]. Dagegen wird eingewendet, daß der durch das Präteritum bestimmte Zeitpunkt nicht irgendwo in der Vergangenheit liegen kann, sondern stets innerhalb einer kontextuell oder sogar explizit vorgegebenen Zeitspanne liegen muß. Wäre dem nicht so, dann wäre die Äußerung der Negation von (6), also (7), praktisch zu jedem Äußerungszeitpunkt nach Edes Geburt wahr, denn irgendwann vor der Sprechzeit hat Ede sicher einmal nicht geniest.

(7) *Ede nieste nicht.*

Das zweite Problem mit der angedeuteten indefiniten Tempusanalyse des Präteritums ist, daß wir auch Sätze wie (8a) und (8b) im Auge haben müssen.

(8) a. *Heute nieste Ede zweimal.*
b. *Heute nieste Ede ununterbrochen.*

(8a) besagt, daß am Tage der Äußerung Ede zweimal vor der Sprechzeit geniest hat, (8b) besagt, daß Ede am Tage der Äußerung ununterbrochen vor der Sprechzeit geniest hat. Die indefinite Präteritumsanalyse steckt nun die Quantifikation, d. h. das „Wie oft" des Ereignisses, in die Bedeutung des Präteritumoperators. Die Beispiele zeigen, daß dies nicht richtig sein kann. Man muß hier offenbar Montagues Strategie der Verallgemeinerung des kompliziertesten Falles anwenden und (6) in Analogie zu den Sätzen (8) als (9) deuten:

(9) *(Heute) nieste Ede einmal.*

Den Schlüssel für eine adäquate Interpretation des Präteritums erhalten wir, wenn wir die Wahrheitsbedingung für den komplizierten Fall (8a) einmal genauer ausbuchstabieren.

(10) Innerhalb der Zeitspanne des Tages, an dem die Äußerung stattfindet, die *vor* der Sprechzeit liegt, gibt es zwei Zeitintervalle, an denen Ede niest.

Die Formulierung zeigt bereits, wie man die Gesamtbedeutung auf die Komponenten verteilen muß. „Der Tag der Äußerung" wird offenbar durch das Temporaladverb *heute* bestimmt. Das *Prät*eritum muß also die gesamte Zeit innerhalb von ‚heute' bezeichnen, die vor der Sprechzeit liegt. Das Quantifikationsadverb *zweimal* sagt, daß das Ereignis zu zwei verschiedenen Zeiten stattgefunden hat. Eine erste Approximierung an diese Beobachtungen wird durch die folgende Analyse geleistet.

(11) *heute (Prät(zweimal(niesen(Ede))))*

heute, Prät und *zweimal* sind Satzoperatoren, gehören also der Kategorie S/S an. Die Bedeutungsregeln sind folgende:

(12) $\langle w,z \rangle \in$ *[heute]*(k)(p) genau dann, wenn $\langle w,z^* \rangle \in p$, wobei z^* der Tag ist, der am Kontext k als Kalendertag zählt.

(13) $\langle w,z \rangle \in$ *[Prät]*(k)(p) genau dann, wenn $\langle w,z^* \rangle \in p$, wobei z^* das größte Teilintervall von z ist, das vor der Sprechzeit z_k liegt.

(14) $\langle w,z \rangle \in$ *[zweimal]*(k)(p) genau dann, wenn es zwei disjunkte Teilintervalle z_1 und z_2 von z gibt, so daß $\langle w,z_1 \rangle \in p$ und $\langle w,z_2 \rangle \in p$.

Diese Regeln ergeben, daß [(11)](k) wahr in einer Welt w zur Zeit z ist, falls für das Intervall z^*, welches als Kalendertag des Äußerungskontextes k zählt, gilt: Das größte Teilintervall von z^*, welches vor der Sprechzeit z_k liegt, nennen wir es z^{**}, enthält zwei disjunkte Teilintervalle z_1 und z_2, so daß Ede sowohl zu z_1 als auch zu z_2 in der Welt w niest.

Diese Wahrheitsbedingung kann man durch die folgende Graphik anschaulich wiedergeben:

(15)

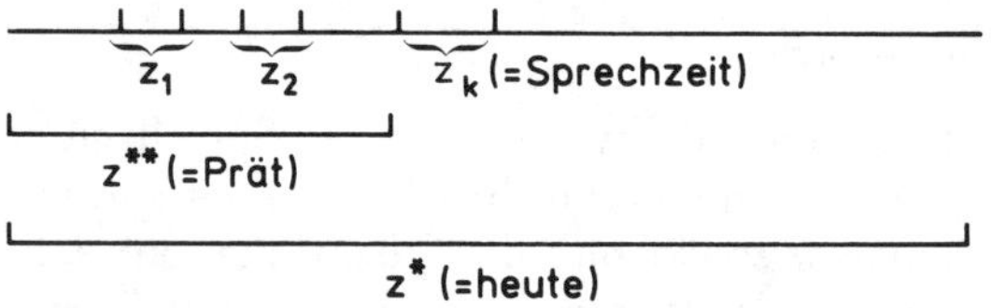

Die Analyse liefert zwar die korrekten Wahrheitsbedingungen, vereinfacht aber die tatsächlichen Verhältnisse. Wir erhalten nämlich sofort ein inadäquates Ergebnis, wenn das Adverb *heute* nicht ganz „außen" steht, nicht den weitesten Skopus hat. Man betrachte etwa den folgenden Ausdruck unserer kategorialen Sprache.

(16) *Prät(heute(zweimal(niesen(Ede))))*

Dieser Ausdruck besagt, daß am Tage der Äußerung irgendwann zwei Niesereignisse von Ede stattfinden, wobei deren zeitliche Lokalisierung bezüglich der Äußerungszeit keine Rolle spielt. Dies ist offensichtlich inadäquat, denn (8a) besagt, daß beide Niesereignisse vor der Sprechzeit stattgefunden haben müssen.

Wir wollen Adverbien wie *heute, gestern, morgen, jetzt, damals, im Jahre 1912* („Als Anno 12 das Holz so rar und es im kalten Winter war, . . .“), die einen temporalen Interpretationsrahmen setzen, *Betrachtzeitadverbien* nennen. Nun ist es offensichtlich so, daß ein Betrachtzeitadverb fehlen kann. Man kann mit Satz (17) ohne weiteres dasselbe ausdrücken wie mit Satz (8a).

(17) *Ede nieste zweimal.*

In diesem Fall muß die Betrachtzeit kontextuell gegeben sein. Es gibt in diesem Ansatz zwei Methoden, um dies zu erreichen. Einmal kann man ein unsichtbares Betrachtzeitadverb ansetzen, also etwa *heute**. Der Stern soll anzeigen, daß dieses Adverb nicht an der „Oberfläche“ realisiert wird. Nach dieser Methode wäre (17) als (18) zu formalisieren.

(18) *heute*(Prät(zweimal(niesen(Ede))))*

Die andere Methode besteht in der Konvention, daß der „erste“ zeitliche Auswertungsindex automatisch als Betrachtzeit anzusehen ist. Mit anderen Worten, die Rede „Die Äußerung A ist wahr in der Welt w zur *Zeit* z“ ist als „Die Äußerung A ist wahr in der Welt w zur *Betrachtzeit* z“ zu verstehen. Wenn wir von dieser Stipulation ausgehen, kann (8a) einfach als (19) formalisiert werden.

(19) *Prät(zweimal(niesen(Ede)))*

Insgesamt benötigen wir also die folgenden beiden Zusatzannahmen.

(20) a. Betrachtzeitadverbien haben weitesten Skopus.
b. Jeder finite Satz hat ein (eventuell unsichtbares) Betrachtzeitadverb.

Eine Alternative (20b) ist die Forderung (20b’):

(20) b’. Der „äußerste“ Zeitindex ist als Betrachtzeit anzusehen.

Die Stipulationen (20) weisen darauf hin, daß die Betrachtzeit ein kontextuell gegebener Faktor ist, der allerdings oft sprachlich explizit gemacht wird. Eine parallele Erscheinung ist das in Abschnitt 5 des Einleitungskapitels diskutierte Wort *ich*. Wir haben gesagt, daß dieses Wort nicht dasselbe bedeutet wie „der Sprecher“. Wenn wir allerdings verlangen, daß *ich* eine Deskription ist, die immer weitesten Skopus hat, und gleichzeitig fordern, daß der äußerste Index stets als Index des Kontextes gilt, können wir *ich* tatsächlich so analysieren. Diese Analyse wird in Cresswell [1985] vorgeschlagen, der meint, daß die Eigenschaft, stets weitesten Skopus zu haben, zur semantischen Charakteristik von *ich* gehört. Personalpronomina und Betrachtzeitadverbien verhalten sich in dieser Hinsicht völlig parallel. Die letzteren weisen allerdings eine zusätzliche Komplikation auf: sie können eingeschränkt werden. Betrachte etwa (21):

(21) *Heute morgen nieste Ede zweimal.*

„morgen" (= „am Morgen") beschränkt „heute". Es greift aus dem Äußerungstag den Morgen heraus. Ich will nicht darauf eingehen, wie diese Einschränkung beschrieben werden kann. Ich will auch nicht diskutieren, wie Betrachtzeitadverbien als kontextuelle Faktoren analysiert werden können. Dazu ist eine Verfeinerung der Kontexttheorie notwendig, die in Kratzer [1978] beschrieben wird.

Wir haben zu Beginn dieses Abschnittes gesagt, daß die vorgeschlagene Analyse für das *Präs*ens, welche diesen Operator einfach die Sprechzeit bezeichnen ließ, zu einfach sei. Es ist nun leicht einzusehen, warum dies so ist. Betrachte den Satz:

(22) *Heute niest Ede zweimal.*

Nach der vorgeschlagenen Analyse bedeutet der Satz, daß Ede heute zweimal während der Sprechzeit niest. Das ist aber offenbar zu eng. Satz (22) besagt nämlich, daß Ede heute zweimal während des Intervalles niest, welches mit der Sprechzeit beginnt, d. h. während der Sprechzeit (ziemlich unwahrscheinlich) oder danach (wahrscheinlicher). Daraus folgt, daß wir das Präsens folgendermaßen analysieren müssen:

(23) $\langle w,z \rangle \in$ *[Präs]*(k)(p) genau dann, wenn $\langle w,z^* \rangle \in p$, wobei z* das größte Teilintervall von z ist, das die Sprechzeit und alle Zeiten aus z enthält, die nach der Sprechzeit liegen.

Aufgrund dieser Bedeutung des *Präs*ens erreicht man, daß z. B.

(24) *morgen(Präs(zweimal(niesen(Ede))))*,

d. h. die formalsprachliche Variante von *Heute niest Ede zweimal*, heute wahr ist, wenn Ede morgen zweimal niest. Dies ist deshalb möglich, weil jeder Zeitpunkt von „morgen" zur Extension von *Präs* gehört, weil er nach der Sprechzeit kommt. Wir setzen dabei die folgende Bedeutungsregel für *morgen* voraus.

(25) $\langle w,z \rangle \in$ *[morgen]*(k)(p) genau dann, wenn $\langle w,z^* \rangle \in p$, wobei z* der folgende Tag des Tages ist, der an k als Kalendertag zählt.

Man beachte, daß (24) keineswegs bereits dann wahr ist, wenn Ede zur Sprechzeit zweimal niest, obwohl das Präsens sowohl die Sprechzeit als auch die Zukunft beinhaltet. Dies liegt daran, daß die Sprechzeit nicht zur Betrachtzeit gehören *kann*, weil (25) sicherstellt, daß die Betrachtzeit erst der Tag nach der Äußerung ist.

Nach diesen Erörterungen ist klar, wie die Bedeutung des Futurs zu beschreiben ist. Es bezeichnet die Zeitspanne aus der Betrachtzeit, die nach der Sprechzeit liegt.

(26) $\langle w,z \rangle \in$ *[Fut]*(k)(p) genau dann, wenn $\langle w,z^* \rangle \in p$, wobei z^* das größte Teilintervall aus z ist, das später als die Sprechzeit ist.

Obwohl somit die Denotation des Futurs spezieller ist als die des Präsens, haben (24) und (27) genau dieselben Wahrheitsbedingungen.

(27) *morgen(Fut(zweimal(niesen(Ede))))*

(27) ist natürlich die formalsprachliche Variante von *Morgen wird Ede zweimal niesen*. Die gleiche Bedeutung für beide Sätze kommt daher zustande, daß *morgen* eine Betrachtzeit vorgibt, die durch das Präsens oder Futur nicht mehr verändert wird. Dagegen hat (28) eine speziellere Wahrheitsbedingung als (22), da (28) nur wahr ist, wenn Ede nach der Sprechzeit zweimal niest, während er im Falle von (22) bereits während der Sprechzeit niesen kann.

(28) *Ede wird heute zweimal niesen.*

Der Bedeutungsunterschied ist allerdings ziemlich subtil. Dies mag der Grund sein, weshalb man in der Umgangssprache das einfachere Präsens dem komplexeren Futur vorzieht.

Die Konstanzer Tempusanalyse kann folgendermaßen resümiert werden. Während frühere Analysen von einer indefiniten Deutung der Tempora ausgingen, motivieren die Konstanzer, die Tempora definit zu deuten. Das Präteritum bedeutet, vereinfacht gesprochen, nicht „einmal in der Vergangenheit“, sondern es bezeichnet schlichtweg „die Vergangenheit“. Diese Auffassung hat sich in der Literatur weitgehend durchgesetzt. Ich habe hier nur einen kleinen Ausschnitt der Probleme diskutiert, die für die Tempussemantik einschlägig sind. Man erhält einen ganz guten Eindruck davon, daß die Semantik natürlicher Sprachen nicht trivial ist, daß das methodische Inventarium weit über das hinausgeht, was in der traditionellen lexikalischen Semantik behandelt wird. In traditionellen Darstellungen wird man lesen, daß das Präteritum die Vergangenheit, daß Plusquamperfekt die Vorvergangenheit bezeichnet und so weiter. Damit ist zum Beitrag, den die Tempora für die Wahrheitsbedingungen leisten, so gut wie nichts gesagt. Die umfassendste Darstellung der Temporalsemantik findet man in Fabricius-Hansen [1984]. Sie baut explizit auf den Konstanzer Analysen auf.

3 *Modale und Konditionale*

Das Hauptproblem, vor dem die Modalsemantikerin stand, läßt sich an den folgenden Sätzen veranschaulichen. (Die Beispiele sind sämtlich Kratzer [1978] entnommen, teilweise aber vereinfacht worden.)

(1) a. *Alle Häuser* müssen *bis zur Geburtstagsfeier blau gestrichen sein.*
b. *Amaranta* muß *die Mottenkugeln entfernt haben.*
c. *Sie* mußte *ihrer Leidenschaft durch Schwitzen und Zähneknirschen Ausdruck verleihen, als sie merkte, daß er splitternackt war.*
d. *So wahr ich Amaranta heiße, Rebecas Hochzeit* muß *vereitelt werden.*

(2) a. *Am Geburtstag* kann *kein Haus weiß gestrichen bleiben.*
b. *Nur Amaranta* kann *die Mottenkugeln entfernt haben.*
c. *Und sie* konnte *den eiskalten Schweiß und das Zähneknirschen nicht vermeiden, als sie merkte, daß er splitternackt war.*
d. *So wahr ich Amaranta heiße, die beiden* können *nicht heiraten.*

In der traditionellen Literatur wurde angenommen, daß *müssen* und *können* mehrdeutig sind. In (a) liegt ein *deontisches müssen* bzw. *können* vor, also eine Notwendigkeit oder Möglichkeit im Hinblick auf etwas Gebotenes; in (b) liegen *epistemische* Modalwörter vor, also ein *muß* oder *kann* bezüglich eines Wissens; in (c) liegt ein *dispositionelles müssen/können* vor, also eine Relation, die aufgrund der körperlichen Dispositionen besteht; in (d) liegen *buletische* Modale vor, also Modale, die gewisse Wünsche voraussetzen. Es gibt noch viele andere Bedeutungen für diese Modale, z. B. die physikalische Notwendigkeit/Möglichkeit, die politische Notwendigkeit/Möglichkeit, die logische Notwendigkeit/Möglichkeit usw. Es gibt, im wörtlichen Sinne, unendlich viele Bedeutungsschattierungen für die Modale. Jemand könnte nun darangehen, für jede Variante eine semantische Analyse zu versuchen, und wäre damit bis an sein Lebensende beschäftigt, ohne fertig zu werden. Ein solches Vorgehen würde aber eine wichtige Generalisierung verfehlen. Wir haben das klare Gefühl, daß die Bedeutung von *müssen* in allen diesen Fällen dieselbe ist. Entsprechendes gilt für *können.*

Angelika Kratzer entwickelte die Idee, daß die Verschiedenheit der Lesarten von einem Parameter herrührt, der *Redehintergrund* genannt wird. Ein Redehintergrund ist eine Menge von Propositionen und kann zum Beispiel durch Kennzeichnungen wie die folgenden beschrieben werden: „was geboten ist“, „was wir wissen“, „die Dispositionen von Amaranta“, „was wir wünschen“ usw. Die Bedeutungsanalyse der Modale ist letztlich ganz einfach: *können* bedeutet ‚ist mit dem Redehintergrund verträglich‘, *müssen* bedeutet ‚folgt aus dem Redehintergrund‘. Etwas technischer läßt sich das Gesagte folgendermaßen formulieren:

(3) Ein Redehintergrund ist eine Funktion H, die jeder Welt eine Menge von Propositionen zuordnet. Ein Redehintergrund ist immer durch einen Kontext k festgelegt. Dafür schreiben wir H_k.

Für's erste wollen wir annehmen, daß die Propositionen, welche ein Redehintergrund einer Welt zuordnet, jeweils verträglich miteinander sind. Die Bedeutungsregeln für *müssen* und *können* können in erster Annäherung folgendermaßen formuliert werden:

(4) *muß* ist ein Symbol der Kategorie S/S. *[muß]* ist nur für solche Kontexte k definiert, in denen ein Redehintergrund H_k gegeben ist.
Für jeden solchen Kontext k, jede Proposition p und jede Welt w gilt: w ∈ *[muß]*(k)(p) genau dann, wenn H_k(w) logisch p impliziert.

Die Bedeutungsregel für *kann* ist vollständig analog, nur daß die letzte Zeile diesmal lautet:

(5) w ∈ *[kann]*(k)(p) genau dann, wenn H_k(w) mit p verträglich ist.

Betrachten wir ein Beispiel. Der Satz *Ich kann atmen* hat die folgende logische Form.

(6)

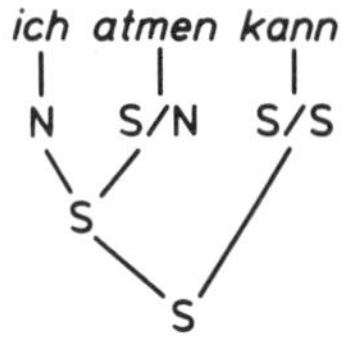

Das *kann* verlangt hier vielleicht einen Umstände beschreibenden Redehintergrund, der die Propositionen enthält, die meine jeweiligen näheren Lebensumstände beschreiben. Der Satz besagt dann an einem solchen Kontext, daß es mit meinen jeweiligen Lebensumständen verträglich ist, daß ich atme. Dieser Inhalt läßt sich noch sehr einfach umgangssprachlich wiedergeben. Raffinierter ist dagegen der Satz

(7) *Ich muß atmen können.*

Das *muß* verlangt hier vermutlich einen dispositionellen Redehintergrund, also etwa „das, was meine Natur verlangt", mit anderen Worten, daß ich esse, daß ich trinke, daß ich schlafe, daß ich atme usw. Das *können* verlangt vermutlich einen umstandsbeschreibenden Hintergrund, also etwa „wie die jeweiligen Lebensumstände beschaffen sind". Wir können genau wie vorher den Inhalt von (7) an einem solchen Kontext durch die umgangssprachliche Paraphrase wiedergeben, daß aus dem, was meine Natur verlangt, folgt, daß es mit meinen jeweiligen Lebensumständen verträglich *sei,* daß ich atme. Das Wichtige ist, daß nur solche Lebensumstände von mir betrachtet werden, in denen alles erfüllt ist, was meine Natur verlangt. Würde diese Einschränkung nicht beachtet, ginge die Abhängigkeit der Interpretation des *kön-*

nen von der Interpretation des *muß* verloren. Die Wahrheitsbedingung von (7) ist also ziemlich kompliziert. Betrachten wir einen Kontext k, welcher die beiden genannten Hintergründe festlegt, die wir H_k und H'_k nennen. Dann ist [(7)](k) wahr in einer Welt w genau dann, wenn für jedes w* gilt: Wenn $w^* \in \bigcap H_k(w)$, dann gibt es ein w**: $w^{**} \in \bigcap H'_k(w^*)$ und ich atme in w**.

Ich will hier nicht vorführen, daß unsere Bedeutungsregeln genau dies ergeben, sondern verweise für Einzelheiten auf die zitierte Arbeit von Angelika Kratzer, Schlagwort „Relative Modalität".

Mit einer Analyse der Modale hat man im Grunde bereits alles in der Hand, um Konditionale zu analysieren. Die Analyse läuft allerdings anders, als man es aus Logikbüchern gewohnt ist. Man betrachte die folgenden beiden Beispiele:

(8) a. Wenn *ein Kiwi im Zoo ist,* muß *ein Vogel im Zoo sein.*
b. Wenn *Wolfgang den 9.37 Zug genommen hat,* kann *er jetzt schon in Frankfurt sein.*

Man ist von der Logik her gewohnt, die Bedeutung von Konditionalen an der Bedeutung von *wenn* festzumachen. Dies funktioniert allenfalls für Sätze des Typs (8a), wobei man so vorgeht, daß man das *muß* als unwesentlich unterschlägt und nur Sätze der Form „Wenn A, so B" betrachtet. Diese Vorgehensweise scheitert ganz prinzipiell an Sätzen der durch (8b) exemplifizierten Form. Die Beispiele legen vielmehr nahe, daß alle (indikativischen) Konditionale auf eines der folgenden beiden Schemata zu bringen sind.

(9) a. *Wenn* A, *muß* B.
b. *Wenn* A, *kann* B.

Die Deutung der hypothetischen Modale vollzieht sich ganz genau wie die der unbedingten Modale, mit dem einen Unterschied, daß die durch das *wenn*-Adverbial ausgedrückte Proposition mit zum Redehintergrund geschlagen wird. Genauer lauten die Wahrheitsbedingungen für die beiden Konditionale folgendermaßen.

(10) a. „*Wenn* A, *muß* B", geäußert an einem Kontext k, ist wahr in einer Welt w genau dann, wenn $H_k(w) \cup \{[A](k)\}$ logisch [B](k) impliziert.
b. „*Wenn* A, *kann* B", geäußert an einem Kontext k, ist wahr in einer Welt w genau dann, wenn $H_k(w) \cup \{[A](k)\}$ verträglich mit [B](k) ist.

Aufgrund der Regel (10b) kann etwa (8b) die folgende Proposition ausdrücken: „Mit dem, was wir über den Fahrplan wissen, plus der Voraussetzung, daß Wolfgang den 9.37 Zug genommen hat, ist es verträglich, daß er jetzt schon in Frankfurt ist." (In der Sprache der Möglichen-Welten-Semantik formuliert, sieht diese Wahrheitsbedingung natürlich viel komplizierter aus. Für das inhaltliche Verständnis der Analyse ist durch die zusätzliche Präzision allerdings nichts gewonnen.)

Die Analyse (10) läßt sich nicht ohne weiteres auf konjunktivische, d. h. irreale Konditionale übertragen. Der Grund ist, daß das Antezedens hier in den meisten Fällen mit dem Redehintergrund unverträglich ist. Würde man (10) für diese Fälle bemühen, so erhielte man für den *muß*-Konditional eine unter allen Umständen wahre Proposition, denn aus etwas Unverträglichem folgt alles („Ex falso quodlibet"). Für den irrealen *kann*-Konditional würde (10) eine unter allen Umständen falsche Proposition liefern, denn mit dem Unverträglichen ist nichts verträglich. Die von Angelika Kratzer entwickelte Methode zur Analyse der irrealen Konditionale bedarf einer eingehenden Erläuterung, die hier nicht gegeben werden kann. Statt dessen geben wir einfach die einschlägigen Definitionen mitsamt eines Beispiels an.

(11) a. „*Wenn* A *wäre, müßte* B sein", geäußert am Kontext k, ist wahr in einer Welt w genau dann, wenn die folgende Aussage gilt:
Wenn X die Menge aller konsistenten Teilmengen von $H_k(w) \cup \{[A](k)\}$ ist, welche [A](k) enthalten, dann gibt es für jede Menge in X eine Obermenge in X, aus der [B](k) logisch folgt.

b. „*Wenn* A *wäre, könnte* B sein", geäußert am Kontext k, ist wahr in einer Welt w genau dann, wenn die folgende Aussage gilt:
Wenn X die Menge aller konsistenten Teilmengen von $H_k(w) \cup \{[A](k)\}$ ist, welche [A](k) enthalten, dann gibt es in X eine Menge, mit deren sämtlichen Obermengen in X das Konsequens [B](k) verträglich ist.

Wir betrachten das folgende Beispiel:

(12) Wenn *Max in Deutschland* wäre, müßte *er in Konstanz oder Stuttgart sein.*

Der für die Interpretation relevante Redehintergrund H ordne jeder Welt die Aussagen *Wenn Max in Deutschland ist, ist er in Konstanz oder Stuttgart* und *Max ist nicht in Deutschland* zu, die wir als $p \supset q$ und $\sim p$ abkürzen. Mit anderen Worten, $H_k(w) = \{p \supset q, \sim p\}$. Das Antezedens des Konditionals *Max ist in Deutschland* ist dementsprechend als p abzukürzen, während das Konsequenz *Max ist in Konstanz oder Stuttgart* als q anzusetzen ist.

In bezug auf einen solchen Redehintergrund ist der Konditional stets wahr. Die Menge X der konsistenten Teilmengen von $Hk(w) \cup \{p\}$, welche das Antezedens p enthalten, ist nämlich gleich $\{\{p\}, \{p, p \supset q\}\}$. Zu jeder Menge in X gibt es eine Obermenge in X, aus der das Konsequens q folgt, nämlich die Menge $\{p, p \supset q\}$. Der Schluß ergibt sich über Modus Ponens, gleichgültig, wie man das Konditionalzeichen $\supset$ genau interpretiert. (Man kann an einen materialen Konditional denken.) Es sollte deutlich geworden sein, daß es für die Gültigkeit des Konditionals wesentlich ist, daß die Proposition $\sim p$, die ja im Redehintergrund ist, ignoriert wird. Diese Proposition ist mit dem Antezedens des Konditionals p unverträglich. Das hier geschilderte Verfahren ermöglicht es gerade, die mit dem Antezedens unverträglichen Propositionen aus dem Redehintergrund auszufiltern.

In bezug auf diesen Redehintergrund ist der folgende Konditional ebenfalls wahr.

(13) Wenn *Max in Deutschland* wäre, könnte *er in Konstanz sein.*

Wir kürzen die Proposition *Max ist in Konstanz* durch r ab. Es ist klar, daß r sowohl mit p als auch mit q verträglich ist und deshalb erst recht mit $p \supset q$. Damit ist es gleichgültig, welche der beiden Mengen in X wir betrachten: die einzige Obermenge dazu in X ist in beiden Fällen $\{p, p \supset q\}$. Und mit dieser ist r verträglich.

In bezug auf den genannten Kontext ist die Negation von (13) falsch. Sie wird sprachlich formuliert als

(14) *Wenn Max in Deutschland wäre, könnte er nicht in Konstanz sein.*

Man muß an dieser Stelle allerdings aufpassen. Der Satz hat auch eine Lesart, bei der die Negation einen engeren Skopus als das Modalwort *könnte* hat. In dieser Lesart ist der Satz wieder wahr. Der Fall, der nämlich möglich ist, ist, daß Max in Stuttgart ist. Dann ist er aber nicht in Konstanz.

Die Modal- und Konditionaltheorie ist in Kratzer [1981] wesentlich verallgemeinert worden. Dort können auch komparative Modale behandelt werden, wie sie etwa in (15a) und (15b) vorkommen.

(15) a. *Es ist eher möglich, daß ein Kamel durch ein Nadelöhr gelangt, als daß ein Reicher in den Himmel kommt.*
b. *Es ist wahrscheinlicher, daß der Stadler Loisl ein Mörder ist, als daß der Bayer Sepp einer faschistischen Organisation angehört.*

Die Theorie von Angelika Kratzer ist heute unter Fachleuten international anerkannt.

4 Propositionale Einstellungen

Wie sieht eine adäquate Semantik für propositionale Einstellungen aus? Diese Frage gilt vermutlich als die schwierigste der Möglichen-Welten-Semantik und der Wahrheitsbedingungen-Semantik überhaupt. In Cresswell/von Stechow [1982] haben wir eine grundsätzliche Lösung vorgeschlagen, die mit strukturierten Bedeutungen arbeitet. Bevor die Lösung vorgestellt wird, sei zunächst das Problem skizziert.

Wir beginnen mit sogenannten Einstellungen *de dicto*. Das Problem entsteht aus der Tatsache, daß logisch äquivalente Sätze wie „5 + 7 = 12“ und „12 = 12“ dieselben Wahrheitsbedingungen haben (sie sind immer wahr) und trotzdem (1a) und (1b) verschiedene Wahrheitswerte haben können.

(1) a. *Veronika glaubt, daß* $5 + 7 = 12$.
b. *Veronika glaubt, daß* $12 = 12$.

Das Problem tritt nicht nur im Zusammenhang mit mathematischen Aussagen auf, sondern ganz allgemein im Zusammenhang mit Sätzen, welche dieselben Wahrheitsbedingungen haben. Cresswell [1985, 4] führt das folgende Beispiel an:

(2) a. *Robert wird siegen.*
b. *Jeder, der nicht am Wettkampf teilnimmt oder der verliert, wird etwas getan haben, was Robert nicht getan haben wird.*

Offensichtlich kann man (2a) glauben, ohne (2b) zu glauben, denn man muß wirklich lange überlegen, ob diese beiden Sätzen dieselben Wahrheitsbedingungen haben.

Das Problem hat auch nichts mit der Art der satzeinbettenden Verben zu tun, etwa damit, daß es sich um „mentale" Prädikate handelt wie *glauben, wissen, hoffen, wünschen.* Das Problem entsteht vielmehr bei jedem satzeinbettenden Prädikat, z. B. auch bei *sagen, behaupten, bestreiten, fragen* usw.

Dies war die *de dicto*-Variante. Die *de re*-Version des Problems ist Quines berühmtes Ortcutt-Beispiel, vgl. Quine [1956] das hier einmal mit einem anderen Verb als *glauben,* nämlich *behaupten,* wiedergegeben sei. Ralph sieht ein verdächtig aussehendes Individuum am Strand, das mit einem Feldstecher die Kriegsflotte beobachtet, und sagt zu mir: „Der Mann dort ist bestimmt ein Spion." Ich erkenne den Mann als Ortcutt und erzähle Ede die Begebenheit mit dem Satz:

(3) a. *Ralph hat behauptet, daß Ortcutt ein Spion ist.*

Am nächsten Tag ist Ralph mit Ede im Park, und sie sehen dort Ortcutt. Diesmal trägt er einen braunen Hut und sieht völlig unverdächtig aus. Ede fragt Ralph, ob er glaube, daß der Mann dort ein Spion sei. Ralph sagt: „Nie im Leben!" Ede berichtet mir von dieser Episode mit den Worten:

(3) b. *Ralph hat behauptet, daß Ortcutt kein Spion ist.*

(3a) und (3b) sind sicher völlig korrekte Wiedergaben der Situation. Das Problem entsteht, wenn wir die beiden Aussagen zusammennehmen. Wenn das Objekt von *behaupten* eine Proposition ist, dann sieht es so aus, als hätte Ralph sich in einen Widerspruch verstrickt. Er hat behauptet, daß Ortcutt ein Spion ist und daß er keiner ist. Intuitiv ist dagegen völlig klar, daß nichts dergleichen vorliegt. Ralph ist sich überhaupt nicht im klaren darüber, daß es sich in beiden Fällen bei der fraglichen Person um Ortcutt handelt. Trotzdem macht die Situation deutlich, daß es sich in beiden tatsächlich um Behauptungen über Ortcutt handelt.

Dieses zunächst unschuldig aussehende Problem ist mit dem naheliegenden klassischen Mittel der Möglichen-Welten-Semantik, dem sogenannten Hineinquantifizieren, prinzipiell nicht zu lösen. Mit anderen Worten, man kann die intendierten Lesarten für (3a) und (3b) nicht so analysieren, daß man den Namen Ortcutt durch Kennzeichnungen mit „weitem Skopus" ersetzt, wie in (4a) und (4b).

(4) a. Es gibt genau einen Mann am Strand, so daß Ralph behauptet hat, daß dieser ein Spion ist.
b. Es gibt genau einen Mann mit braunem Hut, so daß Ralph behauptet hat, daß dieser kein Spion ist.

Unter der durch den Kasus gesetzten Voraussetzung, daß die beiden Kennzeichnungen denselben Mann bezeichnen, hätte Ralph zwei widersprüchliche Propositionen behauptet.

Eine dritte Version des Problems tritt im Zusammenhang mit sogenannten *wesentlichen Deiktika* auf. Dies sind indexikalische Elemente, die nicht durch Namen der Dinge eliminiert werden können, welche sie bezeichnen, ohne daß die sie enthaltenden Aussagen trivial werden. Das Problem selbst ist besonders durch John Perry in die Diskussion gebracht worden (vgl. Perry 1979).

(5) a. *Er hat gesagt,* er *sei Ede Zimmermann.*
b. **Er hat gesagt,* Ede Zimmermann *sei Ede Zimmermann.*

(6) a. Hier *ist Corippo.*
b.*An der Stelle von Corippo *ist Corippo.*

(7) a. *Es ist* jetzt *genau 15.00 Uhr.*
b. **Es ist* um 15.00 Uhr *genau 15.00 Uhr.*

Die Lesarten, die hier interessieren, sind natürlich gerade die, wo sich *er* auf Ede Zimmermann bezieht, *hier* auf Corippo und *jetzt* auf 15.00 Uhr. Die (b)-Sätze – im Fall von (5b) der Nebensatz – sind offenbar trivial, drücken die Menge aller möglichen Welten aus, die Pronominale sind also nicht eliminierbar.

Die drei Erscheinungen, *de dicto, de re* und *wesentliche Deiktika,* hängen zusammen. Ihnen ist gemeinsam, daß die einschlägigen Sätze keine klassischen Propositionen ausdrücken können, also Mengen von möglichen Welten. Hier scheint also die Mögliche-Welten-Semantik an ihre Grenzen gestoßen zu sein, was immer wieder behauptet worden ist, zum Beispiel auch von Chomsky.

Es gibt nun die verschiedensten Reaktionen auf diese Probleme. Eine besteht darin, daß das Problem in gewisser Weise geleugnet wird. Etwas davon ist in dem klassischen Ansatz von Hintikka [1962] zu spüren. Man nimmt die unerwünschten Konsequenzen als Folgen unserer begrenzten Intelligenz in Kauf. Ein logisch perfektes Wesen hat eine bestimmte Einstellung dagegen immer zu allen logisch äquivalenten Propositionen. Diese Lösung ist, wenn überhaupt, aber nur für die *de dicto*-Version des Problems möglich. Sie versagt gegenüber den *de re*-Beispielen und den wesentlichen Deiktika. Es ist deswegen eine bessere Strategie, von den beiden letztgenannten Problemen auszugehen und zu überprüfen, ob sich eine eventuelle Lösung nicht auf den *de dicto*-Fall übertragen läßt. So sind wir bei unserem Versuch, die Probleme zu lösen, vorgegangen.

Bevor unsere Analyse vorgestellt wird, sei noch auf zwei andere extreme Reaktionen auf die Phänomene hingewiesen. Eine besteht darin zu sagen, daß die Objekte von propositionalen Einstellungen Sätze sind.

Diese von Quine propagierte Lösung ist vor allem langweilig, weil das Problem auf triviale Weise umgangen wird. Eine nähere Analyse zeigt zudem, daß die Lösung nicht richtig sein kann. Wenn man nämlich untersucht, was es heißen soll, daß man zu Sätzen eine Einstellung hat, dann ist man sehr schnell wieder bei der Bedeutung von Sätzen, denn eine Einstellung zu einem Satz als bloßem Zeichen kann nicht gemeint sein. Wenn man aber die Satzbedeutung mit einbezieht, entsteht das Problem sofort wieder (vgl. Cresswell [1985, 42] für einen derartigen Nachweis).

Eine dritte extreme Reaktion besteht darin, Propositionen als etwas Feineres als Mengen von möglichen Welten anzusehen. Demnach gibt es Propositionen, welche dieselbe Menge von möglichen Welten bestimmen, welche aber dennoch verschieden sind. Derartiges ist in Thomason [1980] vorgeschlagen worden. Es gibt demnach zum Beispiel eine Negation $\neg$, so daß $\neg\neg p$ in derselben Menge von Welten wahr ist wie p, aber trotzdem die beiden Propositionen verschieden sind. Gegen diese Art von Betrachtung bestehen folgende Einwände: Es gibt dann neben der Komplementbildung noch einen anderen Bedeutungszug der Negation, den man nicht durchschaut, der aber für die Verschiedenheit von $\neg\neg p$ und p verantwortlich ist. Das scheint absurd zu sein. Der zweite Einwand ist dieser: Selbst wenn es die genannte Negation $\neg$ gäbe, so könnte man eine klassische Negation $\sim$ definieren, welche die Eigenschaft hat, daß $\sim\sim p = p$ ist. Dann entstünde das Problem sofort wieder, denn man kann sicher eine Einstellung zu einem Satz haben, der p ausdrückt, ohne dieselbe Einstellung zu einem Satz zu haben, der $\sim\sim p$ ausdrückt (wobei diese Ausdrucksweise nicht ganz korrekt ist, denn wir wollen ja gerade nicht, daß die Objekte von Einstellungen Sätze sind).

Wir stellen nun unsere eigene Analyse vor. Wir beginnen mit den wesentlichen Deiktika. Die nachfolgenden Ausführungen sind eng an von Stechow [1984] orientiert. Den Schlüssel zu einer adäquaten Analyse der einschlägigen Phänomene hat Lewis [1979] geliefert.

Die Idee ist, daß Sätze, in denen wesentliche deiktische Elemente vorkommen, nicht Propositionen, sondern Eigenschaften, also Funktionen von Individuen, in Propositionen festlegen. Vergleiche dazu die Einleitung zu diesem Buch, Abschnitt 5. Demnach werden die Sätze (5a) bis (7a) ungefähr paraphrasiert als:

(8) a. *Er hat von sich behauptet, Ede Zimmermann zu sein.*
b. *Ich spreche mir die Eigenschaft zu, in Corippo zu sein.*
c. *Ich spreche mir die Eigenschaft zu, zeitlich um 15.00 Uhr lokalisiert zu sein.*

Diese Paraphrasen sind mehr als grob. Aber sie verdeutlichen das wichtigste Element der Analyse. Die Eigenschaften, die man sich selbst zuspricht, sind nicht trivial, sondern höchst informativ. Die Eigenschaft, Ede Zimmermann zu sein, trifft auf genau ein Individuum zu, die Eigenschaft, in Corippo zu sein, trifft auf ein Individuum nur zu, wenn es sich in Corippo befindet usw. Damit hat man offenbar eine geeignete Entität für das Objekt der Einstellung gefunden. Die Frage ist allerdings, wie man die genannten Eigenschaften aus den Sätzen (5a) bis (7a) erhält. Wir stellen diese Frage zurück und betrachten zunächst die anderen Beispiele. Die Lösung wird dieselbe sein.

Betrachten wir zunächst die *de re*-Beispiele. Die korrekten Lesarten für (3a) und (3b) sind ungefähr die folgenden:

(9) a. *Ralph hat behauptet, genau einen Mann am Strand zu sehen, der ein Spion ist.*
b. *Ralph hat behauptet, genau einen Mann mit braunem Hut zu sehen, der kein Spion ist.*

Man sieht an diesen Paraphrasen, daß der Inhalt des Behaupteten jeweils eine Eigenschaft ist. Es ist auch deutlich, daß die behaupteten Eigenschaften informativ und miteinander verträglich sind. Es ergibt sich also keinerlei semantisches Paradox. Die Frage ist allerdings wieder, wie wir diese Eigenschaften aus den Oberflächensätzen (3a) und (3b) herausholen können. Bevor wir darauf eingehen, schildern wir zuerst die semantische Analyse für Einstellungen etwas genauer. Sie geht auf Lewis [1979] zurück. Die Analyse für das Verb *behaupten* sieht folgendermaßen aus:

(10) Subjekt x behauptet P über Objekt y unter der Relation R genau dann, wenn:
1. R x mit y verbindet und mit nichts anderem.
2. x behauptet zu genau einem Ding in der Relation R zu stehen, welches die Eigenschaft P hat.

Wenn man nun die Ortcutt-Beispiele (3a) und (3b) als (11a) und (11b) analysiert, erhält man die Lesarten (9a) und (9b).

(11) a. Ralph hat ‚ein Spion zu sein' über Ortcutt unter der Relation ‚λxy[x sieht y und y ist ein Mann am Strand]' behauptet.
b. Ralph hat ‚kein Spion zu sein' über Ortcutt unter der Relation ‚λxy[x sieht y und y ist ein Mann mit braunem Hut]' behauptet.

Hier sind einige erläuternde Bemerkungen angebracht. Erstens: Damit eine *de re*-Einstellung vorliegt, ist es notwendig, daß R eine *geeignete* Relation ist, also eine Relation, die einen kognitiven Kontakt zwischen dem Subjekt und dem Objekt herstellt. Es kann sich also nicht um Relationen wie ‚Bruder von', ‚neben etwas stehen' usw. handeln, sondern die Relationen müssen so etwas wie ‚sehen', ‚hören', ‚riechen' usw. sein. Zweitens: Diese *de re*-Relationen können sehr kompliziert sein und müssen nicht einmal sprachlich ausdrückbar sein. Partiell werden diese Relationen allerdings oft durch Deskriptionen charakterisiert. Zum Beispiel drückt Ralph die in (11b) genannte Relation vielleicht durch die Kennzeichnung „der Mann mit braunem Hut dort drüben" aus. Aus dieser Bemerkung folgt, daß Kennzeichnungen im allgemeinen Fall wohl eher egozentrische Relationen als einstellige Funktionen ausdrücken. Drittens: Die Paraphrasen (9a) und (9b) geben nur den Inhalt der Einstellung wieder. Sie unterschlagen den *de re*-Aspekt der Einstellungen, d. h. den Umstand, daß die geeignete Relation das Subjekt mit einer *res* verbindet. In unseren Beispielen behauptet Ralph ja nicht nur eine Eigenschaft schlechthin, sondern er behauptet sie *von* Ortcutt. Dies wird so expliziert, daß er zu Ortcutt in einer *de re*-Relation stehen muß. Viertens: Wesentlich für den Ansatz ist, daß der Inhalt einer Einstellung eine Eigenschaft ist, nicht aber eine Proposition. Die irreduziblen Grundbegriffe sind, daß man diese Eigenschaft von *sich* behauptet, daß man sie *sich* wünscht usw. Deswegen spricht Lewis [1979] von *De-Se*-Einstellungen. Die Oberflächensyntax, die oft Sätze mit explizitem Subjekt einbettet, verschleiert diesen wesentlichen Zug, d. h. sie legt nahe, daß die Objekte von Einstellungen Propositionen sind – von daher die traditionelle Fehlbenennung *propositionale* Einstellungen.

Die *de re*-Relation entspricht dem, was Frege die Art des Gegebenseins nennt. Es ist klar, daß diese von kaum erfaßbaren subjektiven Faktoren abhängt, zum Beispiel der Perspektive. Deshalb wird dieser Aspekt des Inhaltes bei der Wiedergabe einer Einstellung in aller Regel unterschlagen. Wir drücken uns bestenfalls relational aus, indem wir sagen, daß Ralph etwas über Ortcutt behauptet hat, und sehen davon ab, wie ihm Ortcutt gegeben ist. Haargenau in diesem Umstand liegt es begründet, daß die Quineschen Beispiele paradox wirken. Die Analyse des *behaupten über* erhält man aus (10), indem man einfach die *de re*-Relation existenziell abquantifiziert. Dies führt zu (12):

(12) Subjekt x behauptet P über Objekt y genau dann, wenn
  1. es eine geeignete Relation R gibt (eine *de re*-Relation), welche x mit y und mit nichts sonst verbindet,
  2. x die Eigenschaft (von sich) behauptet, zu genau einem Ding in der Relation R zu stehen, welches die Eigenschaft P hat.

Die Analyse der Ortcutt-Sätze muß demzufolge etwa folgendermaßen ausfallen.

(13) a. Ralph hat ‚ein Spion zu sein' über Ortcutt behauptet.
  b. Ralph hat ‚kein Spion zu sein' über Ortcutt behauptet.

Wir wenden uns nun der Frage zu, wie man diese Information aus den entsprechenden Oberflächensätzen (3a) und (3b) erhält. Die wesentliche Idee ist, daß man den eingebetteten Satz in das geeignete Prädikat und die *res* zerlegt. Wir müssen erreichen, daß der *daß*-Satz *daß Ortcutt ein Spion ist* nicht die Menge der möglichen Welten bezeichnet, in denen Ortcutt ein Spion ist, sondern das geordnete Paar $\langle P, y \rangle$, wobei P die Eigenschaft ‚ein Spion zu sein' und y Ortcutt ist. Wenn uns dies gelingt, können wir leicht eine Bedeutungsregel für *behauptet* in einer kategorialen Sprache schreiben, nämlich die folgende:

(14) $w \in [behauptet](\langle P, y \rangle)(x)$ genau dann, wenn P über y in w behauptet.

In dieser und den folgenden Bedeutungsregeln ist auf Kontextabhängigkeit keine Rücksicht genommen. Bevor wir fortfahren, wollen wir die Analyse für den n-stelligen Fall verallgemeinern. Es ist klar, daß man eine *de re*-Einstellung zu mehr als einer Sache haben kann. Zum Beispiel ist es plausibel, daß der Satz

(15) *Othello glaubt, daß Desdemona Cassio liebt*

über ein *de re*-Glauben Othellos über Desdemona und Cassio berichtet. Dieser Glaube müßte etwa folgendermaßen analysiert werden:

(16) Othello glaubt ‚lieben' von Desdemona und Cassio (in dieser Reihenfolge).

Es ist klar, wie die Analysen (12) und (14) für den n-stelligen Fall modifiziert werden müssen. Wir wollen eine solche Verallgemeinerung im folgenden voraussetzen.

Wir wollen nun eine Folge $\langle P, a_1, \ldots, a_n \rangle$, die aus einer n-stelligen Eigenschaft und n dazu passenden Argumenten besteht, eine *strukturierte Proposition* nennen. Die Idee ist, daß *daß*-Sätze strukturierte Propositionen bezeichnen. Dabei ist damit zu rechnen, daß Mehrdeutigkeiten auftreten. Es ist möglich, daß etwa der Objektsatz in (15) die strukturierten Propositionen

(17) a. ⟨liebt, Desdemona, Cassio⟩
b. ⟨λx[x liebt Cassio], Desdemona⟩
c. ⟨λx[Desdemona liebt x], Cassio⟩
d. ⟨Desdemona liebt Cassio⟩

bezeichnet. (17d) ist der triviale Fall, in dem keinerlei Strukturierung vorgenommen wird. Es dürfte deutlich sein, daß wir ganz verschiedene Glaubensinhalte erhalten, je nachdem, welche Struktur wir als Objekt der Einstellung von Othello wählen. Zum Beispiel führt (17a) zu einer *de re*-Einstellung über Desdemona und Cassio, während (17b) nur für eine *de re*-Einstellung über Desdemona taugt (wobei wir nicht auf die Frage eingehen, wie plausibel eine solche ist). Der Punkt dieser Überlegungen ist der folgende: Falls ein *daß*-Satz mehr als eine strukturierte Proposition ausdrücken kann, dann müssen wir diese Mehrdeutigkeit irgendwo festmachen. Ein geeigneter Kandidat ist das Wort *daß* selbst, denn dieses Wort nominalisiert den Satz, macht also aus einem Satzkomplement ein N. Somit liegt zunächst einmal nahe, daß *daß* ein Funktor der Kategorie N/S ist (vgl. dazu Abschnitt 3 der Einleitung zu diesem Buch). Bei einer solchen Kategorisierung ist aber nicht zu sehen, wie semantische Mehrdeutigkeiten zustande kommen können. Man erreicht dies erst, wenn man *daß* systematisch mehrdeutig macht, indem man es Kategorien $(N/(S/\sigma_1, \ldots, \sigma_n), \sigma_1, \ldots, \sigma_n)$ zuordnet. Dann kann man eine Regel formulieren, welche aus einem Prädikat P vom Typ $S/\sigma_1, \ldots, \sigma_n$ und Argumenten $a_1, \ldots, a_n$ vom Typ $\sigma_1, \ldots, \sigma_n$ respektive eine Folge $\langle P, a_1, \ldots, a_n \rangle$ macht. Die Regel ist folgende:

(18) *[daß]*$(P, a_1, \ldots, a_n) = \langle P, a_1, \ldots, a_n \rangle$.

Die formalsprachliche Analyse von (3a) sieht nun etwa folgendermaßen aus.

(19)
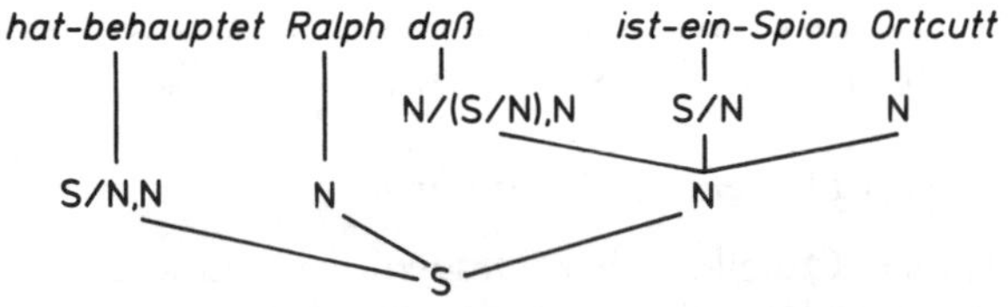

Eine plausible Analyse des Satzes (15a), also die Lesart, in der Othello ‚lieben' von Desdemona und Cassio prädiziert, müßte dagegen ein *daß* der Kategorie N/(S/N),N,N annehmen, d. h., der daß-Satz hätte die folgende logische Form:

(20) 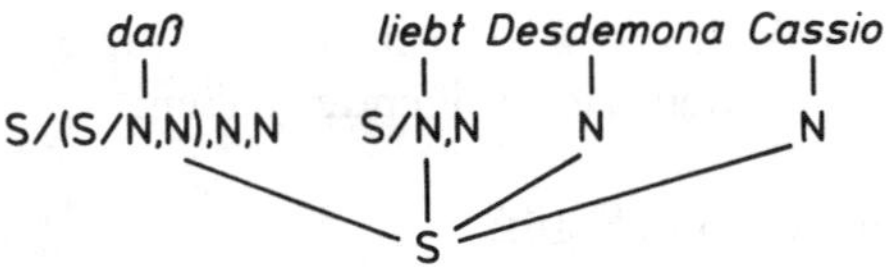

Wir behaupten natürlich nicht, daß die Oberflächensyntax von *daß*-Sätzen strukturell mehrdeutig ist. Hier handelt es sich um logische Formen. In Cresswell/von Stechow [1982] wird näher darauf eingegangen, wie solche logischen Formen aus der Oberfläche gewonnen werden können.

Ein wenig Nachdenken zeigt, daß die *de re*-Beispiele durch diesen Ansatz nunmehr adäquat analysiert werden. Wir wollen nun zu den *de se*-Beispielen (5) bis (7) zurückkommen. Betrachte den Satz (6a):

(6) a. *Hier ist Corippo.*

Der Einfachheit halber wollen wir diesen analysieren als (21).

(21) 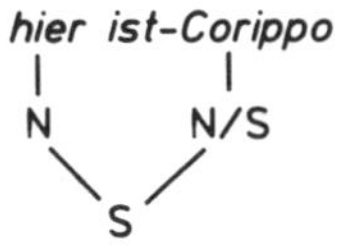

Dabei hat *hier* die folgende, kontextabhängige, Interpretation:

(22) *[hier]*(k) ist der Ort, an dem sich der Sprecher an k $(=s_k)$ in der Welt von k $(=w_k)$ zur Zeit von k $(=z_k)$ befindet.

Betrachte nun den folgenden Satz.

(23) *Ich behaupte, daß hier Corippo ist.*

Wir haben oben gesagt, daß die gewünschte Lesart durch die folgende Paraphrase approximiert werden kann.

(24) *Ich behaupte, mich in Corippo zu befinden.*

Es geht also darum, daß der Sprecher die Eigenschaft, sich in Corippo zu befinden, von sich behauptet. Wir erhalten diese Lesart als einen Spezialfall der *de re*-Lesart, nämlich dann, wenn die *de re*-Einstellung unter der Relation „der Ort, an dem ich mich befinde" stattfindet. Die logische Form von (23) ist also (25).

(25) 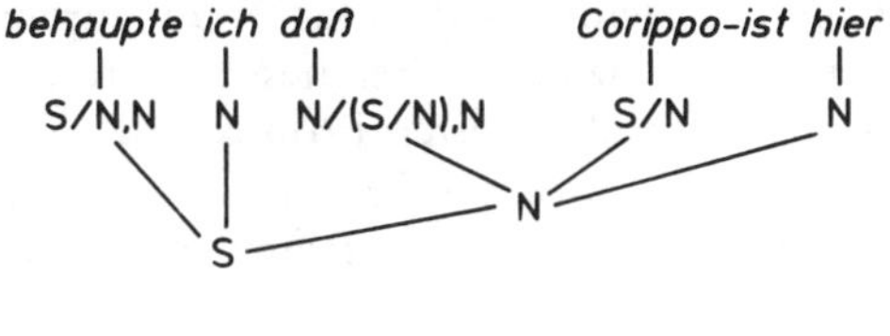

Das Objekt des Behauptens ist die strukturierte Proposition ⟨ist Corippo, hier⟩. Die Wahrheitsbedingung für den Satz lautet demnach folgendermaßen:

(26) Es gibt eine geeignete Relation R, so daß gilt:
  1. R verbindet mich mit dem Ort, an dem ich mich befinde, und mit nichts sonst.
  2. Ich behaupte von mir die Eigenschaft, zu genau einem Ding in der Relation R zu stehen, welches Corippo ist.

Nehmen wir nun einmal an, die Relation R sei ,der Ort, wo ich mich befinde'. Diese Relation stiftet mit Sicherheit einen geeigneten kausalen Kontakt zwischen mir und dem Ort, wo ich mich befinde. Damit ist die erste Bedingung der Wahrheitsbedingung trivial erfüllt und kann also wegfallen. Die zweite Bedingung kann nun folgendermaßen wiedergegeben werden:

(27) Ich behaupte von mir die Eigenschaft, mich an dem Ort zu befinden, welcher Corippo ist.

Dies ist genau die intendierte Wahrheitsbedingung (24). In diesem Fall können wir also *de se*-Einstellungen unter *de re*-Einstellungen subsumieren. Und dies ist immer möglich, wie Lewis [1979] gezeigt hat. Falls „jetzt" involviert ist, erhalten wir die gewünschte Eigenschaft durch die Relation ,die Zeit, zu der ich lokalisiert bin', also durch temporale Identität. Falls Personalpronomen involviert sind, erhalten wir die *de se*-Lesart dadurch, daß wir uns auf die *res* mittels der egozentrischen Deskription „die Person, die ich bin", also personelle Identität, beziehen. Damit sind die *de se*-Fälle abgehandelt, und es ist auch prinzipiell das Problem gelöst, wie man diese Lesarten aus einer recht anders anmutenden Oberflächensyntax gewinnt.

Die mathematischen Beispiele (1) sind die heikelsten. Auch diese werden unter den *de re*-Ansatz subsumiert. Aber hier ist eine Verallgemeinerung notwendig. Betrachte Satz

(28) *Said glaubt, daß 59 eine Primzahl ist.*

Nehmen wir nun einmal an, dieser Satz sei falsch. Es ist dann recht plausibel anzunehmen, daß Said nicht in der Glaubensrelation zu der strukturierten Proposition ⟨ist eine Primzahl, 59⟩ steht. Nun nehmen wir aber einmal an, daß der folgende Satz wahr ist:

(29) *Said glaubt, daß 59 identisch mit 59 ist.*

Falls wir dies als eine *de re*-Einstellung zu der strukturierten Proposition ⟨=59,59⟩ rekonstruieren, bekommen wir Ärger, denn das Prädikat ,=59' impliziert das Prädikat ,ist eine Primzahl', weil 59 ja eine Primzahl ist. Bei dieser Analyse folgt dann, daß Said auch in der Glaubensrelation zur strukturierten Proposition ⟨ist eine Primzahl, 59⟩ steht, was wir ja gerade ausschließen wollten. Wir müssen also den Schluß von ,=59' auf das weniger informative Prädikat ,ist eine Primzahl' verhindern. Dies ist dadurch möglich, daß wir auch das Prädikat einer strukturierten Proposition als *res* auffassen. In die Wahrheitsbedingungen von (28) und (29) gehen dann die beiden unterschiedlichen Bedingungen (30a) und (30b) ein:

(30) a. Es gibt geeignete Relationen R_1 und R_2, so daß gilt:
R_1 verbindet Said mit der Eigenschaft, eine Primzahl zu sein, und mit nichts sonst, und R_2 verbindet Said mit der Zahl 59.
b. Es gibt geeignete Relationen Q_1 und Q_2, so daß gilt:
Q_1 verbindet Said mit der Eigenschaft, mit 59 identisch zu sein, und mit nichts sonst, und Q_2 verbindet Said mit der Zahl 59.

Natürlich ist die Frage, was das für Relationen sind, die dies leisten. So muß beispielsweise Q_1 Said die Eigenschaft, 59 zu sein, nicht aber die, Primzahl zu sein, liefern, obwohl die erste Eigenschaft die zweite logisch impliziert. Sonst werden die beiden Bedingungen nicht verschieden. Man kann sich so eine Relation, die eine Eigenschaft ohne deren sämtliche Implikationen liefert, vielleicht wie die Relation des Sehens vorstellen, die einem erlaubt, einen Gegenstand zu identifizieren, ohne alle Details mitgesehen zu haben. So kann ich beispielsweise mein Nachbarhaus sofort von allen anderen Häusern unterscheiden, ohne zu wissen, wie die Wetterfahne auf seinem Schornstein aussieht. Ja, ich weiß nicht einmal, ob dort eine Wetterfahne ist. Ich kann also ein Ding sehen, ohne alles zu sehen, was dazugehört. Ebenso sollte es möglich sein, daß mir eine Eigenschaft oder eine Zahl gegeben ist, ohne daß mir alle ihre Implikationen gegeben sind. Freilich ist damit die Antwort, welcher Art die genannten Relationen sind, noch nicht gegeben.

Dies ist nur eines der sehr schwierigen Probleme, die in diesem Zusammenhang behandelt werden müssen. Eine grundsätzlichere Situierung des gesamten Vorgehens erfordert eine eigene Monographie, welche mit Cresswell [1985] bereits vorliegt (vgl. dazu auch meine Besprechung dieser Arbeit in von Stechow [1986]).

Der Ansatz zeigt aber auch in dieser rudimentären Fassung meines Erachtens bereits auf, wie Einstellungsprädikate prinzipiell zu analysieren sind. Damit gibt es nach meiner Kenntnis keinen Bereich der Semantik natürlicher Sprache mehr, der nicht grundsätzlich mit Hilfe der Methoden der Wahrheitsbedingungen-Semantik erfaßt werden könnte.

Die Methode der strukturierten Propositionen ist auch für andere Phänomene fruchtbar gemacht worden, zum Beispiel für die Semantik von fokussierenden Partikeln. Betrachte etwa die folgenden beiden Sätze.

(31) a. *Nur* Ede *liebt Maria.*
b. *Ede liebt nur* Maria.

Wenn man annimmt, daß *nur* auf einer zweistelligen strukturierten Proposition operiert, kann man seine Bedeutung folgendermaßen beschreiben.

(32) $w \in [nur](P,a)$ genau dann, wenn $\forall x:[w \in P(x) \supset x=a]$

Setzen wir nun voraus, daß (31a) und (31b) die logischen Formen (33a) und (33b) haben, dann erhalten wir die offenbar korrekten Wahrheitsbedingungen für die beiden Sätze.

(33) a. nur (λx[liebt (x, Maria)], Ede)
b. nur (λx[liebt (Ede,x)], Maria)

Für die Partikelanalyse hat erstmalig Jacobs [1983] die Theorie der strukturierten Propositionen im großen Stil nutzbar gemacht, wobei er sich explizit auf die Forschungen des Konstanzer Projektes (A1) bezieht.

Ein anderes Anwendungsgebiet für den *de re*-Ansatz betrifft bestimmte Probleme der Quantifizierung, die sich mit traditionellen Skopustheorien nicht ohne weiteres lösen lassen. So weist Bäuerle [1983] darauf hin, daß Satz (34a) eine (markierte) Lesart hat, die als (34b) wiedergegeben werden kann.

(34) a. Otto glaubt, daß eine Stuttgarterin jeden VFB-Spieler liebt.
b. In jeder Glaubenswelt w von Otto gibt es eine Stuttgarterin, welche jede Person, die VFB-Spieler in der wirklichen Welt w_o ist, in w liebt.

Das Problem ist, daß der „Allquantor" *jeden* im Bereich des „Existenzquantors" *eine* sein muß, wobei letzterer im Skopus des Glaubensoperators liegt. Daraus folgt, daß das Nominal *jeden VFB-Spieler* ebenfalls opak bezüglich des Glaubensoperators ist. Andererseits soll das Prädikat „VFB-Spieler" transparent bezüglich des Glaubensoperators sein, weil Otto nicht für dasselbe verantwortlich ist. Otto hat vielmehr gesagt: „Es gibt sicher eine Stuttgarterin, die jeden dieser Männer da liebt." Otto weiß nicht, daß dies gerade die VFB-Spieler sind. Eine Montague-Analyse, die davon ausgeht, daß Nominale insgesamt Skopus haben, der für eventuelle Mehrdeutigkeiten verantwortlich ist, kann dieses Problem nicht lösen. Man erhält aber eine natürliche Erklärung des Phänomens, wenn man das Prädikat „VFB-Spieler" als *res* interpretiert. Die Idee, die einer solchen Analyse zugrunde liegt, kann ungefähr durch die folgende Paraphrase approximiert werden.

(35) Otto glaubt von einer bestimmten Menge P [welche ich als die Menge der VFB Spieler charakterisiere] die Eigenschaft λP [Es gibt eine Stuttgarterin, welche jedes Element von P liebt].

Dies muß natürlich näher ausgeführt werden, wozu ich auf die Arbeit Haas-Spohn [1986] verweise.

5 Schluß

Die Analysen des vorhergehenden Abschnittes sind sämtlich deskriptiv. Mit anderen Worten, es wird an keiner Stelle auf die Frage eingegangen, wie unser mentales Zuordnungsverfahren aussieht, das die genannten Bedeutungen verarbeitet. Ein solches Verfahren wird sich aber an dem deskriptiv Erreichten messen müssen. Ich denke, die Diskussion hat gezeigt, daß die einschlägigen Phänomene recht verwickelt sind. Dementsprechend wird die korrespondierende psychologische Theorie auch nicht gerade sehr einfach sein können. Dieser Artikel will somit die Begrenzung und die Reichweite der semantischen Untersuchungen aufzeigen. Der Semantiker sagt so gut wie nichts darüber, was bei unserem Verständnis genau abläuft. Aber er sagt, was Bedeutungen sind. In gewisser Weise ist das ein bescheidenes Vorhaben, aber durch diese Bescheidung ist in den letzten Jahren sehr viel erreicht worden, wie ich exemplarisch gezeigt zu haben hoffe.

Literatur

Bäuerle, R. [1979]. *Temporale Deixis – Temporale Frage.* Tübingen: Narr.

Bäuerle, R. [1983]. Pragmatisch-semantische Aspekte der NP-Interpretation. In: M. Faust et al., (Hrsg.): *Allgemeine Sprachwissenschaft, Sprachtypologie und Textlinguistik: Festschrift für Peter Hartmann.* Tübingen: Narr.

Cresswell, M. J. [1973]. *Logics and Languages.* London: Methuen.

Cresswell, M. J. [1985]. *Structured Meanings: The Semantics of Propositional Attitudes.* Cambridge, Mass. M.I.T. Press.

Cresswell, M. J./von Stechow, A. [1982]. *De Re* Belief Generalized. *Linguistics and Philosophy 5,* 503–535.

Enç, M. [1981]. *Tense without Scope: An Analysis of Nouns as Indexicals.* Unveröffentlichte Dissertation. Madison/Wiscounsin.

Fabricius-Hansen, C. [1986]. *Tempus fugit. Über die Interpretation temporaler Strukturen im Deutschen* (= Sprache der Gegenwart 64). Düsseldorf: Schwann.

Haas-Spohn, U. [1986]. Zur Analyse von Einstellungszuschreibungen. *Arbeitspapiere des SFB 99,* Universität Konstanz.

Hintikka, K. J. J. [1962]. *Knowledge and Belief.* Ithaca: Cornell University Press.

Jacobs, J. [1983]. *Fokus und Skalen.* Tübingen: Niemeyer.

Kaplan, D. [1977]. *Demonstratives. An essay on the semantics, logic, metaphysics of demonstratives and other indexicals.* Unveröffentlichtes Manuskript.

Kratzer, A. [1978]. *Semantik der Rede, Kontextheorie – Modalwörter – Konditionalsätze.* Kronberg: Scriptor.

Kratzer, A. [1981]. The Notional Category of Modality. In: H. J. Eikmeyer/H. Rieser (Hrsg.), *Words, Worlds, and Contexts.* Berlin: de Gruyter.

Kratzer, A./von Stechow, A. [1976]. Äußerungssituation und Bedeutung. *Zeitschrift für Literaturwissenschaft und Linguistik*, Heft 23/24, 98–130.

Lewis, D. K. [1979]. Attitudes *de dicto* and *de se*. *The Philosophical Review* 88, 513–543.

Montague, R. [1974]. *Formal Philosophy*. New Haven/London: Yale University Press.
S. 188–221: English as a Formal Language [=EFL]
S. 222–246: Universal Grammar [=UG]
S. 247–270: The Proper Treatment of Quantification in Ordinary English [=PTQ]

Perry, J. [1979]. The Problem of the Essential Indexical. *Nous 13*, 3–21.

Prior, A. N. [1967]. *Past, Present and Future*. Oxford: Oxford University Press.

Quine, W. V. O. [1956]. Quantifieres and Propositional Attitudes. *The Journal of Philosophy 53*, 177–187.

Schpak-Dolt, N. [1977]. *Zur Semantik von Tempus und Aspekt des Russischen im Rahmen einer λ-kontextfreien Sprache*. Dissertation: Konstanz.

von Stechow, A. [1982]. Three Local Deictics. In: R. J. Jarvella/W. Klein (Hrsg.): *Speech, Place and Action*. Chichester: John Wiley.

von Stechow, A. [1984]. Structured Propositions and Essential Indexicals. In: F. Landman/F. Veltman (Hrsg.): *Varieties in Formal Semantics*. Dordrecht: Foris.

von Stechow, A. [1986]. Zwei Kritiken. Besprechung von Cresswells Strukturierten Bedeutungen und Vennemanns Anti-Grimm. *Arbeitspapiere des SFB 99*, Universität Konstanz.

Stump, G. [1981]. *Formal Semantics and Pragmatics of Free Adjuncts and Absolutes*. Dissertation, Ohio.

Thomason, R. H. [1980]. A model theory for propositional attitudes. *Linguistics and Philosophy 4*, 47–70.

*Anaphora: Geschichte und Systematik**

Urs Egli (Projekte B und F)

Die Geschichte des Anaphorabegriffs beginnt mit den Stoikern. Dies geht aus der Diskussion der Artikeltheorien durch Apollonios Dyskolos hervor, in der Apollonios die stoische Theorie der Anaphora zitiert.[1] Es ist zwar nicht überliefert, aber unschwer zu erkennen, wo der systematische Ort der stoischen Diskussionen zu suchen ist. Sie gehören in den Zusammenhang der Einteilung der einfachen Aussagen.[2] Nach den Stoikern wurden die einfachen Aussagen eingeteilt in folgende drei Arten, die ich hier mit je einem Beispiel vorführe:

(1) definite Aussage: *dieser spaziert*

(2) kategorische Aussage: *(ein) Mensch spaziert* (griechisch ohne Artikel)

(3) indefinite Aussage: *jemand spaziert*

---

[1] Vgl. Apollonios Dyskolos bei Schmidt [1979], 62, (Apollonios Dyskolos ed.) Householder [1981], FDS [1982], 550ff. Vergleichen kann man zu der behandelten Thematik auch Müller-Rostek [1979].

[2] Zu den unzusammengesetzten Aussagen der Stoiker vgl. Mates [1961], 29–33, Frede [1974], 51–72, Egli [1970], [1978], [1967], Goulet [1978], der auf meine Vorschläge zur Textgestaltung eingeht, die auch Eingang finden in FDS [1982], 914–926.

* Dieser Artikel greift ein Thema heraus, das unter verschiedenen Aspekten in den Teilprojekten B1 und F1 des Sonderforschungsbereichs 99 behandelt wurde, und versucht, die Ergebnisse in den weiteren Kontext der internationalen Forschung zu stellen. Ein Übersichtsartikel wie der vorliegende muß, wenn er informativ sein soll, gewisse Dinge voraussetzen. Zunächst wird die Standardlogik vorausgesetzt. Besonders gut definieren Jeffrey [1967] und Bell/Machover [1977] die Voraussetzungen. Außerdem werden die Grundthesen und -tatsachen der generativen Syntax vorausgesetzt, vgl. von Stechow/Sternefeld [1985], Newmeyer [1980] und Block [1986]. Grundtatsachen über die Stoiker findet man im Klassiker Mates [1961]. Den Kontext zu den Aussagen zum Mittelalter kann man der Cambridge History of Later Medieval Philosophy entnehmen (Kretzmann et al. 1982). Die Literaturliste ist nur selektiv; weitere Literatur findet man besonders in Fanselow [1983], Kaiser [1978], Knöpfler

Aus den einfachen Aussagen machten die Stoiker mit Hilfe von Konjunktionen, die zum Teil wahrheitsfunktional beschrieben wurden, komplexe Aussagen. Eine wichtige Unterart ist die folgende:

(4) *Wenn jemand in Athen ist, ist es nicht so, daß er in Rhodos ist.*[3]

Diesen Satz kann man mit Sätzen der folgenden einfachen Art vergleichen:

(5) *Wenn Sokrates in Athen ist, ist es nicht so, daß er in Rhodos ist.*

Das Pronomen *er* läßt sich im Satz (5) ganz leicht in seiner semantischen Funktion erklären: Es steht für den Namen „Sokrates", denn es kann durch diesen Namen ersetzt werden, ohne daß die Bedeutung des ursprünglichen Satzes verändert wird. Es kann vermutet werden, daß Beobachtungen dieser Art der Wortprägung „Pronomen" zugrunde liegen. Ein Pronomen ist etwas, das für ein Nomen stehen kann. Wenn ich aber versuche, diese Theorie auf den Satz (4) zu übertragen, komme ich zu Ungereimtheiten, die für die Stoiker ein eigenes Paradox, das Niemand-Paradox, darstellten. Ich erhalte nämlich nach der Substitution den Satz

---

[1979] und Schmidt [1979]. – Die Quantoren und die Anaphora sind neben der hier ausgelassenen Fragetheorie und der Tempusproblematik immer die zentralen Themen des Teilprojektes B1 gewesen. Es ist geplant, das hier ausgebreitete Material in eine Monographie auszuweiten. Ursprünglich sollte die moderne Anaphoratheorie auf die Problematik der Ereignisanapher angewendet werden. Die in diesen Rahmen gehörenden Untersuchungen von R. Bäuerle sind bisher unveröffentlicht. – Der Aufsatz soll meine systematische Arbeit innerhalb des Teilprojekts B1 und die historische Arbeit innerhalb des Teilprojekts F1 verbinden. Ich hoffe zu zeigen, daß eine historische Vertiefung systematischer Zusammenhänge sehr fruchtbar sein kann. – Das Material dieses Aufsatzes diente als Grundlage für einen Kurs im Wintersemester 1985/86 an der Universität Konstanz. Ich danke den Teilnehmern dieses Kurses für ihre kritischen Bemerkungen. Ich danke den Mitgliedern der von mir geleiteten Projekte für die vielen Diskussionsbeiträge zu den Gedanken in diesem Aufsatz, besonders R. Bäuerle und G. Fanselow. Ich danke auch den anderen Mitgliedern des Sonderforschungsbereichs 99 für viele anregende Diskussionen, besonders A. von Stechow, P. Pause und Ch. Schwarze. Das Literaturverzeichnis B gibt Hinweise auf schriftliche Spuren der Diskussionen, die immer sehr anregend waren. – Nicht möglich war eine Auseinandersetzung mit der Kritik an dem generellen Vorgehen durch F. Kambartel und P. Stekeler-Weithofer, deren Arbeit in diesem Band erscheint. Ich glaube zwar, daß sie gezeigt haben, daß die Linguistik gut daran tun wird, ihre Grundlagen zu klären, hoffe aber später einmal zeigen zu können, daß die Rede von den Regeln auch mit den Mitteln der konstruktiven Philosophie gerechtfertigt werden könnte, wenn man von Chomskys Schluß von der Grammatik einer Sprache auf neurophysiologische Strukturen einmal absieht. Jedenfalls schließt die Möglichkeit von „Sinnkritik" die Möglichkeit von Sinnbeschreibung nicht aus, es sind nur zwei verschiedene Sprachspiele.

[3] Zum outis vgl. Mates [1961], 85, Egli [1970], Egli [1981], 39 f.

(6) *Wenn jemand in Athen ist, ist es nicht so, daß jemand in Rhodos ist.*

Dieser Satz bedeutet sicherlich nicht das gleiche wie der ursprüngliche Satz (4). Die Ersetzungstheorie der Pronomen versagt also in diesem Fall. Dies zwingt systematisch zu einer Unterteilung der Vorkommen der demonstrativen und persönlichen Pronomen: Während vor der Diskussion dieses Sachverhaltes die definiten Pronomen wohl ganz allgemein als deiktisch erklärt wurden, mußte man nun zwei Verwendungsweisen unterscheiden: die deiktische und die anaphorische.

Dieser Stand ist in dem lapidaren Satz des Grammatikers Apollonios Dyskolos enthalten: Jedes (Vorkommen eines) Pronomens ist entweder deiktisch oder anaphorisch.[4]

Allerdings ist damit noch nicht alles gesagt, was über die Niemand-Sätze zu sagen ist. Denn sie sind immer noch ungewöhnlich. Die Stoiker hatten die Theorie, daß diese Sätze universal waren im modernen Sinn und daß man von (4) auf (5) schließen kann. Es scheint, daß sie auch anderes behaupteten, so etwa die Äquivalenz von folgenden zwei Sätzen:[5]

(7) *Wenn jemand beim Aufgang des Sirius geboren ist, wird er nicht im Meer umkommen.*

(8) *Es ist nicht so, daß jemand beim Aufgang des Sirius geboren ist, und er trotzdem im Meer umkommen wird.*[6]

Es gab also so etwas wie die Möglichkeit, Sätze mit Anaphorabeziehungen logisch umzuformen, wobei auch der neue Satz eine Anaphorabeziehung aufweist.

Eine heute eher unpopuläre Annahme lautet, daß die Syntax sich in ihrem Aufbau nach der logischen Form, die wie in der Logik semantisch interpretierbar sein soll, zu richten habe. Diese Forderung ist zum Beispiel in Montagues Syntax erfüllt. Er hat zum ersten Mal exemplarisch die Forderung erfüllt, daß die Semantik und die Syntax eng aufeinander bezogen werden sollen. Man kann die Forderung nach einem parallelen Aufbau von Syntax und Semantik allerdings auch umgekehrt verstehen, nämlich so, daß die Semantik sich eng an die Syntax anschließen muß. Dies führt zu einer strengen Version des Natürlichkeitsprinzips, nach der die Formen der natürlichen Sprache in der Semantik nicht wegparaphrasiert, sondern vielmehr so behandelt werden müssen, wie sie syntaktisch erscheinen. Beispiele für Konstruktionen, die diese Forderung teilweise zu erfüllen gestatten, sind die Semantiken der Nominalphrase (vgl. z. B. Barwise/Cooper [1981], vgl. auch Egli [1979]) gewisse Aspekte der Prädikatfunktordarstellung, von der bemerkenswert ist, daß die Prädikatfunktoren syntaktisch über die kategorialen Typensprachen hinausgehen. Formationsregeln, die für Prädikatfunktoren eine natürliche Syntax liefern, wurden in Knöpfler [1979] angegeben[7] (nach einer in Vorlesungen

---

[4] Vgl. Bosch [1983].

[5] Zu den katholika vgl. Egli [1970].

[6] Cicero, de fato 12,6; 8,15, vgl. Frede [1974], 85f.

[7] vgl. auch Egli [1979].

vorgetragenen Idee von U. Egli). Man kann nun in Analogie zu Barwise/Cooper auch nichtlogische Prädikatfunktoren anerkennen und erhält so eine natürliche Darstellungsweise von Konstruktionen wie den Adverbien und den Konjunktionen, soweit sie nichtlogisch sind.

Eines der wichtigsten Gebiete einer Berücksichtigung des Natürlichkeitsprinzips in einer natürlichen Logik ist das Gebiet der Anaphora als Alternative zu der Darstellung mit gebundenen Variablen. Dabei ist es interessant festzustellen, daß man durch den Begriff der Anaphora (im nicht-chomskyschen ursprünglichen Sinn verwendet) viele Aspekte der von Fred Sommers [1982] so genannten traditionellen logischen Form (TLF) wieder aufnimmt, was nicht verwundert, da ja die Logik vor dem Aufkommen der Fregeschen (und schon früher Booleschen) Notation sich viel stärker an der natürlichen Sprache orientiert hat und kurz gesagt die Logik nach dem vorher identifizierten Natürlichkeitsprinzip aufgebaut hat. Besonders prominentes Beispiel ist die mittelalterliche Logiksprache, die in dem hier in Frage kommenden Gebiet vor allem von Geach [1962] popularisiert worden ist. Geach hat auch die mittelalterlichen Eselsätze zum erstenmal in die moderne Diskussion eingebracht [Geach 1962, 117]:

(9) *Wenn jemand einen Esel besitzt, schlägt er ihn.*

In gleichem Ausmaß ist aber hier die hellenistische Logiksprache zu nennen. Aspekte ihrer Behandlung der Anaphora sind erhalten durch die darauf zurückgreifenden technischen Grammatiker der Kaiserzeit wie Apollonios Dyskolos, die seit Windisch von den Indogermanisten in die moderne Diskussion wiedereingeführt worden sind.[8] Die Niemand-Sätze sind eine einfachere Variante der Eselsätze. Sie sind, wie bereits erwähnt, schon in der Antike diskutiert worden, wohl als Gegenbeispiele einer ursprünglichen Theorie, nach der die anaphorischen Pronomen durch Einsetzen des Namens, auf den sie bezogen werden können, eliminiert werden:

(10) *Wenn Sokrates in Athen ist, ist es nicht so, daß er in Rhodos ist.*

(10a) *Wenn Sokrates in Athen ist, ist es nicht so, daß Sokrates in Rhodos ist.*

(11) *Wenn jemand in Athen ist, ist es nicht so, daß er in Rhodos ist.*

(11a) *Wenn jemand in Athen ist, ist es nicht so, daß jemand in Rhodos ist.*

Ich komme nun auf die mittelalterlichen Ansätze zu sprechen. Der Text, auf den ich mich stütze, ist Burleigh, *De puritate artis logicae tractatus longior* [1955, 28–33: *de suppositione relativorum]*. Dort wird über die relative Supposition, modern etwa anaphorische Referenz, gesprochen, die der absoluten entgegengesetzt wird. Zur

[8] Zuerst Windisch, in Bühler [19/8] und Bosch [1983] zitiert.

Erinnerung gebe ich die Unterteilung der absoluten Referenz nach den Scholastikern [Kneale/Kneale 1962, 252; cf. Burleigh 1955, passim].

suppositio termini = Referenz eines NP
suppositum = Referent

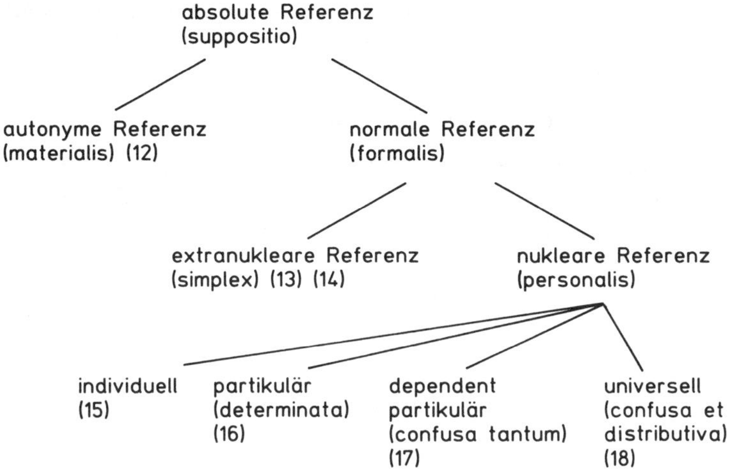

Beispiele:

(12) „der Mensch“ *ist eine Nominalphrase*
(13) Der Mensch *ist eine Gattung*
(14) Der Mensch *bewohnt die ganze Erde*
(15) Dieser Mann *liebt eine Frau*
(16) *Erna liebt* einen Mann
(17) *Jeder liebt* jemanden
(18) Jeder *mag Erna*

Die deutschen Übersetzungen der Unterteilung der nichtautonymen Referenz sind nach Parsons Unterscheidung in *Nonexistent Objects* [Parsons 1980] gemacht. Die Unterscheidung zwischen partikulärer, dependent partikulärer und universeller Referenz kann in erster Annäherung durch universell deutbare freie Variable (universeller Fall), durch Konstanten (partikulärer Fall) und durch Skolemfunktionen, die eine Abhängigkeit von einer freien Variable andeuten (dependent partikulärer Fall), erklärt werden. Man vergleicht die mittelalterliche Theorie mit der Theorie von Bäuerle/Egli [1985].

Beispiele für die anaphorische Referenz sind im Text von Burleigh [1955]:

(19) *Si homo currit,* ille *movetur*
(20) *homo currit et* ille disput*at*
(21) *omnis homo habens asinum videt* illum

Im mittelalterlichen Schema spielten zwei semantische Prozesse bei der Bestimmung der Diskursreferenten eine Rolle:

1. Die Bestimmung der Art der absoluten Referenz von referentiell selbständigen Termini. In den Beispielen, die wir bisher betrachtet haben, ist dies relativ unproblematisch und durch die Form der Quantorenphrasen schon gegeben. Es gibt dann allerdings die Möglichkeit, daß andere Ausdrücke einen Terminus „konfundieren", wie der mittelalterliche Fachterminus lautet, den wir entsprechend der zwei Arten der „konfusen" Supposition unterteilen in die zwei Begriffe der Universalisierung und der Dependentialisierung.

   (22) Abhängigmachen: *Jeder liebt* jemanden.

   Die natürliche Leseart von *jemanden* wäre die partikuläre.
   Das davor vorkommende *jeder* macht den Terminus aber abhängig.
   Wir deuten das an durch die Einführung der Funktion f, die diese semantische Abhängigkeit ausdrückt.

   (22a) Allgemein machen: *Es ist nicht so, daß* jemand *kommt.*

   Auch in diesem Fall wäre die natürliche Leseart des *jemand* die partikuläre. Durch das *es ist nicht so* wird der Ausdruck aber universal. Wir deuten das so an, daß wir eine freie Variable x einführen, um die Bedeutung wiederzugeben.

2. Die Bestimmung des relativen Referenten für relativ referierende Termini durch die Bestimmung eines Antezedens. So wird in (20) dem *ille* der Referent zugewiesen, der vorher schon *homo* zugewiesen wurde. Dabei war sich Burleigh auch darüber im klaren, daß nicht jede Art von relativer Referenz möglich ist. Ein Beispiel einer solchen Unmöglichkeit ist für ihn

   (23) **omnis homo est* $animal_i$ *et omne risibile est* $illud_i$

   Die Eselsätze wie (21) wurden übrigens als Gegenbeispiele für die Unmöglichkeit des Personalpronomens im gleichen Satz wie das Beziehungswort diskutiert, wo sonst Reflexiva stehen müssen.

Ich gebe nun die mittelalterliche Einteilung der relativen Supposition nach Burleigh [1955]:

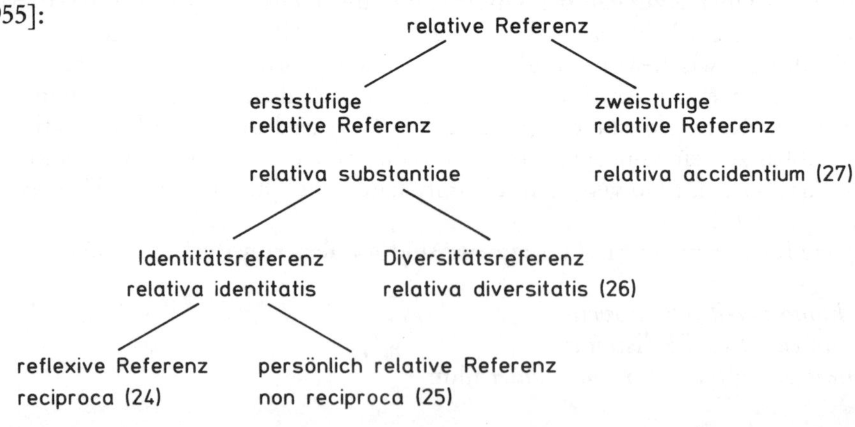

Beispiele von Nominalphrasen mit solcher Referenz:

(24) *se, suus*
(25) *ille*
(26) *alius*
(27) *talis*

An modernen syntaktischen Verboten für die Bindungsart der Beispiele (19) und (20), im Unterschied zu (21), das auch nach Tanya Reinharts Untersuchungen [1983] und nach Chomsky [1981] den Bindungsgesetzen der Generativisten unterworfen ist, gilt für diese als syntaktische Beschränkungen das, was ich Smaby-Verbot und Smaby-Lizenz nenne:

A. Eine relative Nominalphrase kann sich nicht auf die Referenten einer universell referierenden Nominalphrase im mit ihr durch *und* oder Punkt verbundenen Vordersatz beziehen.
B. Eine relative Nominalphrase kann sich auf die Referenten einer partikulär referierenden NP im mit *und* verbundenen Vordersatz beziehen.

Eine dazu duale Version für *oder* erhält man durch Ausnutzen der De Morganschen Beziehungen zwischen *und* und *oder:*

A. Eine relative NP kann sich auf die Referenten einer universell referierenden NP im durch *oder* verbundenen vorausgehenden Vordersatz beziehen.
B. Eine relative NP kann sich nicht auf die Referenten einer partikulär referierenden NP im mit *oder* verbundenen Vordersatz beziehen.

Eine dritte duale Version betrifft den Junktor *wenn-dann,* aufgefaßt als materiale Implikation. Er regelt die Theorie der Eselsätze in scholastisch-terministischem Geist und ist schon in der Antike bekannt gewesen, vgl. (7) und (8).[9]

Ich habe in einem früheren Artikel [1979] versucht, die stoische Theorie in ein modernes Gewand zu fassen. Dabei ist wichtig zu wissen, daß die stoische Terminologie, die z.T. in der traditionellen grammatischen Terminologie weiterlebt, in einem gewissen Sinn eine Alternative zur Terminologie der modernen formalen Logik ist:

definit	mit einer Variable
deiktisch	mit einer freien Variable
anaphorisch	mit einer gebundenen Variable
Anaphoraphänomene	Bindungsphänomene
indefinit	existentiell quantifiziert
etc.	

[9] Die heuristische Regel von Egli [1979] ist hier nur noch ein Theorem der Anaphoralogik. Die Deutung als syntaktische Regel durch Heim [1982], 47–65, trifft den Kern der Sache nicht, da es sich um die Feststellung einer semantischen Äquivalenz handelt.

Vieles in der modernen Diskussion kann als der Versuch aufgefaßt werden, die älteren – nicht genau mit den modernen deckungsgleichen – Begriffe zu ersetzen durch Konstruktionen mit modernen Begriffen. Eine zweite Vorbemerkung sei noch gemacht. Es ist nicht so, daß die Theorie meines Aufsatzes nicht auf Fälle mit Nichtstandardquantoren übertragen werden kann [Heim 1982, 54ff.]. Nehmen wir folgenden Satz:

(28) *Die meisten Bauern, die einen Esel besitzen, schlagen ihn.*

Er läßt sich durch eine einfache Transformation von der Art der betrachteten Regeln wie folgt paraphrasieren:

(29) *Es gibt mehr Bauern, die einen* $Esel_i$ *besitzen und* ihn_i *schlagen, als Bauern, die einen* $Esel_j$ *besitzen und* ihn_j *nicht schlagen.*

Die anaphorischen *ihn* können dann nach der Regel

(30) Sx(Hx und Fx und Gx) vs. F ein_j H und G es_j,

die im Aufsatz von 1979 schon vorkommt, weiterbehandelt werden.

(31) Es gibt mehr x derart, daß x ein Bauer ist und es ein y gibt derart, daß x y besitzt und x y schlägt und y ein Esel ist, als x derart, daß x ein Bauer ist und es ein y gibt derart, daß x y besitzt und x y nicht schlägt und y ein Esel ist.

Der Satz (31) läßt sich unter Benutzung der Russellschen Definition von *mehr* in der Typenlogik in diese übersetzen (vgl. Whitehead/Russel 1925–27). Dies ist eine Analyse im Stil der Theorie des Aufsatzes von 1979, nur daß der Bereich der einfachen Sätze verlassen ist, die in die Prädikatenlogik der ersten Stufe übersetzbar sind.

Der wichtigste Einwand gegen die Theorie von 1979 war, daß es keine Semantik dazu gebe, daß sie also rein „syntaktische" Regeln enthalte. Dieser Einwand soll nun durch die Konstruktion von analytischen Deutungsregeln ausgeräumt werden, wobei die so entstandene Theorie mit anderen zeitgenössischen Ansätzen verglichen werden soll. Näher ausgeführt ist dies in Bäuerle/Egli [1985].

Es gibt nämlich eine Reihe von anderen modernen Ansätzen, die betrachteten Sätze direkt in dieser logischen Form zu deuten, und nicht unter Übersetzung in eine kanonische Notation mit gebundenen Variablen, von der noch Quine [1960] sagte, daß sie nicht systematisch beherrscht, sondern nur durch Beispiele und Gegenbeispiele gelernt werden kann. Der unseres Erachtens wichtigste Ansatz ist derjenige von Hintikka [1973], der seine spieltheoretische Semantik auf diese Probleme anwendet, von der gleich gesprochen werden soll. Ein anderer Ansatz stammt von Kamp [1984], der von ganz anderen Voraussetzungen ausgeht, aber doch mit Hintikka vergleichbare Ansätze gebracht hat.

Ein anderer Ansatz ist seinerzeit von Smaby [1979] vertreten worden, wieder ein anderer von Heim [1982], die allerdings nicht von der natürlichen Form der Sätze, sondern von einer logischen Form im Sinne Chomskys ausgeht, was den Vorteil hat, daß die zeitgenössischen Anschauungen über die Beschränkungen der Anaphora (bzw.

Bindung) ohne weiteres mit berücksichtigt werden können, wobei allerdings viel von der ursprünglichen Motivation solcher Studien, nämlich die natürliche logische Form der Sätze direkt zu behandeln, verlorengeht.

Wir werden zunächst zeigen, daß das Vorgehen von Hintikka sowie von Heim und Kamp auf das gleiche Verfahren führt, indem wir die Bemerkung von Hintikka nutzbar machen, daß die Existenz einer Gewinnstrategie für die mit einer bestimmten Formel assoziierten Spiele dargestellt werden kann durch eine Skolemnormalform, wobei die Züge der Natur dargestellt werden durch freie Individuenvariable, meine Strategie durch eine Menge von Skolemfunktionen[10], die den vorangegangenen Zügen der Natur je ein Individuum zuordnen, das ich wählen kann.[11]

Wir werden jetzt einen Algorithmus angeben, der einen leicht modifizierten Spielbaum im Sinn von van Benthem/van Eijck [1982] in eine Skolemnormalform übersetzt, um zu zeigen, daß es sich dabei um einen effektiven Prozeß handelt. Wir werden dabei von einer Spieltheorie für die Prädikatenlogik ausgehen, da für die Deutung der natürlichen Sprache nichts grundsätzlich Neues herauskommt.[12]

Dazu müssen wir aber etwas ausholen und zuerst allgemein etwas über die analytische Vorstellung in der Logik sagen, innerhalb deren sich auch Hintikka letztlich bewegt.

Eine der großen Entdeckungen der Zeit unmittelbar vor dem zweiten Weltkrieg war die Entdeckung der von Hintikka [1973] so genannten analytischen Verfahren der Logik. Sie wurden von zwei Forschern erfunden: von Gerhard Gentzen einerseits (Gentzen: Untersuchungen über das logische Schließen) und noch früher von Jacques Herbrand (Recherches sur la Theorie de la démonstration, 1930) unter Rückgriff auf Vorarbeiten Skolems.

Herbrands Ergebnisse werden heute meist in einer eingeschränkten Version zitiert: „Ein universeller Satz ist inkonsistent genau dann, wenn eine endliche Menge von Einsetzungsinstanzen aussagenlogisch inkonsistent ist.“ In Wirklichkeit hat allerdings Herbrand seinen Satz für jede Formel des Prädikatenkalküls bewiesen. Gentzens Beitrag ist neben seinen Systemen der berühmte Hauptsatz oder das heute so genannte Theorem der Schnittelimination. Varianten solcher Systeme ohne Schnitt sind Hintikkas Model sets, später Hintikkas spieltheoretische Logik, Beths

---

[10] Vgl. Hintikka, J., Language Games for Quantifiers. In: J. Hintikka, [1973], (Appendix 77–82). In seinem neueren Aufsatz (zusammen mit Jack Kulas): *Semantical Games, Subgames and Functional Interpretation,* erschienen als Kapitel 3 in Hintikka/Kulas [1983], erweitert Hintikka unter Einbeziehung der neueren spieltheoretischen Idee der Subgames die Übersetzbarkeit der Angabe einer Gewinnstrategie in Funktionale höherer Typen. Wir werden die These vertreten, daß für die natürliche Sprache stets nur Unterspiele verwendet werden, die in Ausdrücke der einfachen Typenlogik übersetzt werden können, welche äquivalent auch unter Benutzung von Skolemfunktionen, also ohne Funktionale, formuliert werden können.

[11] Van Benthem/van Eijck [1982].

[12] Stegmüller/Kibed von Varga [1984]. Ferner Gabbay/Guenthner [1983] Bd. 1. Kap. 3 von H. Leblanc).

Semantische Tableaus; die Dialogische Logik von Lorenzen/Lorenz [1978] und auch die Methoden des natürlichen Schließens. Die konzeptuell einfachsten Methode ist diejenige von Jeffrey [1967], und ich werde sie daher vorstellen.

Dabei gehe ich aus von einer expressiv vollständigen Version, die die logischen Zeichen „nicht“, „und“, „oder“, „alle“, „einige“ umfaßt und sonst nichts. Für eine solche Sprache kann eine Theorie der Prüfung auf Inkonsistenz angewendet werden, die auf so etwas wie den drei Prinzipien der traditionellen Logik aufbaut:

1. Satz vom Widerspruch: Eine Satzgruppe kann nicht konsistent sein und einen Satz und seine Negation enthalten.
2. Satz von ausgeschlossenen Dritten: Tertium non datur, in folgender verallgemeinerter Form: Falls eine Alternative gilt, gilt mindestens eines der beiden Glieder der Alternanz. Man kann dieses aussagenlogische Prinzip auf die Quantorenlogik verallgemeinern:
   Falls eine Aussage von einigen gilt, gilt sie von einem bestimmten Beispiel (Aliud non datur oder Ekthesis).
3. Dictum de omni et nullo. Falls ein Satz von allem gilt, gilt er von allen einzelnen Individuen. (Oder: Falls ein Satz von keinem gilt, gilt seine Negation von jedem Einzelnen.) Diese quantorenlogische Regel kann man auf die Aussagenlogik übertragen: Falls die Konjunktion von zwei Sätzen gilt, sind beide einzeln wahr (Dictum de utroque et neutro).

An einem Beispiel soll die Wirkungsweise dieser Regeln verdeutlichen, zu denen noch gewisse semantische Äquivalenzen (Doppelte Negation kann gestrichen werden; De Morgansche Gesetze; non omnis = quidam non, non ullus = nullus) kommen. Für alles nähere sei auf Jeffrey [1967] verwiesen, für die traditionellen logischen Prinzipien auf Ziehen [1920].

(32)	hyp	(1)	$\exists x(Fx \wedge Gx)$	hyp
	hyp	(2)	$\forall x \neg(Gx \wedge \neg Hx)$	hyp
	hyp	(3)	$\neg \exists x(Fx \wedge Hx)$	hyp
		(4)	$\forall x \neg(Fx \wedge Hx)$	aus (3) durch semantische Äquivalenz
		(5)	$Fa \wedge Ga$	aus (1) durch das aliud non datur
		(6)	Fa	aus (5) durch das dictum de utroque
		(7)	Ga	aus (5) durch das dictum de utroque
		(8)	$\neg(Ga \wedge \neg Ha)$	aus (2) durch das dictum de omni
		(9)	$\neg Ga \vee \neg\neg Ha$	aus (8) durch semantische Äquivalenz (Morgan)
		(10)	$\neg(Fa \wedge Ha)$	aus (4) durch das dictum de omni
		(11)	$\neg Fa \vee \neg Ha$	aus (10) durch semantische Äquivalenz (Morgan)
		(12)	$\neg Ga$ $\quad$ $\neg\neg Ha$	aus (9) durch das tertium non datur
		(13)	x	Widerspruch wegen (12) und (7)
		(14)	$\quad$ Ha	aus (12) durch semantische Äquivalenz
		(15)	$\neg Fa$ $\quad$ $\neg Ha$	aus (11) durch das tertium non datur
		(16)	x	Widerspruch wegen (15) links und (6)
		(17)	$\quad$ x	Widerspruch wegen (15) rechts und (14)

Das Ausmalen der drei ursprünglichen Sätze in allen Einzelheiten nach den logischen Prinzipien 2 und 3 führt also in jedem Fall auf einen Widerspruch nach Prinzip 1. Die Sätze sind also inkonsistent. Jede Frage nach der logischen Gültigkeit eines Arguments läßt sich in eine Frage über Inkonsistenz kleiden:

(33) $p_i \ldots\ldots p_n \rightarrow q$ ist gültig genau dann, wenn $p_i \ldots\ldots p_n$, nicht q inkonsistent ist.

Es ist noch darauf hinzuweisen, daß die analytischen Verfahren in einem gewissen Sinn in der Mitte stehen zwischen deduktiven Verfahren und modelltheoretischen Verfahren. Im Fall, daß eine Satzmenge nicht inkonsistent ist, liefert das Verfahren, das dann unter Umständen unendlich lange läuft, ein Modell der Sätze im üblichen Sinn. Auch alle diese Eigenschaften des Modells sind in Jeffrey [1967] erklärt.

Was geschieht nun bei Sätzen wie z. B.

Jeder liebt jemanden:

(34)	(1)	$\forall x\ \exists y\ Lxy$	
	(2)	$\exists y\ La_1y$	dictum de omni, aus (1)
	(3)	La_1a_2	aliud non datur, aus (2)
	(4)	$\exists y\ La_2y$	dictum de omni, aus (1)
	(5)	La_2a_3	aliud non datur, aus (4), wichtig ist, daß a_3 neu ist

Man kann diese Konstruktion auch so beschreiben, daß jedesmal, wenn für das Allzeichen wieder ein Beispiel gewählt worden ist, in bezug auf dieses Beispiel ein neues Beispiel für das Existenzzeichen gewählt wird. Man kann einsehen, daß die ganze Konstruktion immer das Gleiche ergibt, wie wenn ich über den Satz arbeiten würde:

(35)	(1)	$\forall x\ Lx\ f(x)$	
	(2)	$La_1f(a_1)$	(1), dictum de omni
	(3)	$Lf(a_1)\ f(f(a_1))$	(1), dictum de omni

etc.

$a_1 \sim a_1$
$f(a_1) \sim a_2$
$f(f(a_1)) \sim a_3$

etc.

Wir können nun das Verfahren so abwandeln, daß es gerade eine solche Umformung, die man in der Literatur Skolemisierung nennt, ergibt. Den Gebrauch des Dictum de omni zeigen wir an durch Einführung einer neuen freien Variablen, das aliud non datur durch Einführung eines Individuums in Abhängigkeit von allen schon eingeführten Variablen.

(36) (1) $\forall x \exists y\ Lxy$
(2) $\exists y\ Lxy$ — dictum de omni, (1)
(3) $Lx\ f(x)$ — Abhängiges aliud non datur, (2)

(37) (1) $\exists z \forall x \exists y (Lxy\ \ \wedge Kzy)$
(2) $\forall x \exists y (Lxy\ \ \wedge Kay)$ — Unabhängiges aliud non datur, (1)
(3) $\exists y (Lxy\ \ \wedge Kay)$ — dictum de omni, (2)
(4) $Lxf(y)\ \ \wedge Kaf(y)$ — Abhängiges aliud non datur, (3)

Man sieht leicht, daß dieses Verfahren eine schnelle Skolemisierung ohne vorgängige Herstellung der Normalform liefert.

Die Hintikkaschen Spiele für eine bestimmte Formel lassen sich nun alle in ihrer Struktur durch eine Normalform angeben. Wir folgen wie gesagt dem Verfahren von van Benthem/van Eijck [1982], geben aber nur ein Beispiel:

(38) $Ax\ Ey\ (fx\ \ \wedge gxy)$
$Ey\ (fa\ \ \wedge gay)$ — Wahl der Natur des Individuums a
$fa\ \ \wedge gab$ — Wahl von mir des Individuums b
fa — Wahl der Natur eines Teilsatzes der Konjunktion

Wir verändern diesen Baum in folgender Weise:

1. Statt die Natur ein Konjunktionsglied und mich ein Disjunktionsglied wählen zu lassen, wende ich die Jeffrey-Regeln des Abbaus an.
2. Statt die Natur ein Individuum wählen zu lassen, wähle ich eine Variable.
3. Statt daß ich ein Individuum wähle, wähle ich eine Skolemfunktion, die soviel Stellen hat, wie schon Variablen gewählt worden sind.

Nach diesen drei Schritten der Veränderung geht der Baum über in einen Baum der schnellen Skolemisierung, wie wir ihn vorher entwickelt hatten:

(39) $Ax\ Ey\ (fx\ \ \wedge gxy)$
$Ey\ (fx\ \ \wedge gxy)$
$(fx\ \ \wedge gx\ k(x))$
fx
$gx\ k(x)$

Hintikka hat wiederholt betont, daß seine Spieltheorie nicht eine formale Logik liefere, sondern eine materiale Semantik. Daß man dies wirklich haben kann, wird aus folgender Beobachtung klar:

Man kann zu dem System der Skolemisierung, das wir beschrieben haben, eine nichtdenotationale Semantik hinzunehmen, welche die Allquantifikation substitutionell deutet und die Atomsätze durch eine Boolsche Deutungsfunktion bewertet. Heute ist ja die Nichtdenotationale Semantik eine anerkannte logische Technik.[12]

Es dürfte jetzt schon klar geworden sein, daß die Kampschen Boxen eine gewisse Ähnlichkeit zu den Skolembäumen aufweisen. Wir werden zunächst nicht das

System von Kamp [1984] verwenden, sondern die Regeln von Heim [1982]. Die folgende Erklärung gilt dem folgenden Satz:

Ein Heim-Modell (A,Ext) zusammen mit einer Variablenbelegung a macht einen Satz wahr genau dann, wenn (A, Ext'), wo Ext' auch den Skolemfunktionen Werte zuweist, zusammen mit der Variablenbelegung a den entsprechenden Skolemsatz wahr macht.

Ich skizziere den Beweis an einem Beispiel:

(40) *Wenn ein Bauer ein Pferd besitzt, spannt er es vor einen Wagen.*

ein Bauer besitzt ein Pferd — *er spannt es vor einen Wagen*

1 ist ein Bauer
1 besitzt 2 ← Alpha Beta →
2 ist ein Pferd

1 spannt 3 vor 3
3 ist ein Wagen

Die Wahrheitsbedingung [Heim 1982, 363f.] läßt sich folgendermaßen darstellen (unter Vernachlässigung der vorausgehenden Files):

Gamma
Alpha Beta — ist in (A, Ext) und a wahr genau dann, wenn es für jedes b derart, daß (A, Ext) und b Alpha erfüllen, ein c gibt, das mit b in allen Zuweisungen an freie Indices in Alpha übereinstimmt derart, daß (A, Ext) und c Beta erfüllen.

Wir können nun eine Funktion f von AxA in A folgendermaßen definieren. Wir wählen nacheinander Belegungen b', die 1 und 2 beliebige Werte von A zuweisen. Angenommen, b' erfülle Alpha nicht, dann ist F(II1II, II2II) irgendwie festzulegen. Der interessante Fall ist ein b', das Alpha erfüllt. Dann gibt es ein c' (3) = f (b'(1) b'(2)). Auf diese Weise ist f über ganz AxA definiert. Wir können aber (A, Ext) als ein erststufiges Modell der Prädikatenlogik auffassen. Es macht den folgenden Satz wahr:

(41) Für alle x: Für alle y: (x ist ein Bauer und x besitzt y und y ist ein Pferd nur, wenn x y vor f(x,y) spannt und f(x,y) ein Wagen ist).

Umgekehrt gelte in (A, Ext) (41). Dann ist die Heimsche Wahrheitsbedingung wahr für jedes a. c kann aus jedem b so konstruiert werden, daß gilt: c(3) = f(b(1) b(2)) und c sonst in jedem Individuum mit b übereinstimmt.

Man sieht auch leicht, daß die Kamp „Wenn-Dann"-Version der Boxen leicht in die „Oder"-Version der Boxen übertragbar ist. Man hat folgende Umwandlung der Kamp-Box in Heim-Deutung in eine „Oder"-Box:

(42) 1. Ersetze jeden links vorkommenden Referenzindex durch eine freie Variable.
2. Ersetze jeden in einer rechten Verzweigung vorkommenden Referenzindex durch einen funktionalen Term mit einer Skolemfunktion, die n Stellen hat, wenn im linken Schwesterbaum n freie Variable vorkommen, wobei der Term die Anwendung dieser Funktion auf diese Variablen ist.
3. Ersetze

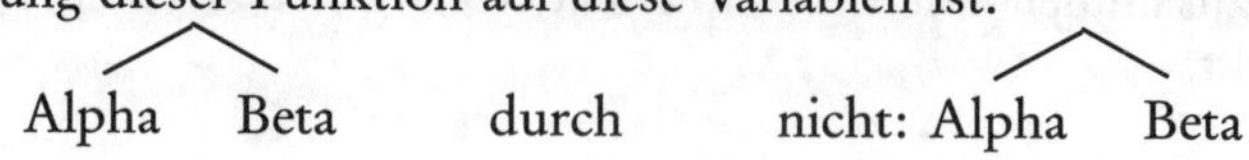

4. Ersetze

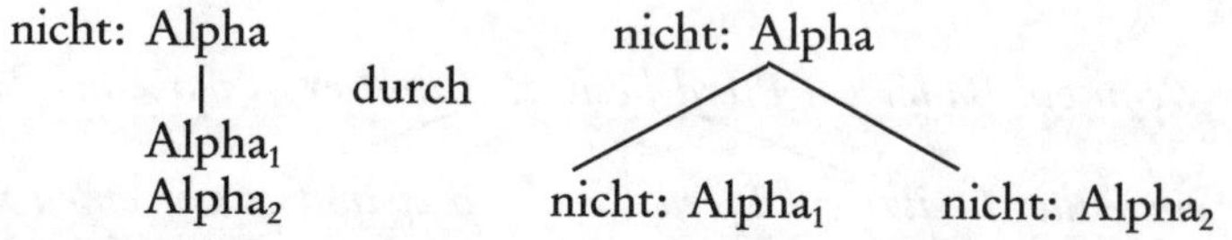

Es ist am Schluß noch anzumerken, daß Heim statt der Konstruktion der Boxen die Konstruktion der Logischen Form hat, die aber die gleichen Ergebnisse liefert. Kamp liefert eine kompliziertere Deutung als Heim, die aber doch auch zu den gleichen Ergebnissen führt, wie wir nun noch zeigen wollen.

Gibt es ein Modellsystem Kampscher Art für ein Kampsches Boxsystem für einen bestimmten Satz, das ihn wahr macht, so gibt es auch ein Modell gewöhnlicher Art für die oben beschriebene Skolemisierung des gleichen Satzes. Wir werden den Beweis dieses Satzes an einem Beispiel skizzieren.

Der Satz sei wahr:

Wenn ein Bauer einen Esel besitzt, sattelt er ihn mit einem Sattel.

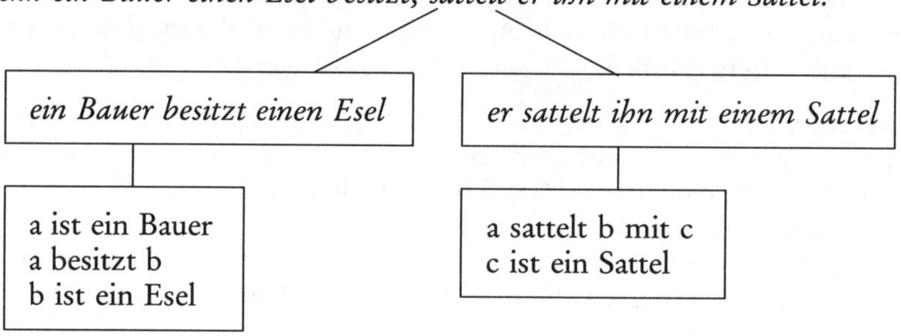

Die Kampschen Modellkonstruktionsbedingungen schreiben nun vor, daß jedes Modell von (α) erweitert werden kann zu einem Modell von (β). M sei ein Modell vom Ähnlichkeitstyp (2,1; – ;2). Wenn der Satz wahr werden soll, muß dieses Modell erweitert werden können zu einem Modell vom Ähnlichkeitstyp (3,1,1; – ;3), nennen wir es N, das die Sätze von (α) und (β) erfüllt. Wir nehmen an, daß die Konstruktion gelingt. Nehmen wir ferner an, daß es ein Modell von (α) gibt. Dann halten wir in diesem Modell die Werte für die Prädikate fest. Für die beiden Individuen a und b wählen wir nun nacheinander alle Kombinationen von Individuen, die die Sätze wahr machen (anschaulich: alle Bauern bzw. Esel). Zu jedem dieser so konstruierten Modelle gibt es ein Modell N mit einem Wert von c. Konstruiere nun eine Funktion f auf folgende Weise: Wenn ein Paar von Werten IIaII, IIbII die Sätze erfüllt, ordne ihm durch die Funktion das IIcII eines Modelles N zu. Nimm als Werte ih/ N' der neuen Prädikate die Vereinigung aller Werte in diesen Modellen N. Falls ein Paar IIaII, IIbII die Prädikate unter (1) nicht erfüllt, können wir ihm ein beliebiges Individuum zuordnen. M ist ein elementares Teilmodell von N'. Diese Konstruktion wiederholen wir Omega-mal und erhalten so eine elementare Kette von Modellen, die alle Alpha und Beta erfüllen. Die Vereinigung dieser Modelle ist ein elementares Obermodell von N' [Chang/Keisler 1973, 107]. Sie erfüllt Alpha und Beta deshalb auch. Ihr Individuenbereich ist in bezug auf die Funktion f abgeschlossen. Dieses neue Modell erfüllt den Satz Gamma:

Für alle x: Für alle y: (x ist ein Bauer und x besitzt y und y ist ein Esel nur dann, wenn x y sattelt mit f(xy) und f(xy) ein Sattel ist).

Damit haben wir jetzt unsere Behauptung motiviert: Heim und Kamp sind mit der analytischen Logik äquivalent, die wiederum mit der Hintikkaschen Methode äquivalent ist. Es handelt sich hier letztlich um eine alternative Auffassung von Quantifikation anstelle von Freges Quantoren, die im Prinzip auch noch Montague benutzt hat. Wir haben jetzt vier Redeweisen, die im wesentlichen gleiche Ergebnisse liefern:

1. Die Methode der analytischen Tableaux;
2. die Hintikkasche Spieltheorie;
3. die an Tarski orientierte semantische Definition von Heim, die in ähnlicher Form auch bei Kamp verwendet ist;
4. die „syntaktische" Theorie von Egli [1979].

Einige Kommentare zu den Ergebnissen sind jetzt angebracht. Die Phänomenbereiche der Quantifikation und der Anaphora im traditionellen Sinn sind zu Recht in der Logik und in der Sprachwissenschaft viel diskutiert worden. Die Probleme werden dabei explizit oder implizit meist auf die klassische Lösung von Frege [1964] bezogen, der – virtuell – eine künstliche begriffsschriftliche Notation für die Inhalte von Sätzen wie (43) bis (46) geschaffen hat:

(43) *Jemand kommt.*
(43a) Es gibt ein x: x kommt.
(44) *Jeder kommt.*
(44a) Für jedes x: x kommt.
(45) *Eine Zahl ist ungerade.*
(45a) Für ein x: x ist eine Zahl und x ist ungerade.
(46) *Jede Zahl ist ungerade.*
(46a) Für alle x: x ist eine Zahl nur, wenn x ungerade ist.

Wir haben hier Freges eigentliche Lösung in seiner zweidimensionalen Notation durch die heute meist verwendete Standardlösung der logischen Lehrbücher ersetzt, die sich aber nicht im Prinzip von Frege unterscheiden. Wichtig ist dabei, daß Pronomen oft durch gebundene Variablen wiedergegeben werden können.

(47) *Ein Buch,* das *mir Peter gegeben hat, ist veraltet.*
(47a) Ein x: x ist ein Buch und Peter hat x mir gegeben.

(48) *Wenn eine Zahl teilbar ist, ist* sie *durch zwei teilbar.*
(48a) Für alle x: Wenn x eine Zahl ist und x ungerade ist, so ist x durch zwei teilbar.

Diese Standardlösung hat sich so stark ins Bewußtsein der Sprachwissenschaftler eingegraben, daß sie auch für das traditionelle Phänomen der Anaphora oft Bindung sagen – in Anlehnung an die Begriffe der Bindung in logischen Formeln. Es ist oft sehr schwer, sich auf den naiven, vortheoretischen Standpunkt zu stellen, der aber den Vorteil hat, daß er die Phänomene nicht von vornherein in das Schema der quantorenlogischen Übersetzung preßt.

Nach Frege ist ein weiterer wichtiger Schritt in der Semantik der Quantifikation und der Anaphora und Bindung Tarskis grundlegende semantische Definition für den Wahrheitsbegriff:

(49) „Es gibt x: F von x" ist wahr in B und f genau dann, wenn es ein Individuum f(x) in D gibt derart, daß f(x) ein Element von B(F) ist.

Diese technische Definition hat große Fortschritte auf dem Gebiet der Modelltheorie bewirkt.

Ein weiterer Markstein ist dann Montagues Analyse der Semantik der Nominalphrase („Terms" in seiner Terminologie), deren Effekt es war, jede Nominalphrase als einen eigenen Quantor im logischen Sinn zu sehen, was schon unter dem Namen „beschränkte Quantifikation" sich vorher angebahnt hatte und implizit schon in den Methoden der Wegparaphrasierung der Nominalphrasen („non-denoting phrases" in der Terminologie von Russells „on denoting") enthalten war. Die eigentlichen Quantoren oder Determiners wurden aufgefaßt als Funktionen, die Appellativbedeutungen zweitstufige Eigenschaften zuwiesen oder – äquivalent – als zweitstellige Beziehungen zwischen zwei einstelligen Eigenschaften. Statt der Individuen werden – in Anlehnung an Leibniz – individuelle Charaktere (im Sinn von Lewis [1972]) genommen, d. h. die Menge aller Eigenschaften, die ein Individuum hat. Lewis wies darauf hin, daß das „Allgemeine Tier" – etwa von Lotze –, das aus allen Eigenschaften besteht, die jedes Tier hat, besser als Bedeutung von „jedes Tier" paßt. Parsons [1980] wies darauf hin, daß auch nicht existierende Objekte als Mengen von Eigenschaften interpretiert werden können. Die Prädikation kann im „nuklearen" Fall aufgefaßt werden als Enthaltensein der Prädikatbedeutung als Element in der Subjektbedeutung. Eine Verallgemeinerung ist der extranukleare Fall, wo das Prädikat eine beliebige Menge von NP-Bedeutungen ist. Extranuklear ist dann z. B. das Prädikat *existiert.*

Eine Alternative zur Montagueschen Analyse der Quantoren ist aber nun die Hintikkasche Analyse der Nominalphrasen. Unglücklicherweise ist es nicht leicht, die logischen Grundideen mit denjenigen Montagues zu vergleichen, da Hintikka seine Aussagen in die Form einer Spieltheorie und den logischen Kern in eine Terminologie von Strategien kleidet. Der Kern des sachlichen Unterschiedes läßt sich vielleicht wie folgt beschreiben. Hintikka nimmt als Erklärung der Quantoren die Theorie der Skolemfunktionen, in der man bekanntlich alle Quantoren durch drei Arten von Konstruktionen ersetzen kann: offene Variable, Individuenkonstante, durch Terme mit durch Skolemfunktionen ausgedrückten Dependenzen, wobei die zwei letzteren Konstruktionen die Existenzquantoren und ihren Skopus wiedergeben. Drei prima facie-Vorteile dieser Sichtweise sind, daß anaphorische Bezüge als Koreferenz gedeutet werden können in dem Sinn, daß die Pronomen Wiedervorkommen der drei Sorten von Termen bezeichnen. Ein zweiter prima-facie-Vorteil ist, daß sogenannte verzweigende Quantoren, also nichtlinearer Skopus, ohne zusätzliche neue Techniken intergriert werden können. Ein dritter Vorteil dieser Sichtweise ist, daß die linguistisch bequeme Redeweise vom Diskursreferenten eine natürliche logische Erklärung findet. Wenn

(50) *jemand kommt*

durch Einführung eines Diskursrepräsentanten a umgewandelt wird in

(50a) a kommt,

dann ist dies nichts anderes als eine Herstellung der konsistenzäquivalenten Form in der skolemisierten „freien-Variablen"-Logik, die heute in der Disziplin des automatischen Theorembeweisens neue Prominenz erhalten hat.

Diese Feststellung war denn auch die Grundintuition bei unserer Deutung des Vorschlags von Hans Kamp, der allerdings die Erfassung der Dependenz der Wahl von Diskursrepräsentationen wie Heim in die Metasprache verlangt. Statt zu sagen, daß es eine Funktion f gibt, die zu jedem Individuum x ein Individuum f(x) auswählt, sagt er: Jedes Modell für den Satz mit dem Individdum x läßt sich erweitern zu einem Modell, in dem auch f(x) interpretierbar ist, das alle Sätze mit x und f(x) wahr macht.

In letzter Zeit hat Hintikka Spiele vorgeschlagen, die die Quantoren z.T. durch Höherstufung in der Typenhierarchie in einer funktionalen Interpretation deuten. Wir tragen hier die folgende These vor:

(51) Höherstufung – sei es in der Hierarchie der Sprachen und Metasprachen, sei es in der Hierarchie der höheren Typen in einer Typentheorie – läßt sich immer durch Skolemfunktion ersetzen.

Man erhält dadurch eine stärker beschränkte Semantik der natürlichen Sprache.

Ein letzter Punkt betrifft nun die Syntax der Quantifikation und Anaphora. Meine Meinung ist, daß die Probleme der Quantifikation und Anaphora nur durch Aufeinanderbezug der Semantik und der Syntax gelöst werden können. Man sollte unsere Lösung auf die Arbeiten von Chomsky [1981], Reinhardt [1983] und May [1985] (um nur einige zu nennen) beziehen können. Dabei leitet mich folgendes Prinzip:

(52) Die Syntax ist autonom, die Semantik ist möglich natürlich zu halten, d. h. so, daß sie der Syntax maximal angepaßt ist.

A

Syntaktisch stütze ich mich auf einen Begriff der Bindung, der mit demjenigen von Chomsky in enger Berührung steht, aber nicht mit ihm identisch ist. Insbesondere sind zwei Unterschiede feststellbar:

1. Neben der Chomsky-Bindung wird die Smaby-Bindung angenommen, vielleicht außerdem noch die zweitstufige Bindung, die die Phänomene der Faulheitspronomen abdeckt. Die Smaby-Bindung deckt die Eselsätze und die konjunktive Wiederaufnahme von Antezedentien ab. Konstitutiv für sie ist das Smaby-Verbot der konjunktiven anaphorischen Wiederaufnahme einer universalen Quantifikation, die sich auf den „Wenn-Dann"-Fall in charakteristischer Weise überträgt.
2. Es wird versucht, auf nicht explizit dastehende Lücken zu verzichten.

In historischer Hinsicht ist zu bemerken, daß sich das Phänomen der Bindung mit den traditionellen anaphorischen Prozessen deckt, die schon in der Antike von den Stoikern und den technischen Grammatikern entdeckt worden sind. Im Mittelalter entspricht der Bindung der Begriff der relativen Referenz (relativ-wörtliche Übersetzung des griechischen „anaphorikos") bzw. Supposition. Dem Chomskyschen Begriff der Anaphora entspricht in diesem Begriffsgebäude etwa der Begriff der reziproken relativen Referenz.

B

Ihre Einheit und ihren Sinn erhalten diese Begriffsbildungen dadurch, daß sie eine gewisse semantische Einheitlichkeit aufweisen. Es handelt sich in jedem Fall um Phänomene, die bei der Übersetzung von sprachlichen Ausdrücken in die von Quine betonte Standardnotation etwas mit freien und gebundenen Variablen und den variablenbindenden Quantoren zu tun haben. Der moderne Name für die anaphorischen Prozesse: Bindung, ist denn auch der Terminologie der Logiker entlehnt. Dabei wird oft vergessen, daß es sich bei den natürlichsprachlichen Konstruktionen um ganz andere Konstruktionen handelt, als es die Konstruktionen der Standardlogik sind. Es scheint aber unterschwellig die These Quines[13] vorzuherrschen, wonach diese Konstruktionen nicht nach eigenem Recht erklärt werden können, sondern nur durch Beziehung auf die Ausdrucksweise entweder als freie Variable, als Namen, als Quantor oder als gebundene Variable zu betrachten sind. Heims Versuch ist die klarste Durchführung des Gedankens, daß es sich bei anaphorischen

[13] Vgl. Quine [1960] über die Anaphora und die Unmöglichkeit, sie systematisch zu erfassen.

Ausdrücken um eine Art freier Variablen handelt, während Montague sie im wesentlichen als gebundene Variable behandelt und nur den Bereich der zugelassenen Quantoren erweitert.

B1

Das Schema der freien und gebundenen Variablen ist aber nicht so kanonisch, wie es Quine gerne haben möchte. Er selbst hat in seiner Prädikatfunktorlogik ein Analogon der Quantorentheorie geschaffen, das gänzlich ohne freie Variable und gebundene Variable auskommt. (Es gibt in der naheliegenden Formulierung allerdings noch schematische Buchstaben, d. h. syntaktische Metavariable.) (Vgl. Knöpfler [1979], insbesondere auch meine Syntax für solche Ausdrücke, ferner Bartnik [1980].) Es gibt mindestens noch drei andere gut bekannte Schemata der Elimination der Variablen:

1. Die kombinatorische Logik:
   a) untypisierte Form: der Gebrauch des Lamdaoperators kann durch Kombinatoren ersetzt werden.[14]
   b) typisierte Form: der Gebrauch des Lamdaoperators und der Quantoren kann durch typisierte oder typisch ambige Kombinatoren ersetzt werden.
2. Die Methode der Elimination der Quantoren: Nach Skolem und anderen gibt es eine Methode, alle Existenzquantoren in Ausdrücken der Standardlogik zu eliminieren. Die resultierende Formel enthält nur noch universell quantifizierte bzw. freie Individuenvariable. Die Formeln sind nicht äquivalent, aber widerlegungsäquivalent.[15]
3. Die zylindrische Algebra Tarskis[16] und verwandte Systeme. Die Variablen der von Halmos entwickelten poyadischen Algebra werden durch Konstanten ersetzt, die eng verwandt sind mit Prädikatfunktoren.

B2

Der Vorschlag, solche Vorstellungen zur Explikation der traditionellen logischen Form zu verwenden, ist kürzlich von Sommers [1982] diskutiert worden. Mein Vorschlag von 1979 zielt, wenn auch weniger ausführlich, in dieselbe Richtung.

---

[14] Zur kombinatorischen Logik vgl. Hindley et al. [1972].

[15] Zu den Skolemfunktionen vgl. Skolem [1970] und Hintikka [1973], 77–82.

[16] Zur zylindrischen Algebra vgl. Craig [1974].

B3

Von großer Bedeutung ist dabei das Natürlichkeitsprinzip, nach dem es außerordentlich wichtig ist, die semantischen Methoden möglichst direkt auf die syntaktische Form zu beziehen und möglichst wenig Paraphrasen zu akzeptieren. Dabei sind gewisse Construal-rules, die in der Literatur vorgeschlagen werden, ganz eindeutig solche Umformulierungen:

1. Die Quantoren-Exportation:
   Alle Menschen sind sterblich (Alle x,y), (Mensch x, sterblich y).
   Verwandt mit solchen Construal rules sind die Regeln der NP-Lowering in der Montague-Grammatik bzw. die semantischen Regeln, die etwa Cooper in seiner NP-Bedeutungs-Speicherungstheorie vorschlägt.[17]
2. Auch die Übersetzung in die Metasprache, bzw. die metasprachliche Behandlung der Sätze, kann eine solche Übersetzung komplizierter Art enthalten; Beispiele siehe Smaby [1979] und Kamp [1984].

Dabei will ich nicht gegen diese Theorien argumentieren, sondern nur klarmachen, daß auch alle diese Theorien mit bestimmten Umformungen arbeiten.

B4

Wenn gegen die neu entwickelten Vorstellungen der Einwand erhoben wird, daß sie rein syntaktische Übersetzungen liefern, kann man drei Dinge dagegenhalten:

1. Alle Systeme enthalten gewisse Umformungen.
2. Die analytischen Beweissysteme sind immer schon als genuin semantische Verfahren gedeutet worden, z. B. in der
   a) Denotational Semantics von Leblanc, über die es ein ganzes Buch gibt.[18]
   b) Intuitionistische Bedeutungstheorien, etwa von Prawitz oder den Erlangern, die logische Eliminations- und Introduktionsregeln als semantische Definitionen der Junktoren auffassen.[19]
   c) Hintikkas spieltheoretische Semantik, die ein in der Logik immer häufiger verwendetes Vorgehen als Standardvorgehen vorschlägt. Unsere Untersuchungen scheinen darauf hinzuweisen, daß, wenn Hintikkas Regeln vielleicht auch noch nicht ganz explizit gefaßt sind, sie sich doch explizit fassen lassen.

---

[17] Zu Coopers Store Grammar vgl. Cooper [1983] und Engdahl [1986].
[18] Zur denotationellen Semantik s. Anm. 12 und Leblanc [1976].
[19] Zu dieser Art Bedeutungstheorie vgl. Prawitz [1981], Sundholm [1986] und Lorenzen/Lorenz [1978].

3. Wenn man will, kann man auch eine Art Tarski-Semantik für die traditionelle logische Form angeben, deren Regeln dann allerdings nicht nur auf die Form der umgangssprachlichen Quantoren, sondern auch auf die Umgebung Bezug nehmen müssen. Logische Systeme, in denen Quantorenregeln auch auf die Umgebung Bezug nehmen, sind in der Beweistheorie mit großem Erfolg benutzt worden.

C

1. Das Verfahren läßt mehrere Deutungen zu und ist nicht auf die Deutung als Semantik angewiesen:
   Es kann als eine Art analytische Logik gedeutet werden in Jeffreys Form. Variablen kommen dabei nicht mehr vor, die Quantoren haben eine andere Funktion als in der Prädikatenlogik. Bei den Abbauregeln werden alle Konstruktionen entweder in Namen, in dependente Ausdrücke oder in Pronomen + Anaphoraklasse abgebaut. Die Instanziierung ist erst möglich, wenn die ganze Bezugsklasse schon in Pronomina umgesetzt ist, was auch bedeutet, daß anaphorische Ausdrücke gleichzeitig mit ihren Bezugswörtern instanziiert werden. Die verschiedenen Zweige müssen interagieren.
2. Es ist eine Umformung als eine Art semantisch gedeuteter Konstruktionsbaum im Sinn Montagues, der allerdings eine ganz neue Art der Behandlung der Quantoren und der Bindungsphänomene impliziert.
   Allerdings ist dazu Hintikkas Behauptung zu widerlegen, daß die Deutung von außen nach innen etwas anderes sei. Ich nehme nicht einen logischen Unterschied zwischen der Deutung von außen und der Deutung von innen an, sondern nur einen Unterschied in dem, was die Theoretiker der Künstlichen Intelligenz Kontrollinformation nennen.[20]
3. Man kann die Verfahren auch als eine Art Theorie der Diskursrepräsentation im Anschluß an Kamp deuten. Logisch läßt sich die Einführung von Diskursrepräsentationen als die Methode der konsistenzäquivalenten Einführung von neuen Individuenkonstanten und Funktorenkonstanten ansehen („Skolemisierung“).
   Diese Verwendungsmöglichkeiten des logischen Kerns unseres Vorgehens sind miteinander keineswegs unverträglich, sondern ergänzen sich. Es ist dabei noch einmal darauf hinzuweisen, daß die Theorie auch den Vorteil hat, daß sie zur Deutung historischer Ansätze, etwa der mittelalterlichen Suppositionstheorie und der stoischen Anaphoratheorie, herangezogen werden kann.

---

[20] Zur Deutung von außen vgl. Hintikka [1981]. Zum Begriff der Kontrollinformation vgl. Nilsson [1980]. Zum Begriff der Konstruktionsbäume vgl. Dowty et al. [1981].

Literatur

A. Klassiker aus Philosophie, Logik und Sprachwissenschaft

Apollonios Dyskolos [1981]. *The Syntax of A. D.* Transl., and with comm. by Fred W. Householder. Amsterdam: Benjamins.

Bühler, K. [1978]. *Sprachtheorie.* Frankfurt a. M.: Ullstein.

Burleigh, W. [1955]. *De puritate artis logicae tractatus longior,* hrsg. v. Philotheus Boehner. Paderborn: Schöningh.

Carnap, R. [1968]. *Logische Syntax der Sprache.* 2. Aufl. Wien: Springer.

FDS [1987/8]. *Die Fragmente zur Dialektik der Stoiker,* hrsg. v. Karlheinz Hülser. 4 Bde. Stuttgart: frommann-holzboog.

Frege, G. [1964]. *Begriffsschrift und andere Aufsätze.* 2. Aufl. Darmstadt: Wissenschaftliche Buchgesellschaft.

Gentzen, G. [1969]. *Collected Papers,* hrsg. v. M. E. Szabo, (Studies in Logic and the Foundations of Mathematics). Amsterdam: North-Holland.

Herbrand, J. [1968]. *Ecrits logiques.* Paris: Presses Universitaires.

Lotze, H. [1928]. *Logik. Drei Bücher vom Denken, vom Untersuchen und vom Erkennen,* hrsg. v. Georg Misch (Philosophische Bibliothel 141). 2. Aufl. Leipzig: Meiner. (Besonders S. 45–47.)

von Ockham, W. [1984]. *Summe der Logik. Über die Termini.* Hamburg: Meiner.

Quine, Willard van Orman [1960]. *Word and Object.* Cambridge/Mass.: MIT Press.

Russell, B. [1905]. On Denoting. *Mind 14,* 479–493.

Skolem, T. [1970]. *Selected Works in Logic,* hrsg. v. J. E. Fenstad. Oslo: Universetetsforlaget.

SVF [1964]. *Stoicorum Veterum fragmenta,* hrsg. v. J. v. Arnim. 4 Bde. Nachdruck Stuttgart: Teubner.

Tarski, A. [1983]. *Logic, Semantics, Metamathematics.* Übers. v. J. H. Woodger, hrsg. u. eingel. v. John Corcoran. 2. Aufl. Indianapolis: Hackett.

Whitehead, A. N./Russell, B. [1925–27]. Principia Mathematica. 2. Aufl. Cambridge; Cambridge University Press.

Ziehen, Th. [1920]. *Lehrbuch der Logik auf positivistischer Grundlage mit Berücksichtigung der Geschichte der Logik.* Bonn: Marcus & Weber. (Zu den logischen Prinzipien S. 840 s.v., 692ff.)

B. Literatur innerhalb des Sonderforschungsbereiches 99 Besonders stark vertreten sind Publikationen innerhalb der Schriftenreihe des SFB 99 Linguistik der Universität Konstanz.

Bäuerle, R./Egli, U. [1985]. Anapher, Nominalphrase und Eselsätze. *SFB 99,* Universität Konstanz.

Döpke, W. [1985]. *Kasus, Sachverhalte und Quantoren.* Tübingen: Narr.

Egli, U. [1967]. *Zur stoischen Dialektik.* Diss. Bern.

[1970]. *Zwei Aufsätze zum Vergleich der stoischen Sprachtheorie mit modernen Theorien* (Arbeitspapiere 2). Bern: Institut für Sprachwissenschaft der Universität.

[1974]. *Ansätze zur Integration der Semantik in die Grammatik.* Kronberg: Scriptor.

[1975]. Anaphora und die Nominalphrasen. *SFB 99,* Universität Konstanz.

[1978]. Stoic syntax and semantics. In: *Les Stoiciens et leur logique,* hrsg. J. Brunschwig. Paris: Vrin.

[1979]. The Stoic Concept of Anaphora. In: R. Bäuerle/U. Egli/A. von Stechow (Hrsg.), *Semantics from Different Points of View.* Berlin: Springer.

[1981]. Das Dioklesfragment bei Diogenes Laertios. *SFB 99,* Universität Konstanz.

Fanselow, G. H. [1983]. Zur Behandlung der Anaphora in der generativen Semantik. *SFB 99,* Universität Konstanz.

Kaiser, G. [1978]. Materialien zur Diskussion der Ereignisse. *SFB 99,* Universität Konstanz.

Kambartel, F./Stekeler-Weithofer, P. Ist der Gebrauch der Sprache ein durch ein Regelsystem geleitetes Handeln? (In diesem Band.)

Knöpfler, S. [1979]. Linguistische und formallogische Untersuchungen zur Prädikatfunktorlogik (PFL). Mit Anhängen von Urs Egli und Thomas Zimmermann. *SFB 99,* Universität Konstanz.

Knöpfler, S./Pause, P. [1985]. A heuristics aided model for anaphora resolution. *SFB 99,* Universität Konstanz.

Müller-Rostek, L. [1979]. Die Artikeltheorie der Stoiker. *SFB 99,* Universität Konstanz.

Pause, P. E. [1986]. Anaphor resolution: Focus assignment vs. accumulating evidence. *SFB 99,* Universität Konstanz.

Posch, G. [1985]. Hintakkas spieltheoretische Semantik. Konstruktive und destruktive Kritik zu einigen Punkten. *SFB 99,* Universität Konstanz.

Schmidt, R. T. [1979]. *Die Grammatik der Stoiker.* Einführung, Übersetzung und Bearbeitung von Karlheinz Hülser. Mit einer kommentierten Bibliographie zur stoischen Sprachwissenschaft von Urs Egli. Braunschweig: Vieweg.

von Stechow, A./Sternefeld, W. [1985]. *Bausteine syntaktischen Wissens – Ein Lehrbuch der generativen Grammatik.* I. Teil. *SFB 99,* Universität Konstanz.

Stekeler-Weithofer, P. [1986]. Sinnkriterien. 1. Teil: Klassische Sinnkritik. *SFB 99,* Universität Konstanz.

Zimmermann, B./Zimmermann, Th. E. [1985]. Kontextfreie Syntax und Textsemantik für ein Fragment des Französischen. *SFB 99,* Universität Konstanz.

C. Allgemeine neuere Literatur

Barnes, J. [1982]. Medicine, Experience and Logic. In: J. Barnes/J. Brunschwig/M. Burnyeat/ X. Schofield (Hrsg.): *Science and Speculation. Studies in Hellenistic Theory and Practice.* Cambridge: Cambridge University Press.

Bartnik, J. [1980]. *Prädikatenlogik ohne gebundene Variablen.* Frankfurt a. M.: Lang.

Barwise, J./Cooper, R. [1981]. Generalized quantifiers and natural language. *Linguistics and Philosophy 4,* 159–219.

Bell, J./Machover, M. [1977]. *A Course in Mathematical Logic.* Amsterdam: North-Holland.

van Benthem, J. [1983]. Determiners and Logic. *Linguistic and Philosophy 6,* 447–478.

[1984]. Questions about Quantifiers. *Journal of Symbolic Logic 49,* 443–466.

van Benthem, J./van Eijck, J. [1982]. The Dynamics of Interpretation. *Journal of Semantics 1/1,* 3–20.

Block, R. L. [1986]. *Revolution und Revision in der generativen Theoriebildung.* Tübingen: Narr.

Bosch, P. [1983]. *Agreement and Anaphora.* New York: Academic Press.

Chang, C. C./Keisler, H. J. [1973]. *Model Theory.* Amsterdam: North-Holland.

Chomsky, N. [1981]. *Lectures on Government and Binding.* Dordrecht: Foris.

Church, A. [1956]. *Introduction to Mathematical Logic.* Vol. I. Princeton: Princeton University Press. (Gute Erklärung der metalogischen Termini der Logik wie z. B. Bindung.)

Cooper, R. [1983]. *Quantification and Syntactic Theory.* Dordrecht: Reidel.

Cooper, R./Parsons, T. [1976]. Montague Grammar, Generative Semantics, and Interpretive Semantics. In: Barbara H. Partee (Hrsg.), *Montague Grammar.* New York: Academic Press.

Craig, W. [1974]. *Logic in Algebraic Form.* Amsterdam: North-Holland.

Cresswell, M. J. [1973]. *Logics and Languages.* London: Methuen.

Dowty, D. R./Wall, R. E./Peters, S. [1981]. *Introduction to Montague Semantics.* Dordrecht: Reidel.

Engdahl, E. [1986]. *Constituent Questions.* Dordrecht: Reidel.

Frede, M. [1974]. *Die stoische Logik.* Göttingen: Vandenhoeck & Ruprecht.

Gabbay, D./Guenthner, F. (Hrsg.) [1983–86]. *Handbook of Philosophical Logic.* Bd. 1–3. Dordrecht: Reidel.

Geach, P. Th. [1962]. *Reference and Generality.* 2. Aufl. Ithaca: Cornell University Press.

Goulet, R. [1978]. La classification stoicienne des propositions simples. In: *Les Stoiciens et leur logique,* hrsg. v. J. Brunschwig. Paris: Vrin.

Heim, I. R. [1982]. The Semantics of Definite and Indefinite Noun Phrases. *SFB 99,* Universität Konstanz. (Auch Ann Arbor: University Microfilms, 1982.)

Heny, F./Schnelle, H. S. [1979]. *Syntax and Semantics 10.* New York: Academic Press. (Zu den Pronomen in Syntax und Semantik.)

Hindley, J. R./Lercher, D./Seldin, J. P. [1972]. *Introduction to Combinatory Logic.* Cambridge. Cambridge University Press.

Hintikka, J. [1973]. *Logic, Language Games and Information.* Oxford: Clarendon Press.

[1981]. Semantics: A Revolt against Frege. In: G. Floistad (Hrsg.), *Contemporary Philosophy. A New Survey.* Vol. 1: Philosophy of Language & Philosophical Logic. Den Haag: Nijhoff.

Hintikka, J./Kulas, J. [1983]. *The Game of Language.* Dordrecht: Reidel.

[1985]. *Anaphora and Definite Descriptions.* Dordrecht: Reidel.

Jeffrey, R. C. [1967]. *Formal Logic: Its Scope and Limit.* New York: Mc Graw-Hill.

Kamp, H. [1984]. A theory of truth and semantic representation. In: J. Groenendijk/T. M. V. Janssen/M. Stokhof (Hrsg.). *Truth, Interpretation and Information*. Dordrecht: Foris.
Kneale, W./Kneale, M. [1962]. *The Development of Logic*. Oxford: Clarendon Press.
Kretzmann, N./Kenny, A./Pinborg, J. [1982]. *The Cambridge History of Later Medieval Philosophy* (from the Rediscovery of Aristotle to the Disintegration of Scholasticism, 1100–1600). Cambridge: Cambridge University Press.
Leblanc, H. [1976]. *Truth-Value Semantics*. Amsterdam: North-Holland.
Lewis, D. [1972]. General Semantics. In: D. Davidson/G. Harman (Hrsg.), *Semantics of Natural Language*. Dordrecht: Reidel.
Lorenzen, P./Lorenz, K. [1978]. *Dialogische Logik*. Darmstadt: Wissenschaftliche Buchgesellschaft.
Mates, B. [1961]. *Stoic Logic*. Berkeley: University of California Press.
May, R. [1985]. *Logical Form. Its Structure and Derivation*. Cambridge/Mass.: MIT Press.
Montague, R. [1974]. *Formal Philosophy. Selected Papers of Richard Montague,* hrsg. und eingel. v. Richmond Thomason. New Haven: Yale University Press.
Newmeyer, F. J. [1980]. *Linguistic Theory in America*. New York: Academic Press.
Nilsson, N. J. [1980]. *Principles of Artificial Intelligence*. Palo Alto: Tioga. (Auch Berlin: Springer.)
Parsons, T. [1980]. *Nonexistent Objects*. New Haven: Yale University Press.
Prawitz, D. [1981]. Philosophical Aspects of Proof Theory. In: G. Floistad (Hrsg.), *Contemporary Philosophy. A New Survey*. Vol. 1: Philosophy of Language & Philosophical Logic. Den Haag: Nijhoff.
Reinhart, T. [1983]. *Anaphora and Semantic Interpretation*. London: Croom Helm.
Saarinen, E. [1979]. *Game-Theoretical Semantics*. Dordrecht: Reidel.
Smaby, R. [1979]. Ambiguous Coreference with Quantifiers. In: F. Guenthner/S. J. Schmidt (Hrsg.), *Formal Semantics and Pragmatics for Natural Languages*. Dordrecht: Reidel.
Smullyan, R. M. [1968]. *First-Order Logic*. Berlin: Springer.
Sommers, F. [1982]. *The Logic of Natural Language*. Oxford: Clarendon Press.
Stegmüller, W./Kibed von Varga [1984]. *Strukturtypen der Logik*. Berlin: Springer.
Sundholm, G. [1986]. Proof Theory and Meaning. In: D. Gabbay/F. Guenthner (Hrsg.) [1983–86], Vol. 3.
Wasow, Th. [1979]. *Anaphora in Generative Grammar*. Ghent: Story-Scientia.
Webber, B. [1979]. *A Formal Approach to Discourse Anaphora*. New York: Garland.

Sprache und Denken
Beiträge aus der Aphasieforschung

Rudolf Cohen, Stephanie Kelter, Margit Koemeda-Lutz und Erwin Meier
(Projekt D1)

Bis vor wenigen Jahren war die Aphasieforschung ein relativ unbedeutendes Forschungsgebiet am Rande der Neurologie. Heute ist sie im Rahmen der Neuropsychologie ein anerkannter Zweig der sog. Kognitiven Wissenschaften [Coltheart 1984; Seron 1982]. Der Wandel erfolgte mit der kognitiven Wende in Linguistik und Psychologie. Unter der neuen Zielsetzung, die Struktur des Wissens und die psychischen Verarbeitungsprozesse des Menschen zu erforschen, gewann die Untersuchung von aphasischen Störungen und anderen Beeinträchtigungen von Hirngeschädigten mit umschriebenen Hirnläsionen eine besondere Bedeutung:

> „Focal brain damage to the dominant hemisphere ... does not simply result in an overall undifferentiated reduction of language capacity or random constellation of symptoms ... On the contrary, it appears that different parts of the brain subserve different linguistic functions ... The occurence of such well-organized patterns of dissolution may reflect natural divisions in the organization of language processes in normal adults." [Caramazza/Berndt 1978, 898]

Diese Überlegungen sind inzwischen weitgehend akzeptiert, und die Befunde der Aphasieforschung werden von Psycholinguistik und Linguistik mit großem Interesse rezipiert. Der Wandel ist ohne Zweifel zu begrüßen. Mittlerweile dürfte aber manch ein Aphasiologe ein gewisses Unbehagen bei der neuen Popularität seines Faches empfinden. Häufig werden Befunde aus der Aphasieforschung allzu unbedenklich als Evidenz für oder gegen einen psycholinguistischen Theorieansatz zur Sprache „des" Menschen herangezogen. Zum einen ist die Aphasieforschung noch relativ jung und verfügt deshalb bisher in kaum einem Bereich über gesicherte Erkenntnisse. Zum zweiten – und das ist gravierender – ist der Schluß von Phänomenen bei Hirngeschädigten auf die Psyche des gesunden Menschen mit einigen schwierigen theoretischen und methodischen Problemen verbunden. Als Aphasiologe wünscht man sich, daß daraus resultierende Unsicherheiten bei Schlußfolgerungen immer mitbedacht werden, d. h. daß die Befunde der Aphasieforschung mit entsprechender Zurückhaltung, bestenfalls als Hinweise gewertet und nicht als unabhängige, quasi-objektive Belege für eine bestimmte Organisation „der" menschlichen Psyche aufgefaßt werden. Dies gilt besonders dann, wenn es um solch grundlegende Fragen wie die nach den Zusammenhängen zwischen Sprache und Denken geht.

Es sei uns also gestattet, zunächst auf einige Probleme der Aphasieforschung hinzuweisen und erst dann unsere Befunde über Beeinträchtigungen sprachgestörter Patienten bei nichtsprachlichen Aufgaben darzustellen. Dies wird vermutlich zu einer gewissen Desillusionierung in bezug auf die Aussagekraft der Befunde bei Hirngeschädigten führen, was aber leider dem Sachverhalt angemessen sein dürfte.

1 *Probleme der Forschungslogik und -methodik*

1.1 *Rückschlüsse auf die Psyche des gesunden Menschen*

Bereits die Grundannahme der kognitiven Neuropsychologie, die sog. „Fraktionierungsannahme“ [Caramazza 1984] ist nicht unproblematisch. Die Rückschlüsse, die man aus selektiven Beeinträchtigungen bei Hirngeschädigten auf die psychischen Verarbeitungssysteme des gesunden Menschen zieht, sind nur in dem Maße valide, in dem man voraussetzen kann: „pathological behavior ... is the result of the normal functioning of all these processes with the exception of one or another of them“ [Seron 1982, 152; vgl. auch: Caplan 1981; Caramazza 1984; Klein 1977; Marin et al. 1976].

Ein solches Konzept von Beeinträchtigungen ist aber eigentlich unvereinbar mit allen medizinischen Vorstellungen von Krankheit als einem höchst dynamischen Geschehen von Störungen und Gegenregulationen – auf der physischen wie auf der psychischen Ebene. Das Gehirn ist eine komplexe funktionelle Einheit, dessen zahlreiche Subsysteme auf vielfältige Weise durch ein Wechselspiel von Aktivierung und Inhibition miteinander verbunden sind. Es widerspräche der gesamten neurophysiologischen Grundlagenforschung, wenn man annähne, daß eine umschriebene Hirnläsion eindeutig abgrenzbare Folgen und keinerlei Auswirkungen auf entferntere, „eigentlich“ intakte Hirnstrukturen hätte [Powell 1981; Sergent 1984]. Mehr noch: Verschiedene Untersuchungen belegen, daß das Gehirn auch im Erwachsenenalter noch eine gewisse Plastizität besitzt und daß sich nach einer Hirnläsion durchaus neuartige Muster der Interaktion herausbilden können [Geschwind 1980; Laurence/Stein 1978; Rothi/Horner 1983; Stein et al. 1974]. Direkte Schlußfolgerungen von Hirngeschädigten auf Hirngesunde sind also problematisch.

Ähnliches gilt für die psychische Ebene. Es ist unwahrscheinlich, daß sich Störungen direkt, d. h. unvermittelt, in bestimmten Beeinträchtigungen manifestieren. Viel wahrscheinlicher ist, daß ein Patient versucht, die ihm gestellten Aufgaben mit Hilfe kompensatorischer Strategien zu lösen oder zumindest so umzudefinieren, daß die Situation für ihn erträglich wird und eine „Katastrophenreaktion“ [Goldstein 1942] vermieden werden kann. Wenn Aphasiker eine Aufgabe auf anderen Wegen zu bewältigen versuchen als Gesunde, so ist es wohl nicht grundsätzlich unmöglich, aus dem Leistungsprofil der Patienten Rückschlüsse auf „die“ psychischen Subsysteme des (gesunden) Menschen zu ziehen; dies würde jedoch eine ganz andere Theoriebildung und Methodik erfordern, als heute in der Aphasieforschung üblich ist (vgl. die besonderen Ansätze von Butterworth [1979] und Heeschen [1985]. Die Tatsache schließlich, daß trotz der verbesserten neuro- und psychodiagnostischen Methoden, über die wir heute verfügen, sich keine Eins-zu-eins-Beziehung zwischen dem Ort der zerebralen Läsion und den beobachtbaren Beeinträchtigungen von aphasischen Patienten feststellen läßt [de Bleser im Druck; Poeck et al. 1984], verstärkt den Verdacht, daß unsere Konzeptionen vom Gehirn wie auch von der Psyche wohl zu einfach sind. Aphasische Sprachstörungen sind keine statische Größe, sondern ein dynamisches Geschehen, dessen Gesetzlichkeiten bislang weder von der Neurologie noch von der Psychologie adäquat erfaßt werden konnten.

1.2 *Was sind „selektive Beeinträchtigungen"?*

Ein zweites Problem der Aphasieforschung (ganz allgemein: der klinischen Neuropsychologie) ist die unsichere Datenbasis bei der Theoriebildung. Die Theoriebildung setzt an den „selektiven Beeinträchtigungen" der Patienten an; diese hat sie zu erklären. Was aber soll als Beeinträchtigung gelten?

Vergleicht man Aphasiker mit Hirn*gesunden,* so stellt man bei allen möglichen Aufgaben Minderleistungen von Aphasikern fest. Diese sind aber nicht immer typisch für Aphasiker, sie finden sich zu einem Gutteil auch bei anderen Hirngeschädigten. Daß Hirngeschädigte mit unterschiedlicher Symptomatik bei vielen Aufgaben gleichermaßen Minderleistungen zeigen, mag zum einen auf ein „generelles Defizit" zurückzuführen sein: Hirnschädigungen führen wohl nicht immer nur zu einer Störung einzelner psychischer Subsysteme, sondern auch zu einer mehr oder minder schweren allgemeinen Leistungsminderung. Es liegt daher nahe, Aphasiker nicht mit Hirngesunden, sondern mit anderen, nichtaphasischen Hirngeschädigten zu vergleichen und nur dort eine „Beeinträchtigung" von Aphasikern zu konstatieren, wo diese schlechter als die hirngeschädigten Kontroll-Probanden abschneiden. Leider ist das Problem dadurch nicht gelöst, denn wir können nicht voraussetzen, daß Aphasiker und Kontroll-Probanden im Mittel ein gleich schweres generelles Defizit haben.

Wenn also Aphasiker in einer Untersuchung schlechtere Leistungen als andere Hirngeschädigte erbringen, ist nicht klar, ob hier die spezifische Störung der Aphasiker zum Ausdruck kommt oder ob die Aphasiker schlicht ein größeres generelles Defizit hatten. Um dies zu entscheiden, benötigte man ein Maß für die Schwere der allgemeinen Beeinträchtigung infolge von Hirnschädigungen. Wie aber skaliert man die Schwere der allgemeinen Beeinträchtigung bei unterschiedlicher Symptomatik? Welche Aufgabe erfaßt sowohl bei Aphasikern wie auch bei anderen Gruppen von Hirngeschädigten lediglich das generelle Defizit, nicht aber auch ihre spezifischen Störungen? Die Beantwortung dieser Frage setzt voraus, was bestenfalls das Ergebnis künftiger Forschung sein kann: eine valide Theorie über die Natur der spezifischen Störungen von Hirnschädigungen und ihre Auswirkungen auf verschiedene Leistungskomponenten.

Selbst wenn man sicherstellen könnte, daß die Gruppen in einer Untersuchung hinsichtlich des generellen Defizits vergleichbar sind, könnten die selektiven Beeinträchtigungen nicht in jedem Fall zweifelsfrei identifiziert werden. Das generelle Defizit ist ja nur *eine* mögliche Ursache dafür, daß verschiedene Patientengruppen bei einer Aufgabe gleichermaßen versagen. Da jede Aufgabe zahlreiche Verarbeitungsschritte involviert, können Minderleistungen auch durch verschiedene spezifische Störungen verursacht werden. Wenn also Aphasiker bei einer Aufgabe *keine* schlechteren Leistungen als die Kontroll-Probanden zeigen, muß dies nicht heißen, daß die spezifische Störung der Aphasiker bei dieser Aufgabe keine Rolle spielt. Es wäre auch denkbar, daß die Aufgabe bei den Aphasikern *und* bei den Kontroll-Probanden die jeweils unterschiedlichen spezifischen Störungen erfaßte.

Die „selektiven Beeinträchtigungen" von Aphasikern lassen sich also nicht so einfach identifizieren, wie es zunächst scheint. In der Praxis bleibt kaum etwas anderes übrig, als bei jedem Untersuchungsergebnis die Plausibilität der verschiedenen Interpretationsmöglichkeiten anhand des bereits vorliegenden Wissens über die spezifischen Störungen der Hirngeschädigten neu einzuschätzen. Die Befunde der Aphasieforschung sind somit weit weniger „objektiv", als man gemeinhin annimmt.

1.3 Domänspezifische oder domänübergreifende Störungen?

Auf ein drittes Problem wollen wir genauer eingehen, weil es für die Frage nach dem Verhältnis zwischen sprachlichen und kognitiven Störungen besonders wichtig ist. Literaturberichte (z. B. Caramazza/Berndt 1978; Saffran 1982) erwecken nicht selten den Eindruck, daß Aphasiker *allein* bei verbalen Aufgaben beeinträchtigt sind, wobei Broca-Aphasiker speziell bei der syntaktischen Satzverarbeitung, Wernicke-Aphasiker speziell bei der Wortrezeption und -produktion Minderleistungen zeigen. Wären die Beeinträchtigungen der Aphasiker in dieser Weise „domän-spezifisch" [Fodor 1983; 1985], so ließe sich daraus in der Tat ein Argument für die Existenz verschiedener sprachspezifischer Verarbeitungssysteme ableiten – etwa eines „Syntax-" und eines „Lexikon-Moduls". Den genannten Literaturberichten liegt aber bereits ein bestimmter Theorieansatz zugrunde.

Betrachtet man die Befunde ohne theoretische Vorannahmen, so stellt man fest, daß sich die Beeinträchtigungen der Aphasiker keinesfalls auf jeweils eine der uns geläufigen Domänen beschränken; Broca-Aphasiker sind auch im lexikalisch-semantischen Bereich erheblich beeinträchtigt [Butterworth et al. 1984], Wernicke-Aphasiker zeigen bei der syntaktischen Verarbeitung von Sprache ähnliche Schwierigkeiten wie Broca-Aphasiker [Kolk/Frederici 1985], und alle Aphasiker schneiden bei bestimmten nonverbalen Aufgaben, die wir noch besprechen werden, schlechter ab als andere Hirngeschädigte.

Wenn man bei der Theoriebildung auf eine möglichst einfache Erklärung für die Beeinträchtigungen der Aphasiker abzielt, könnten die Befunde der Aphasieforschung also nicht als Evidenz für bestimmte sprachspezifische Subsysteme gewertet werden, sondern müßten – ganz im Gegenteil – als Hinweis auf ein psychisches Subsystem gewertet werden, das domänübergreifend ist und bei all diesen verschiedenen Aufgaben, in denen Aphasiker Minderleistungen zeigen, eine Rolle spielt. Nun hat die Theoriebildung in der klinischen Neuropsychologie aber in gewisser Hinsicht mehr

Freiheitsgrade als in anderen Wissenschaften, und dies ermöglicht es, daß die These domänspezifischer Subsysteme aufrechterhalten werden kann, auch wenn ein Patient in mehreren verschiedenen Bereichen beeinträchtigt ist:

Da sich Läsionen nicht an die Grenzen hirnanatomisch oder neurophysiologisch abgrenzbarer Hirnstrukturen und noch weniger wohl an die Grenzen psychischer Subsysteme halten, müssen wir damit rechnen, daß ein Hirngeschädigter in mehreren psychischen Subsystemen gleichzeitig gestört sein kann, ohne daß diese Subsysteme funktional irgend etwas miteinander zu tun hätten. Eine neuropsychologische (aphasiologische) Theorie muß demnach nicht unbedingt sämtliche Beeinträchtigungen eines Patienten erklären, sondern ist durchaus akzeptabel, wenn sie nur einen Teil von ihnen erklärt und die restlichen ignoriert bzw. auf eine zusätzliche, rein anatomisch assoziierte Störung zurückführt, die sie zunächst nicht weiter spezifiziert. Dies rechtfertigt auch die oben erwähnte „Unvollständigkeit" mancher Literaturberichte. Hier drängt sich nun allerdings die Frage nach gewissen Kriterien auf: Welche Beeinträchtigungen eines Aphasikers soll eine Theorie erklären und welche dürfen (oder sollen?) einer (noch unbekannten) zusätzlichen Störung zugeschrieben werden? Wie können wir beispielsweise entscheiden, ob eine Theorie zum aphasischen Agrammatismus auch die Sprechanstrengungen bzw. die phonematischen Besonderheiten von Broca-Aphasikern erklären soll oder ob sie die letztgenannten Phänomene auf zusätzliche, funktional unabhängige Störungen zurückführen „darf" [Berndt/Caramazza 1980; Goodglass 1976; Kean 1979]? Das große Problem für die Theoriebildung liegt darin, daß es keine einfachen Indikatoren dafür gibt, ob die Beeinträchtigung A und die Beeinträchtigung B, die wir bei einem Patienten feststellen, *funktional* miteinander verknüpft sind, d. h. als Ausdruck der Störung ein und desselben psychischen Subsystems anzusehen sind, oder ob sie rein *anatomisch* miteinander assoziiert sind und demnach auch gar nicht nach einer gemeinsamen Ursache gesucht werden muß. Selbst wenn die Beeinträchtigung A und die Beeinträchtigung B regelmäßig zusammen bei Hirngeschädigten anzutreffen sind und in ihrem Ausmaß hoch miteinander korrelieren, muß nicht notwendigerweise ein funktionaler Zusammenhang zwischen ihnen bestehen [Poeck 1983].

Umgekehrt ist es aber auch kein Beleg gegen die These einer funktionalen Verknüpfung, wenn man einen Patienten findet, bei dem eine Dissoziation zwischen den Leistungen A und B besteht – wie manchmal argumentiert wird; beispielsweise kann auch die Hypothese, daß die Minderleistungen von Analphabeten beim Schreiben, Lesen und Buchstabieren von Wörtern dieselbe Ursache haben, nicht dadurch widerlegt werden, daß man einen Blinden findet, der Wörter zwar nicht lesen und nur schlecht schreiben, aber durchaus buchstabieren kann.

Da es an einfachen Indikatoren mangelt, bleibt nichts anderes übrig, als zunächst vorläufige Annahmen darüber zu machen, welche Beeinträchtigungen funktional zusammengehören und welche davon abzusondern und auf zusätzliche Störungen zurückzuführen sind, und dann in weiterer Forschungsarbeit zu prüfen, ob diese „Gruppierung" der Symptome oder aber eine andere wohl adäquater ist. Eine nicht zu unterschätzende Gefahr für die Theoriebildung ergibt sich nun daraus, daß unsere Terminologie oder die gängigen Theorien aus den Nachbarwissenschaften eine bestimmte Gruppierung von Symptomen bereits nahelegen, die uns so selbstverständlich erscheint, daß wir uns kaum noch Alternativen zu ihr denken können. Wir haben uns an manche Wortpaare, wie etwa „Sprache" und „Denken" so gewöhnt, daß wir voraussetzen, es müßte für solche Gegenüberstellungen auch in der Natur Entsprechungen geben – beispielsweise auf der einen Seite psychische Subsysteme, die allein für die Sprache zuständig sind, und auf der anderen Seite Subsysteme, die allein für das Denken zuständig sind.

Jahrzehntelang bemühte man sich in der Aphasiologie um die Klärung des Zusammenhangs zwischen Aphasie und Intelligenz. Wir verfügen heute über eine Fülle eindrucksvoller Fallberichte und über lange Kataloge unterschiedlicher Korrelationen [vgl. Lebrun/Hoops 1974; Zangwill 1964]. Dennoch ist die Frage heute so ungeklärt wie eh und je [z. B. Basso et al. 1985]. Sie kann auch nicht geklärt werden, solange man sich von dem Alltagsbegriff der Intelligenz leiten läßt. Dieser Begriff hat in der Natur keine Entsprechung – „Intelligenz" ist keine einheitliche Größe, und sie läßt sich nicht unabhängig von der sprachlichen Entwicklung und den sprachlichen Fähigkeiten erfassen. Wenn man heute die Frage nach dem Zusammenhang von sprachlichen und nichtsprachlichen Fähigkeiten stellt, so wähnt man sich in Sicherheit, denn jedermann weiß ja, daß weder Sprache noch Kognition *Einheiten* sind, sondern vielmehr jeweils verschiedene Wissenskomponenten und diverse Verarbeitungsprozesse umfassen. Das Überlegenheitsgefühl besteht zu Unrecht: Durch die Annahme verschiedener hochspezialisierter Subsysteme, wie z. B. dem „Lexikon", dem „Syntax-Modul", dem „System für die Programmierung der artikulatorischen Ausführung", hat man die großen Einheiten nicht aufgegeben, sondern nur feiner untergliedert. Die Grenzen zwischen Sprache, Denken, Sensumotorik, Wahrnehmung sind so selbstverständlich wie bisher. Mit dem Postulat von domänspezifischen Modulen wurden lediglich Fürstentümer in den weiter bestehenden Königreichen eingerichtet.

Nach wie vor fällt es uns schwer, eine funktionale Systematik von Symptomen in Erwägung zu ziehen, die quer zu der üblichen Einteilung in Aphasien, Agnosien, Apraxien etc. liegt oder – um es „kognitiv" auszudrücken – die auf der Annahme von „horizontalen" Fähigkeiten [Fodor 1983] beruht. Es fällt uns schwer, die diversen Beeinträchtigungen eines Patienten auf die Störung eines Subsystems zurückzuführen, das für bestimmte Teilschritte bei Sprachverarbeitung *und,* beispielsweise, dem Verstehen von Pantomime *und* dem Sortieren von bunten Holzklötzchen notwendig ist. Die Selbstverständlichkeit, mit der wir eine domänspezifische Organisation der Psyche annehmen, ist deshalb problematisch, weil Einzelbefunde niemals zu einer Revision dieses Ansatzes zwingen werden: Wenn nämlich ein Patient wider Erwarten auch bei solchen Aufgaben beeinträchtigt ist, bei dem das als gestört postulierte domänspezifische Subsystem keine Rolle spielen kann, so kann dies durch den Hinweis auf mögliche, rein anatomisch assoziierte Zusatzstörungen „erklärt" werden; und wenn der Patient wider Erwarten nicht bei allen Aufgaben einer Domäne (z. B. syntaktische Sprachverarbeitung) versagt, sondern bei einigen gute Leistungen erbringt, so muß man lediglich eine plausible Unterteilung des postulierten Subsystems vornehmen, um so die Beeinträchtigungen auf die Störung eines solchen Sub-Sub-Systems zurückführen zu können.

Tatsächlich ist die Forschung der letzten Jahre durch eine zunehmende „Fraktionierung" von Syndromen [Seron 1982] gekennzeichnet: Man unterscheidet heute zahlreiche Alexie-, Aphasie- und Apraxie-Formen. Fast nie wird bei einem Patienten oder einer Patientengruppe geprüft, ob die nun genauer spezifizierten Beeinträchtigungen in der einen Domäne vielleicht ihr Pendant in einer anderen Domäne haben und ob zwischen ihnen ein funktionaler Zusammenhang bestehen könnte. Um herauszufinden, wie plausibel der domänspezifische Ansatz ist, muß man alternative Theorieansätze, die eine andere funktionale Systematik postulieren, ebenfalls in Betracht ziehen und den Erklärungswert beider Ansätze vergleichen. Solange man dies nicht tut, kann man die Befunde der Aphasieforschung schwerlich als Evidenz für die domänspezifischen Subsysteme, die von Psycholinguistik und Psychologie postuliert werden, werten. Aus diesem Grunde werden wir bei der Diskussion unserer Befunde im folgenden auch ein Schwergewicht auf die Möglichkeit einer Störung domänübergreifender, horizontaler Fähigkeiten legen.

2 *Über die mangelnde Verfügbarkeit von Konzeptkomponenten*

Es gab schon immer *ein* Gebiet, wo der Grenzverlauf zwischen Sprache, Denken und Weltwissen nicht ganz klar war, dort nämlich, wo die Fürstentümer „Mentales Lexikon", „Begriffliches Denken" und „Episodisches Wissen" aneinander grenzen. In den letzten Jahren hat man die Verhandlungen über dieses Gebiet neu aufgenommen. Einige Linguisten signalisieren, daß sie gegebenenfalls zustimmen würden, wenn Teile des Lexikons, genauer gesagt: Teile der Wortsemantik, dem Königreich „Denken" oder dem Königreich „Weltwissen" zugeschlagen würden, sofern sich die Frage der Zufahrtswege für die Information von und zu den anderen Teilen des Lexikons regeln ließe [z. B. Chomsky 1980]. In der Psychologie finden bereits auf offizieller Ebene Konferenzen statt [Glucksberg 1984]: Ausgehend von der „Dual Code"/„Unitary Code"-Debatte [Anderson/Bower 1973; Paivio 1971; Pylyshyn 1973], hat sich eine sehr intensive Diskussion darum entsponnen, ob man für die Repräsentation der *Bedeutung von Wörtern* ein eigenständiges System ansetzen soll, das unabhängig von dem System ist, das für die Repräsentation der *Bedeutung von nichtsprachlichen Inhalten* zuständig ist, oder ob es nur ein *einheitliches Bedeutungssystem* gibt. „In short, is meaning independent of surface form? Are the same thoughts, associations, and meanings activated by presenting a picture of a chair, the word chair, and the word chaise to an appropriate bilingual English-French speaker?" [Snodgrass 1984, 4] Auf der einen Seite gibt es Forscher, die „Modalitäts-" oder sogar „Oberflächenform-spezifische" Repräsentationssysteme postulieren, zwischen denen allerdings reichhaltige Verbindungen bestehen sollen [z. B. Kolers/Brison 1984; Paivio 1978; Te Linde 1982]. Auf der anderen Seite gibt es Autoren, die – wie man heute sagt – ein „Three-Code-Model" vorschlagen, in dem es zwar getrennte Systeme für die Repräsentation der „Oberflächen"-Form von

Inhalten (z. B. Lautstruktur von Wörtern, Ausgestaltung einer Objektabbildung) gibt, aber nur ein einheitliches konzeptuelles System für die Repräsentation der Bedeutung von Inhalten gleich welcher Art [Anderson 1982; Nelson et al. 1977; Potter 1979; Snodgrass 1984; Vanderwart 1984; vgl. auch Seymour 1973; Warren & Morton 1982].

Als wir mit unseren Untersuchungen zu den non-verbalen Beeinträchtigungen bei Aphasikern begannen, meinten wir, zur Klärung dieser Frage beitragen zu können, wenn wir prüften, ob Aphasiker, die Schwierigkeiten bei der Verarbeitung von *Wort*bedeutungen haben, auch bei der begrifflichen Verarbeitung von *non-verbalen Reizen* (z. B. Objektabbildungen) beeinträchtigt sind oder nicht. Würden sie bei non-verbalen sinnvollen Inhalten keine Beeinträchtigungen zeigen, so spräche das für die Existenz getrennter Systeme für Wortbedeutungen und die Bedeutung non-verbaler Inhalte; würden sie hingegen bei solchen Inhalten ähnliche Schwierigkeiten wie mit Wortbedeutungen haben, würde dies eher für ein einheitliches konzeptuelles System sprechen. Inzwischen sind wir sehr skeptisch, ob Befunde an Aphasikern die allgemeinpsychologische Frage nach den Bedeutungsspeichern klären helfen.

Sehr schnell fanden wir uns nämlich mit den zuvor beschriebenen Problemen, insbesondere den im letzten Abschnitt genannten, konfrontiert: Wie kann man prüfen, ob die non-verbalen Beeinträchtigungen, die wir bei den Aphasikern festgestellt haben, tatsächlich auf dieselbe Störung zurückzuführen sind wie die semantisch-lexikalischen Beeinträchtigungen der Patienten? Und selbst wenn man einen funktionalen Zusammenhang voraussetzt: Ist damit wirklich die Existenz eines einzigen konzeptuellen Systems belegt – muß man als Ursache der verbalen und non-verbalen Beeinträchtigungen die Störung dieses Speichers postulieren? Könnten die non-verbalen Minderleistungen nicht auch auf Beeinträchtigungen bei der inneren verbalen Mediation zurückzuführen sein? Außerdem zeigten schon unsere ersten Untersuchungen, daß Aphasiker keineswegs bei allen „konzeptuellen" Aufgaben beeinträchtigt sind, sondern nur bei einigen. Wenn man also eine „Bedeutungsstörung" als Ursache postuliert, müßte man annehmen, daß der Bedeutungsspeicher aus verschiedenen Subsystemen besteht, die unabhängig voneinander gestört sein können; dies würde einer weiteren Fraktionierung das Wort reden. Und wie wäre der Speicher gegebenenfalls überhaupt zu unterteilen? Worin besteht die Gemeinsamkeit der Aufgaben, bei denen die Aphasiker versagen, und was unterscheidet sie von den Aufgaben, bei denen die Patienten unauffällige Leistungen zeigen? Deuten die Unterschiede zwischen den „schwierigen" und den „leichten" Aufgaben nicht eher darauf hin, daß die Störung überhaupt nichts mit einem irgendwie gearteten Bedeutungswissen zu tun hat, sondern einen Verarbeitungsprozeß betrifft, der „quer" zu der üblichen Einteilung psychischer Systeme liegt, der sozusagen eine „horizontale" Fähigkeit [Fodor 1983; 1985] darstellt? Könnte es sich hier um die Störung einer Fähigkeit zur „analytischen" Verarbeitung handeln, die man als Funktion der linken Hemisphäre betrachtet [Bradshaw/Nettleton 1981/83; Moscovitch 1979]? Unsere Untersuchungen stellten den Versuch dar, diese Fragen einer Klärung näher zu bringen.

Schon bei der Interpretation der Ergebnisse unserer ersten Untersuchung, in der wir das konzeptuelle Wissen von Aphasikern abprüfen wollten, stießen wir auf die genannten Probleme. In dieser Untersuchung [Kelter et al. 1976] legten wir den Probanden

Abb. 1. Beispiele für Aufgaben zur Prüfung von Bedeutungswissen:
a) Merkmale und Details, b) situativer Kontext.

eine Reihe von non-verbalen Aufgaben vor, in denen von jeweils zwei Schwarz-Weiß-Abbildungen von Objekten diejenige zu wählen war, die eine „wichtige Gemeinsamkeit" mit einem dritten Bild, dem Hinweisreiz, hatte (z. B. Igel: Tulpe oder Rose?). Die Aufgaben waren so konstruiert, daß zwischen dem Hinweisreiz (Igel) und den Wahlreizen möglichst wenige assoziative Verbindungen bestanden (also *nicht* Dampfer: Meer oder Gebirge?) und daß die „wichtige Gemeinsamkeit" nie direkt in den Zeichnungen zu erkennen war, sondern nur bei einer korrekten begrifflichen Repräsentation der dargestellten Objekte gefunden werden konnte (vgl. Abb. 1a). Die Aphasiker – sowohl solche mit flüssigem als auch solche mit nicht-flüssigem Sprechverlauf – zeigten erhebliche Minderleistungen gegenüber Hirngesunden und Hirngeschädigten ohne Aphasie, wenn die Gemeinsamkeit, die entdeckt werden mußte, ein wichtiges Detail (obiges Beispiel) oder die typische Farbe, Form oder Größe der Objekte (z. B. Zwerg: Bernhardiner oder Pekinese?) betraf. Hingegen zeigten die Aphasiker keinerlei Beeinträchtigungen, nicht einmal im Vergleich mit Hirngesunden, wenn die Gemeinsamkeit der situative Kontext war, in dem die Objekte üblicherweise anzutreffen sind (z. B. Stierkampf: Geige oder Gitarre?; vgl. Abb. 1b). Dieses Ergebnis war insofern irritierend, als sich damit die Frage, ob Aphasiker die Bedeutungsaspekte von non-verbalen Inhalten adäquat repräsentieren, weder mit einem klaren „Ja" noch mit einem klaren „Nein" beantworten ließ: Offenbar haben die Patienten bei einigen Bedeutungsaspekten Schwierigkeiten, bei anderen nicht. Zunächst prüften wir nach, ob es sich hier vielleicht um ein methodisches Artefakt handeln könnte. Doch in mehreren Untersuchungen, z.T. mit demselben Aufgabentyp [Cohen et al. 1980a; Naumann 1978], z.T. mit einem anderen Aufgabentyp [Woll et al. 1979], bestätigte sich, daß Aphasiker dort versagten, wo es um die charakteristischen Merkmale oder Details von Objekten ging, nicht aber, wenn das Wissen um den typischen Kontext eines Objekts abgefragt wurde. Und die Dissoziation fand sich nicht nur für unmittelbar wahrnehmbare Eigenschaften bzw. Kontexte (s. obige Beispiele), sondern auch für Bedeutungsaspekte, die sich auf nicht unmittelbar Wahrnehmbares, sondern auf Erschließbares beziehen, wie z. B. die Eigenschaft „gefährlich" in der Aufgabe „Hai: Tiger oder Antilope?" gegenüber dem Kontext „Todesfall" bei der Aufgabe „Grab: Ansichtskarte oder Kondolenzkarte?". Darüber hinaus stellten wir fest [Cohen et al., 1980a], daß die typischen Bewegungen eines Objekts oder die Handlungen, die typischerweise damit verbunden sind, in diesem Sinne wohl eher zu den Merkmalen eines Objekts gehören: Die Aphasiker zeigten deutliche Minderleistungen bei Aufgaben wie „Känguruh: Frosch oder Schnecke?" (vgl. Abb. 2).

Wie sind die Ergebnisse zu erklären? Muß man schließen, daß es gesonderte Speicher für kontextuelles Bedeutungswissen und für das Wissen über die Attribute eines Objekts im engeren Sinne gibt? Zwar wird schon in frühen Arbeiten zum Freien Assoziieren wie auch in neueren Modellen zum semantischen Gedächtnis fast immer zwischen zwei grundsätzlich verschiedenen Arten von semantischen Relationen unterschieden, z. B. zwischen „klassifikatorischen" und „thematischen" [Huber 1981], zwischen „innerbegrifflichen" und „zwischenbegrifflichen" [Klix 1978], zwischen „property" und „superset relations" [Collins/Quillian 1969]. Es ist aber etwas anderes, ob man die Dinge, die ein Mensch über ein Objekt weiß, theoretisch systematisiert, oder ob man annimmt, daß dieses Wissen in verschiedenen psychischen Systemen des Menschen gespeichert ist. Einige Befunde an Split-Brain-Patienten [Levy/Trevarthen 1976] und Gesunden [Drews 1984; Elias et al. 1982; Heeschen 1979; Heeschen/Jürgens 1977; Hines et al. 1984] deuten zwar darauf hin, daß sich die Verarbeitungssysteme der rechten und linken Hemisphäre unter anderem darin unterscheiden, welche Art von

Abb. 2. Beispiel für Aufgaben zur Prüfung des Wissens über die typische Bewegung von Objekten.

semantischen Relationen sie besser erfassen. Die Befunde sind allerdings spärlich und darüber hinaus nicht völlig konsistent, so daß es sicher voreilig wäre, die guten Leistungen der Aphasiker bei den „Kontext"-Aufgaben der intakten rechten Hemisphäre zuzuschreiben. Zurückhaltung gegenüber einer weiteren Fraktionierung des Bedeutungssystems ist auch deshalb angebracht, weil es noch eine andere, nicht weniger plausible Erklärung für die Befunde gibt. Die Aufgabenserien unterscheiden sich ja nicht nur in der Art des kritischen Bedeutungsaspekts, sondern auch darin, daß sich in dem einen Fall das Urteil auf die Überlappung weiter Assoziationsfelder beziehen muß, während in dem anderen Fall die kognitive Isolierung und Handhabung eines einzigen Bedeutungsaspekts verlangt werden. Die beobachtete Dissoziation ließe sich also auch dahingehend interpretieren, daß beim Aphasiker die Verfügbarkeit über *einzelne* Konzeptkomponenten (gleich welcher Art) eingeschränkt ist. Er versagt, wenn er ein präzises Urteil über einen einzelnen Bedeutungsaspekt abgeben muß. Dies wurde von ihm verlangt bei Aufgaben, bei denen die Gemeinsamkeit ein Merkmal oder eine Bewegung bzw. eine Handlung war, nicht aber bei Aufgaben, bei denen die Gemeinsamkeit in einem Kontext bestand, der sich ja aus einem Konglomerat von zahlreichen Einzelaspekten zusammensetzt.

Um zu prüfen, inwieweit die Störung der Aphasiker mit einer bestimmten Art von Bedeutungsaspekten zu tun hat oder aber – im Sinne der letztgenannten Interpretation – generell die präzise Beurteilung einzelner Bedeutungsaspekte betrifft, führten wir eine weitere Untersuchung durch. Den Probanden wurden nacheinander jeweils 80 Objektabbildungen geboten, die sie hinsichtlich eines zuvor spezifizierten Bedeutungsaspektes zu klassifizieren hatten [Cohen et al. 1982a]. Wir hatten vier möglichst unterschiedliche Bedeutungsaspekte ausgewählt: Die Patienten hatten zum einen die Objekte nach einem „klassischen" semantischen Merkmal zu beurteilen, nämlich danach, ob es „belebt" oder „unbelebt" sei; zum zweiten sollten sie angeben, ob das Objekt „größer oder kleiner als 1 Meter" sei – die Größe ist zwar kein semantisches Merkmal im obigen Sinne, betrifft aber doch eine Eigenschaft der vorgelegten Objekte; drittens hatten die Patienten zu entscheiden, ob das Objekt „im Haus" oder „im Freien" anzutreffen sei – eine Frage über den Kontext also; und viertens sollten sie angeben, ob das Objekt „angenehm" oder „unangenehm" sei; der letztgenannte Bedeutungsaspekt interessierte uns deshalb, weil verschiedene Untersuchungen zeigen, daß Aphasiker bei der spontanen Einschätzung des emotionalen Gehalts einer Situation relativ ungestört sind [vgl. Buck/Duffy 1980; Duffy/Buck 1979; Tucker 1981], andererseits bei der (präzisen) Beurteilung konnotativer Bedeutungskomponenten beeinträchtigt sind [Doehring/Swisher 1972; Duddley 1974; Gardner/Denes, 1973]. Es zeigte sich, daß Broca- wie auch Wernicke-Aphasiker bei allen vier Aufgabenserien gleichermaßen schlechter abschnitten als rechtshemisphärisch Geschädigte oder linkshemisphärisch geschädigte Patienten ohne Aphasie. Bei solch einem Ergebnis, bei dem die Aphasiker in allen Aufgabenserien, die man in die Untersuchung einbezieht, schlechter als die hirngeschädigten Vergleichsgruppen sind, muß man sich zunächst natürlich die Frage stellen, ob hier ein methodisches Artefakt vorliegt. Hatten die Aphasiker vielleicht die Aufgabenstellung nicht verstanden? Dies ist unwahrscheinlich, denn ihre Fehlerzahl war, *absolut* betrachtet, sehr gering – nur eben signifikant größer als die der anderen Gruppen. Es ist auch nicht wahrscheinlich, daß ihre Minderleistungen auf ein größeres generelles Defizit zurückzuführen sind, denn alle Gruppen waren – wie in allen unseren Untersuchungen – bezüglich ihrer Leistungen im Trail Making Test [Reitan 1959] vergleichbar, mit Hilfe dessen wir das allgemeine Leistungsniveau der Hirngeschädigten abzuschätzen versuchen. So neigen wir denn zu der Ansicht, daß die Störung der Aphasiker tatsächlich *nicht* auf bestimmte Arten von Bedeutungsaspekten beschränkt ist, sondern eher mit einer mangelnden Verfügbarkeit einzelner Bedeutungskomponenten zu tun hat: Sie versagen, wenn sie ein präzises Urteil über einen einzelnen Bedeutungsaspekt eines Objektes abgeben müssen – egal, welcher Art dieser Bedeutungsaspekt ist.

Zu dieser Interpretation paßt auch der Befund, daß Aphasiker mehr Fehler als andere Hirngeschädigte machen, wenn sie zu einer Schwarz-Weiß-Abbildung eines Objekts die typische Farbe des Objekts (non-verbal) angeben sollen [Basso et al. 1976; Basso et al. 1985; Cohen/Kelter 1979; de Renzi/Spinnler 1967; de Renzi et al. 1972]. Und es ist ebenfalls gut vereinbar damit, daß Aphasiker besondere Schwierigkeiten dabei haben, ein typisches Geräusch dem entsprechenden Objekt (z. B. Klingeln: Wecker; vgl. Abb. 3) zuzuordnen [Doehring et al. 1967; Faglioni et al. 1969; Schwartz 1978; Spinnler/Vignolo 1966; Strohner et al. 1978; Stephenson/Heller 1979; Varney 1980]. Bemerkenswert bei den Minderleistungen der Aphasiker in der letztgenannten Aufgabe ist, daß Aphasiker bevorzugt „semantische“ Fehler machen, nicht „akustische“, d. h., sie ordnen einem gegebenen Geräusch oft fälschlicherweise ein Objekt zu, das der tatsächlichen Geräuschquelle semantisch ähnlich ist (Klingeln: Sonnenuhr), seltener aber ein Objekt, das ein ähnliches Geräusch wie das vorgegebene macht (Telephon). Dies zeigt, daß die Patienten das breite semantische Feld, zu dem das Geräusch gehört, durchaus noch richtig erfassen, daß sie also die „Bedeutung“ des Geräusches nicht völlig verloren haben, sondern daß sie erst dort versagen, wo es um eine präzise Angabe über die Geräuschquelle geht. Semantische Verwechslungsfehler sind auch die typischen Fehler von Aphasikern, wenn sie einer pantomimisch demonstrierten Handlung das entsprechende Objekt zuordnen sollen (z. B. Zähneputzen – Zahnbürste) [Daniloff et al. 1982; Duffy/Duffy 1981; Duffy/Watkins 1984; Varney/Benton 1982]. Und nicht zuletzt sind semantische Fehler auch typisch in der Sprachproduktion und Sprachrezeption von Aphasikern – auch von Broca-Aphasikern [Butterworth et al. 1984]. Semantische Verwechslungen lassen sich also grundsätzlich daraus erklären, daß bei den Aphasikern die Verfügbarkeit einzelner Konzeptkomponenten eingeschränkt ist und die Patienten demnach eine feine Differenzierung zwischen ähnlichen Bedeutungen nicht mehr sicher leisten können.

Nun erhebt sich allerdings die Frage, worauf die mangelnde Verfügbarkeit einzelner Bedeutungsaspekte beruhen könnte. Zumindest zwei Möglichkeiten sind denkbar. Zum einen, daß es sich um eine Störung des Bedeutungswissens selbst handelt in dem Sinne, daß einige Bedeutungskomponenten zeitweilig oder gar permanent nicht mehr aktivierbar sind. Die Konzepte des Patienten wären also „lückenhaft“. Eine andere Hypothese legen die Befunde zu den funktionalen Hemisphärenunterschieden nahe [Bradshaw/Nettleton 1981/83]. Danach wäre zu vermuten, daß das Bedeutungswissen der Aphasiker intakt ist, aber bestimmte Verarbeitungsprozesse gestört sind: Aphasi-

Abb. 3. Beispiel für eine Geräusch-Bild-Zuordnungsaufgabe. Dem Probanden wird zu den gezeigten vier Objektabbildungen per Tonband das Geräusch eines klingelnden Weckers geboten.

ker sind unfähig, Einzelheiten an einem gegebenen Ganzen gedanklich zu isolieren – ihre „analytische Fähigkeit", die man als Funktion der linken Hemisphäre betrachtet, ist beeinträchtigt. Wenn diese Interpretation die richtige wäre, hätten die Beeinträchtigungen der Aphasiker also nichts mit einer Störung des irgendwie gearteten Speichers für Bedeutungswissen zu tun, sondern wären der Störung einer „horizontalen Fähigkeit", wie Fodor [1983] dies nennt, zuzuschreiben. Wie kann man zwischen diesen Erklärungsansätzen, die beide eine mangelnde Verfügbarkeit einzelner Bedeutungsaspekte bei Aphasikern implizieren, unterscheiden?

Bei allen bisherigen Untersuchungen hatten wir darauf geachtet, daß der Bedeutungsaspekt, den wir abprüfen wollten, nicht direkt in der Objektzeichnung sichtbar war. Dies änderten wir nun. Die Überlegung war die folgende: Wenn Aphasiker deshalb bei einer Aufgabe versagen, weil sie einen Aspekt der Bedeutung eines Objekts nicht mehr „wissen", dann sollten sie dort *keine* Beeinträchtigungen zeigen, wo eine Zuordnung oder Sortierung von Objekten aufgrund von Merkmalen verlangt wird, die direkt in der Zeichnung selbst sichtbar sind. Wenn Aphasiker hingegen generell Schwierigkeiten dabei haben, Einzelheiten an einem gegebenen Ganzen gedanklich hervorzuheben, sollten sie auch bei Aufgaben versagen, die eine Sortierung nach sichtbaren Einzelmerkmalen verlangen. Entsprechend dieser Überlegung ließen wir die Probanden vier Objektabbildungen in eine Rangreihe bringen, deren Endpunkte durch zwei weitere Objektabbildungen vorgegeben waren [Cohen/Woll 1981]. Es gab zwei Aufgabenserien. In der einen Serie war jeweils das Merkmal, nach dem die Objekte zu sortieren waren, unmittelbar auf der Zeichnung sichtbar (z. B. „Haarlänge"; vgl. Abb. 4a). In der anderen Serie war es nur durch das begriffliche Wissen über die Eigenart der abgebildeten Objekte erschließbar (z. B. „Schnelligkeit" von Fahrzeugen; vgl. Abb. 4b). Die Aphasiker schnitten in beiden Serien schlechter als die hirngeschädigten Kontrollgruppen ab. Allerdings war das Ausmaß der Beeinträchtigungen der Aphasi-

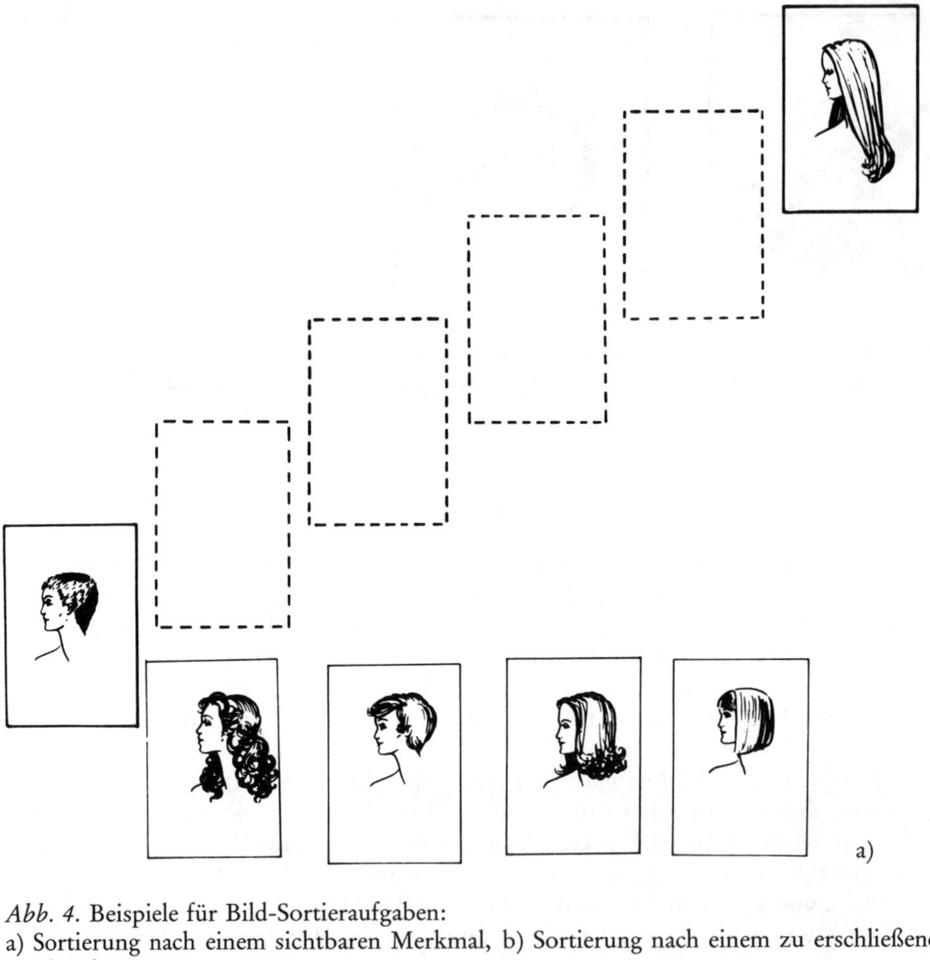

a)

Abb. 4. Beispiele für Bild-Sortieraufgaben:
a) Sortierung nach einem sichtbaren Merkmal, b) Sortierung nach einem zu erschließenden Merkmal.

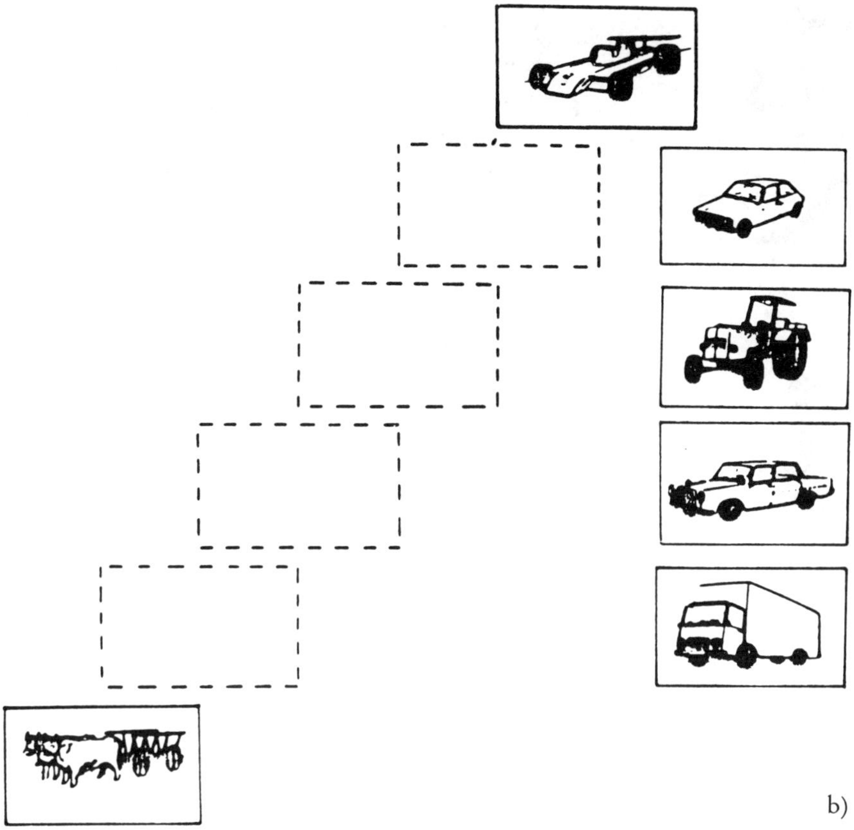

b)

ker bei der Sortierung nach wahrnehmbaren Merkmalen geringer als bei der Sortierung nach erschließbaren Merkmalen. Die Tatsache, daß Aphasiker auch dort Beeinträchtigungen zeigten, wo das kritische Merkmal direkt sichtbar und begriffliches Wissen somit nicht nötig war, spricht für die These einer gestörten analytischen Fähigkeit und gegen die These einer Störung des Bedeutungswissens. Doch das unterschiedliche Ausmaß der Beeinträchtigungen bei beiden Aufgabenserien ließ uns zögern. Die These „lückenhafter" Konzepte könnte den Befund eventuell doch auch noch erklären: Sind z. B. die Frauenköpfe nicht vielleicht doch leichter zu sortieren, wenn die Haarlänge als begriffliches Merkmal erfaßt wird, als wenn man allein auf die visuellen Merkmale der Zeichnung angewiesen ist? Möglicherweise schnitten die Aphasiker nur deshalb bei der Sortierung nach wahrnehmbaren Merkmalen schlechter als die Kontroll-Probanden ab, weil ihnen allein der „schwierigere" Lösungsweg zur Verfügung stand, während letztere auch den „leichten" Lösungsweg gehen konnten.

In einer weiteren Untersuchung [Cohen et al. 1983] prüften wir daher, inwieweit Aphasiker bei der Erfassung von in der Zeichnung direkt wahrnehmbaren Details oder

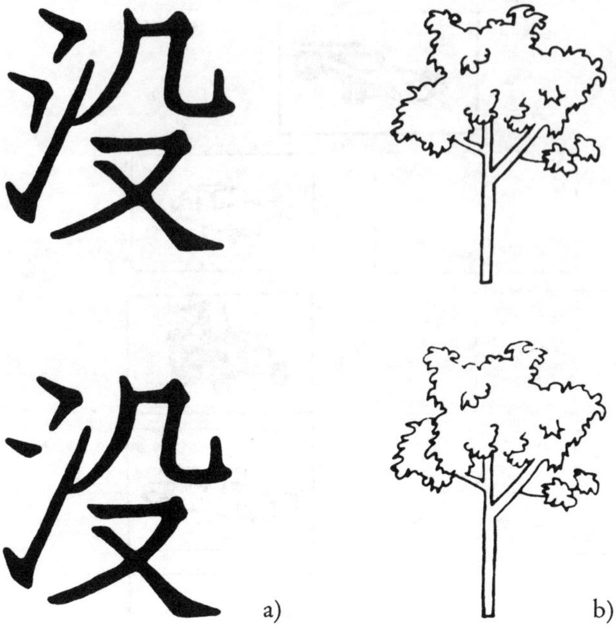

a) b)

Abb. 5. Beispiele für Paare von „ungleichen" Reizen:
a) „sinnfreie" Reize, b) Objektabbildungen.

Merkmalen beeinträchtigt sind, wenn diese überhaupt keine Bedeutungsaspekte beinhalten, d. h. eine begriffliche Identifikation gar nicht möglich ist (sofern man das überhaupt ausschließen kann). Die Probanden hatten in der einen Serie herauszufinden, ob bzw. in welchem Detail sich zwei gleichzeitig gebotene „sinnfreie" Reize, nämlich chinesische Schriftzeichen, voneinander unterscheiden (vgl. Abb. 5a). In einer zweiten Kontrollserie waren Paare von Objektabbildungen in derselben Weise zu beurteilen, wobei die Unterschiede in den Zeichnungen entweder ein Detail innerhalb der Figur oder den Umriß der Figur betrafen (vgl. Abb. 5b). Es zeigte sich, daß für alle Probandengruppen wesentlich war, in welchem Gesichtsfeld der Unterschied zwischen den Zeichnungen lag. Das generelle Leistungsniveau der Aphasiker war aber *nicht* niedriger als das der rechtshirnig Geschädigten oder der linkshirnig Geschädigten ohne Aphasie – weder bei den chinesischen Schriftzeichen noch bei den Objektabbildungen, und weder bei kurzer Expositionszeit, bei der lediglich Gleich-Verschieden-Urteile gefällt werden mußten, noch bei unlimitierter Darbietungszeit, bei der das abweichende Detail identifiziert werden mußte.

Die guten Leistungen der Aphasiker bei diesen Aufgaben entsprechen der These „lückenhafter" Konzepte und scheinen die These gestörter analytischer Verarbeitungsprozesse zu widerlegen. Doch wieder erheben sich Zweifel: War hier überhaupt eine analytische Verarbeitung kognitiver Inhalte nötig? Handelte es sich nicht vielmehr um eine Aufgabe zur simplen perzeptuellen Diskrimination? Beeinträchtigungen im rein visuell-perzeptiven Bereich sind aber selten bei unilateralen Läsionen anzutreffen, und wenn doch, dann eher bei *rechts*hirnig Geschädigten mit posterioren Läsionen als bei Aphasikern [vgl. Bisiach et al. 1975; Warrington/James 1967; Warrington/Rabin 1970; Warrington/Taylor 1973; 1978]. Die Ergebnisse von zwei anderen Experimenten [Cohen et al. 1981] deuten in der Tat darauf hin, daß Aphasiker nur bei einer quasi bewußten, intentionalen Erfassung einzelner Reizmerkmale anderen Hirngeschädigten unterlegen sind. In beiden Experimenten hatten die Probanden einen kurz zuvor gezeigten Testreiz aus mehreren Alternativen herauszufinden (vgl. Abb. 6). Die Alternativen unterschieden sich von dem Testreiz jeweils nur in einzelnen, ausgewählten Merkmalen. So ließ sich in jedem Experiment nachträglich anhand der Häufigkeit und der Art der Verwechslungsfehler eines Probanden bestimmen, welche Merkmale der Testreize er sich gemerkt hatte. Es wurden begrifflich bedeutsame Merkmale (z. B. „rund“ bei Holzfaß – zur Unterscheidung von einer Holzkiste), optionale begriffliche Merkmale (z. B. „rund“ bei einem Tisch – zur Unterscheidung von einem viereckigen Tisch) und unter anderem auch begrifflich irrelevante Merkmale der Zeichnungen geprüft (z. B. die Ausgestaltung des Bildrahmens). Bereits bei der Darbietung der Testreize wurde durch entsprechende Manipulation die Aufmerksamkeit des Probanden auf jeweils eines der kritischen Merkmale gelenkt. Es zeigte sich, daß die Aphasiker nicht generell schlechter als die hirngeschädigten Kontroll-Probanden waren, sondern nur unter einer Bedingung – und die hatte *nichts* mit der begrifflichen Relevanz der Merkmale zu tun. Aphasiker und hirngeschädigte Kontroll-Probanden machten etwa gleich viele Fehler bezüglich der „nicht-betonten“ Reizmerkmale, gleichgültig, ob es

Abb. 6. Beispiel für einen Testreiz (oben) und die Auswahlreize bei dem Wiedererkennungstest (unten).

sich dabei um begrifflich relevante, optionale oder irrelevante Merkmale handelte. Die Aphasiker waren nur dort den Kontroll-Probanden unterlegen, wo das Merkmal zuvor bei der Darbietung ins Zentrum der Aufmerksamkeit gerückt worden war; auch hier spielte wieder die begriffliche Relevanz keine Rolle. Dieser Befund paßt recht gut zu den Arbeiten von Milberg/Blumstein [1981] und Blumstein et al. [1982], nach denen Beeinträchtigungen von Aphasikern im Zugriff auf semantisches Wissen nur dann zu beobachten sind, wenn die Bearbeitung der Aufgaben nicht gleichsam automatisch erfolgen kann, sondern kontrollierte Prozesse („Aufmerksamkeitsprozesse") erfordert. Unser Ergebnis spricht dafür, daß sich die Störung der Aphasiker doch nicht speziell auf begriffliche Merkmale bezieht. Sie scheint eher darin zu bestehen, daß der Patient generell Merkmale oder Einzelheiten an einem gegebenen Ganzen nicht mehr willkürlich gedanklich hervorheben und/oder stabil mental repräsentieren kann.

In der Tat gibt es noch weitere Hinweise darauf, daß Aphasiker nicht nur bei bedeutungshaltigen Reizen, wie Objekten, spezifische Schwierigkeiten haben, sondern auch bei sinnfreien Reizen, sofern die Aufgabe eine analytische Hervorhebung und reliable Kodierung von Einzelheiten verlangt. Hier wären zum einen die Befunde zu den Gottschaldt-Figuren und Abwandlungen derselben zu nennen [Russo/Vignolo 1967; Teuber/Weinstein 1956; Weinstein 1964], wobei in einigen Untersuchungen ein spezifisches Defizit bei Aphasikern nur gegenüber linkshemisphärischen Patienten ohne Aphasie, nicht aber gegenüber rechtshemisphärisch Geschädigten [Hartje et al. 1974; Orgass et al. 1972; Pizzamiglio/Carli 1974; Poeck et al. 1973] oder gar kein spezifisches Defizit bei Aphasikern [Cohen et al. 1982b; Corkin 1979] festgestellt werden konnte. Gut belegt ist, daß Aphasiker spezifische Beeinträchtigungen beim Farb-Sortier-Test von Weigl [1927] haben, bei dem 12 Holzklötzchen nach verschiedenen Merkmalen (Farbe, Form, Größe, Dicke, applizierte Zeichen) sortiert werden müssen [Archibald et al. 1967; Basso et al. 1985; Brown 1955; de Renzi et al. 1966; Mc Fie/Piercy 1952]. Auch wir selbst konnten diese Befunde bestätigen [Koemeda-Lutz 1985; Meier 1985].

Diese Befunde lassen daran zweifeln, daß es sich bei der Störung der Aphasiker um eine Störung des Bedeutungswissens, etwa im Sinne „lückenhafter" Konzepte, handelt. Die Beeinträchtigungen beschränken sich nicht auf bedeutungshaltige Reize, sondern betreffen auch den Umgang mit sinnfreien Reizen; damit scheint also die Hypothese einer gestörten „horizontalen" Fähigkeit plausibler, einer Störung bei der willkürlichen Erfassung und reliablen Kodierung einzelner Reizmerkmale generell. Doch nun wird eine Frage immer drängender, die wir bisher ausgespart haben. Wir begannen mit recht „sprach-nahen" begrifflichen Aufgaben und sind jetzt beim Sortieren von bunten Holzklötzchen gelandet. Hat das überhaupt noch etwas mit Sprache zu tun? Genauer gesagt: Liegt den Beeinträchtigungen von Aphasikern bei den non-verbalen Aufgaben überhaupt dieselbe Ursache zugrunde wie ihren sprachlichen Beeinträchtigungen? Könnte es nicht sein, daß die non-verbalen Beeinträchtigungen auf einer zusätzlichen Störung beruhen, die nur anatomisch, nicht aber funktional mit der sprachlichen Störung assoziiert ist? In der Tat meinen viele Autoren, daß die Beeinträchtigungen beim Weigl-Test und z.T. auch jene bei anderen non-verbalen Aufgaben lediglich aufgrund der hirnanatomischen Verhältnisse mit Aphasien verknüpft sind [z. B. De Renzi et al. 1966; Basso et al. 1985].

3 *Der Zusammenhang zwischen Beeinträchtigungen bei verbalen und bei non-verbalen Aufgaben*

Wie wir einführend in Abschnitt 1.3 gezeigt haben, ist die Frage nach dem Zusammenhang zwischen den verschiedenen Beeinträchtigungen eines Patienten eine der schwierigsten der Neuropsychologie überhaupt. Es gibt keine einfachen Indikatoren dafür, ob die Beeinträchtigungen Ausdruck ein und derselben Störung sind oder aber auf verschiedene, rein anatomisch assoziierte Störungen zurückzuführen sind. In allen unseren Untersuchungen fanden wir signifikante, häufig sogar recht hohe Korrelationen zwischen den non-verbalen Beeinträchtigungen der Aphasiker und ihren Minderleistungen bei sprachlichen Tests. Doch die signifikanten Korrelationen zeigen nur, *daß* ein Zusammenhang zwischen den (Minder-) Leistungen besteht, nicht aber, ob dieser funktional oder hirnanatomisch begründet ist. Wie kann man diese Frage einer Klärung näher bringen?

Duffy/Watkins [1984] nennen ein Kriterium: Die Möglichkeit eines funktionalen Zusammenhangs solle dann erwogen werden, wenn die Beeinträchtigungen im verbalen und im non-verbalen Bereich Parallelitäten hinsichtlich der Fehlerarten o. ä. aufweisen. Dies scheint uns einleuchtend. Eine zweite Möglichkeit, so denken wir, ist die genauere Analyse der Ursache des Versagens der Patienten bei „klassischen" Aphasietests: Sollte sich zeigen, daß die Ursache des Versagens bei jenen sprachlichen Aufgaben ähnlich dem zu sein scheint, was wir als Ursache des Versagens bei non-verbalen Aufgaben herausdestilliert haben, so ist die Annahme eines funktionalen Zusammenhangs zumindest *theoretisch* gerechtfertigt [vgl. Butterworth et al. 1984]. Wir versuchten, auf beiden Wegen voranzukommen.

3.1 *Ähnlichkeiten zwischen verbalen und non-verbalen Beeinträchtigungen*

Eine wesentliche Parallelität zwischen den non-verbalen Beeinträchtigungen und den sprachlichen Besonderheiten von Aphasikern wurde bereits genannt (vgl. S. 90 f.): In beiden Bereichen sind die typischen Fehler von Aphasikern Verwechslungen von *semantisch ähnlichen Inhalten*. Diskrepant sind die Ergebnisse für verbale und non-verbale Aufgaben höchstens darin, daß bei den verbalen Aufgaben Broca-Aphasiker zumeist weniger abweichend erscheinen als Wernicke-Aphasiker, während wir bei den non-verbalen Aufgaben nie einen syndrom-spezifischen Leistungsunterschied fanden.

Eine weitere inhaltliche Parallelität ergibt sich daraus, daß Aphasiker auch bei verbalen Aufgaben – meist solchen, in denen Wörter einander zugeordnet werden sollen, tendenziell oder sogar signifikant besser bei der Erfassung und Beurteilung situativ-kontextueller semantischer Beziehungen abschneiden als bei der Einschätzung der Gemeinsamkeiten bzw. Unterschiede bezüglich einzelner Merkmale, wie z. B.

„tierisch"/„menschlich" [Cohen et al. 1975; Woll et al. 1980; Zurif et al. 1974]. Nicht bestätigt wurde dies in der Untersuchung von Goodglass/Baker [1976].

In einer kürzlich abgeschlossenen Arbeit [Koemeda-Lutz 1985] wollten wir prüfen, ob sich auch bezüglich eines weiteren Aspektes eine Parallelität fände, der in den letzten Jahren als ein eminent wichtiges Organisationsprinzip des semantischen Gedächtnisses erkannt wurde – die Prototypikalitätsbeziehungen [z. B. Ashcraft 1978; Katz 1978; Lenneberg/Roberts 1956; Malt/Smith 1984; Rosch/Mervis 1975]. Für den verbalen Bereich gibt es bereits mehrere Befunde, nach denen die Prototypikalitätsbeziehungen für Aphasiker von besonderer Bedeutung sind. Gibt man Aphasikern einen Oberbegriff verbal vor und läßt sie entscheiden, welche Objekte Exemplare dieser Kategorie sind [Burger/Muma 1980; Grober et al. 1980], oder bittet sie, Exemplare dieser Kategorie zu nennen [Grossman 1980; 1981], so zeigen sie bei hochtypischen Exemplaren praktisch keine Beeinträchtigungen, versagen hingegen oft an den Kategoriengrenzen, also bei vergleichsweise untypischen Exemplaren. Eine Arbeit von Wayland/Taplin [1982] scheint anzudeuten, daß dies im non-verbalen Bereich *nicht* so ist; allerdings

a)

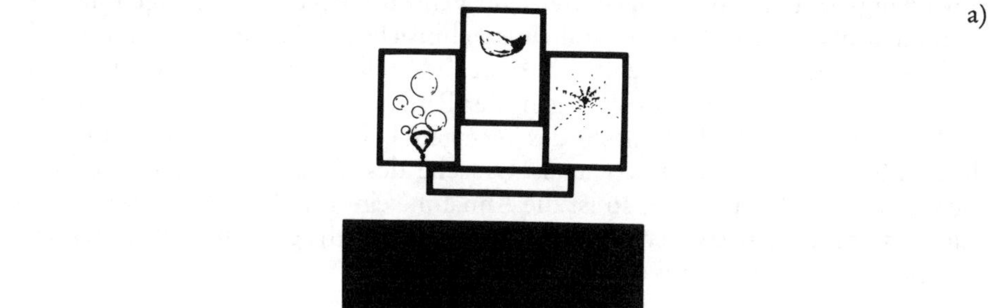

b)

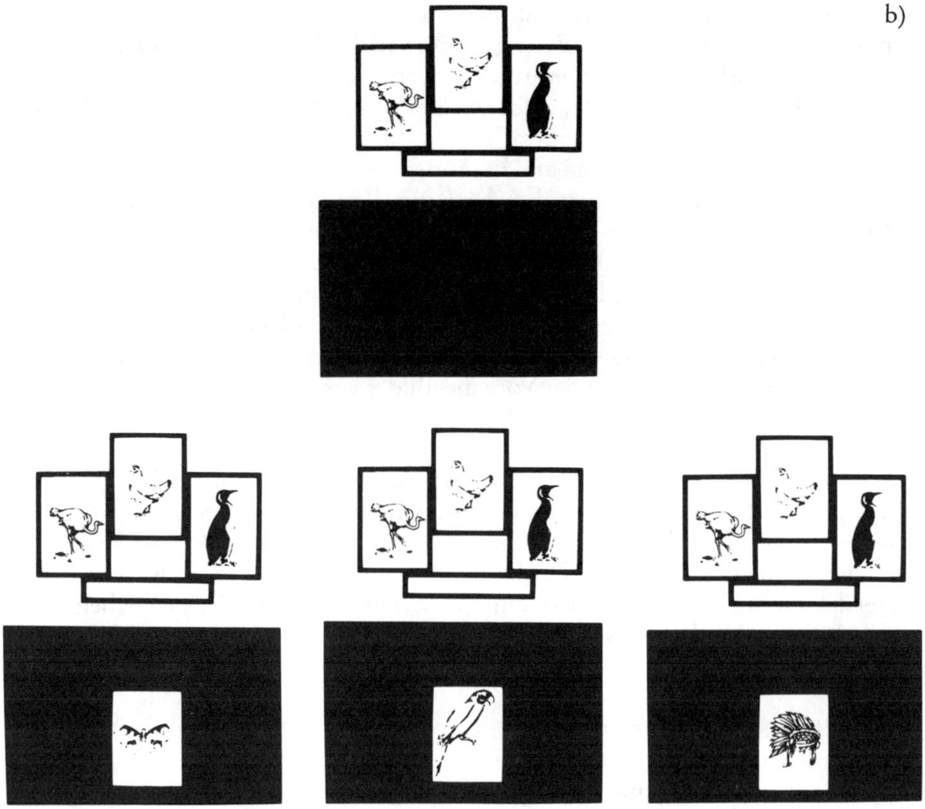

Abb. 7. Beispiele für Aufgaben zur Prüfung des Einflusses von Prototypikalitätsbeziehungen auf Kategorisierungsleistungen: a) nach Einzelmerkmalen, b) nach Oberbegriffen.

handelte es sich dort um das Lernen von künstlichen Kategorien, und dabei mögen ganz andere Prozesse eine Rolle spielen. In unserer Untersuchung [Koemeda-Lutz 1985] wurden in einer rein non-verbalen Aufgabenserie den Patienten zunächst jeweils drei Bilder von Objekten vorgegeben, die entweder eine Eigenschaft gemeinsam hatten (z. B. Seifenblasen, Daunenfeder, Spinnennetz: leicht; vgl. Abb. 7a) oder aber Exemplare derselben übergeordneten begrifflichen Kategorie waren (z. B. Strauß, Henne, Pinguin: Vögel; vgl. Abb. 7b). Sobald die Patienten glaubten, die Gemeinsamkeit der drei Objekte erfaßt zu haben, gaben sie dies durch Tastendruck bekannt und erhielten dann sukzessive zehn weitere Objektabbildungen dargeboten. Bei jedem Objekt hatten sie zu entscheiden, ob es die gemeinsame Eigenschaft aufwies bzw. der Kategorie der drei Vorgabeobjekte angehörte oder nicht. Die zehn Testobjekte unterschieden sich darin, wie dominant die kritische Eigenschaft für sie war bzw. inwieweit sie typische Exemplare der Kategorie waren. Als Kontrollserie verwendeten wir denselben Aufgabentyp, gaben den Probanden aber die kritische Eigenschaft bzw. den Oberbegriff zugleich schriftlich, also verbal vor. Es zeigte sich, daß die Aphasiker *gleichermaßen* bei der non-verbalen wie bei der verbalen Aufgabenversion besonders an den Kategoriengrenzen (z. B. Fledermaus = Vogel?; Seidenstrümpfe = leicht?) gegenüber den hirngeschädigten Kontroll-Probanden beeinträchtigt waren; die Beeinträchtigungen drückten sich in verlängerten Urteilszeiten und besonders in abweichenden Urteilen aus. Die Aphasiker erschienen darüber hinaus bei der Beurteilung nach einer Eigenschaft tendenziell schwerer gestört als bei der Beurteilung der Kategorienzugehörigkeit.

Von besonderer Bedeutung für unsere Fragestellung ist, daß sich keinerlei Hinweis darauf ergab, daß die Aphasiker bei der verbalen Version andere oder größere Schwierigkeiten als bei der non-verbalen Version hatten – ganz im Gegenteil: Der Leistungsunterschied zwischen Aphasikern und nicht-aphasischen Kontroll-Probanden war *geringer*, wenn die Gemeinsamkeit der Vorgabe-Bilder verbal dargeboten wurde! Es ist also wohl nicht so sehr das Wortverständnis, das die Gruppen diskriminiert, sondern vielmehr die Analyse der bildlich repräsentierten Konzepte auf ihre Gemeinsamkeit hin. Daß die Aphasiker besonders bei den weniger typischen Exemplaren Schwierigkeiten haben, paßt in das Bild, das wir uns bis jetzt von ihren Störungen gemacht haben: Untypische Exemplare haben weniger Begriffsaspekte mit den anderen Exemplaren ihrer Kategorie gemeinsam als hochtypische Exemplare [Jones 1983; Rosch/Mervis 1975; Tversky 1977], so daß es bei ersteren sehr viel gravierendere Folgen haben muß, wenn einzelne Aspekte kognitiv nicht verfügbar sind.

3.2 *Warum versagen Aphasiker im Token Test?*

Im Sinne der zweiten Forschungsstrategie, also Aufklärung der Frage, warum Aphasiker in den „klassischen“ Aphasietests versagen, beschäftigten wir uns intensiv mit dem Token Test. Der Token Test wurde 1962 von De Renzi und Vignolo entwickelt und ist heute einer der wichtigsten Aphasietests, wenn nicht der wichtigste überhaupt. Seine psychometrischen Eigenschaften sind vorzüglich [vgl. auch Willmes 1981]. Er diskriminiert mit einer Trefferquote zwischen 77 % und 90 % zwischen Aphasikern und nicht-aphasischen Hirngeschädigten (nicht etwa Gesunden!) – einer Trefferquote, die für einen klinisch-psychologischen Test als außerordentlich hoch anzusehen ist [Cohen et al. 1976; De Renzi/Faglioni 1978; Orgass 1976a; 1976b; Peck-Swisher/Taylor-Sarno 1969; Van Dongen/Van Harskamp 1972; Woll et al. 1976]. Der Test erfaßt also offenbar außerordentlich präzise die spezifischen Beeinträchtigungen von Aphasikern. Die Frage ist aber: Was prüft der Test? Schaut man sich die Testaufgaben an, ist man überrascht – in vier von fünf Untertests hat der Patient lediglich auf verbale Anweisung hin ein oder zwei Plättchen in einer Vorlage mit zehn oder zwanzig verschiedenfarbigen Kreisen und Vierecken zu zeigen, also etwa „den großen roten Kreis“ oder „das große grüne Viereck und den kleinen weißen Kreis“. Im fünften Untertest sind die Anweisungen sprachlich komplexer: „Berühren Sie alle Vierecke außer dem blauen!“ oder „Bevor Sie den grünen Kreis berühren, nehmen Sie das weiße Viereck!“. Noch erstaunlicher ist die Tatsache, daß dieser fünfte, linguistisch anspruchsvollere Untertest zwar vermutlich andere Fähigkeiten prüft als die vier ersten Untertests [Willmes 1981], daß es aber an der Trennschärfe des Tests praktisch nichts ändert, wenn man auf diesen letzten Teil verzichtet und nur die Untertests I–IV vorgibt [Orgass 1976b; Woll et al. 1976]. Das, was aphasische Störungen charakterisiert, manifestiert sich offenbar bereits in Fehlern bei so simplen Anweisungen wie „Zeigen Sie das kleine grüne Viereck und den großen roten Kreis!". Warum haben Aphasiker bei solchen Aufgaben Schwierigkeiten? Der Test verlangt keinerlei Sprachproduktion von den Patienten. Sprachverständnisstörungen im üblichen Sinne scheinen jedoch auch nicht die eigentliche Ursache zu sein. Zwar verbessern die Aphasiker ihre Leistungen, wenn die verbalen Anweisungen langsamer vorgesprochen werden [Poeck/Pietron 1981] oder wenn semantisch „gehaltvollere" Wörter anstelle von „Kreis" und „Viereck" genannt werden [Kreindler et al. 1971; Martino et al. 1976; Naumann et al. 1980], doch in keinem Fall erreichen die Patienten bei solchen Änderungen das Leistungsniveau der nicht-aphasischen Hirngeschädigten. Hinzu kommt, daß die Minderleistungen der Aphasiker im Token Test zwar recht hoch mit den Beeinträchtigungen bei üblichen Sprachverständnistests korrelieren ($.70 \leq r \leq .80$), aber ebensohoch – manchmal sogar tendenziell höher – mit den Beeinträchtigungen der Patienten bei Sprachproduktionsaufgaben [z. B. Cohen et al. 1976; Cohen et al. 1980b; Gutbrod et al. 1985; Huber et al. 1984; Peck-Swisher/Taylor-Sarno 1969]. Schwierigkeiten beim Behalten der ja oft langen verbalen Anweisungen scheinen ebenfalls höchstens eine untergeordnete Rolle zu spielen [Brookshire 1978; Lesser, 1976; Naumann et al. 1980]. Und schließlich zeigten Poeck/Hartje [1979], daß die Trennschärfe des Tests sich auch dann nicht ändert, wenn die Anweisungen visuell-schriftlich vorgegeben werden.

Schließlich fragten wir uns, ob die Minderleistungen der Aphasiker im Token Test denn überhaupt irgend etwas mit der verbalen Natur der Anweisungen zu tun hätten. In einer ersten Untersuchung zu dieser Frage zeigten wir den Probanden jeweils anstelle der verbalen Anweisung eine Abbildung des (bzw. der) Plättchen(s), das (bzw. die) der Proband anschließend in der Vorlage zu zeigen hatte(n) [Cohen et al. 1977]. Um eine Lösung der Aufgabe über simple perzeptuelle Vergleichsprozesse unmöglich zu machen, wurde die Vorlage während der non-verbalen „Anweisung" verdeckt gehalten. Es zeigte sich, daß die Aphasiker auch bei dieser non-verbalen Version des Token Tests noch signifikant schlechter abschnitten als die Hirngeschädigten ohne Aphasie. Ein sprachfreier Test zur Erfassung aphasischer Störungen! Die Beeinträchtigungen der Aphasiker müssen also etwas mit der kognitiven Repräsentation der Plättchen und/oder den Vergleichsprozessen zwischen diesen Repräsentationen zu tun haben.

Eine weitere Untersuchung [Cohen et al. 1980b] schien interessante Hinweise zu geben: Aphasiker waren den nicht-aphasischen Kontrollpatienten deutlich unterlegen, wenn das Plättchen, das sie in der Vorlage zu zeigen hatten, zuvor durch eine non-verbale Merkmalsliste spezifiziert worden war, bei der die Ausprägung auf den Dimensionen Größe, Farbe und Form also non-verbal durch entsprechende Zeichen (große/kleine Figur; verschiedenfarbige Kleckse; graues Viereck/grauer Kreis) angegeben wurde. Die Aphasiker machten hingegen kaum mehr Fehler als die Kontroll-Probanden, wenn ihnen umgekehrt ein Plättchen vorgelegt wurde und sie dessen Merkmale einzeln, non-verbal, mit Hilfe der oben genannten Zeichen zu spezifizieren hatten. Die guten Leistungen der Aphasiker bei der zweiten Aufgabe belegen zum einen, daß die Patienten die Zeichen der Merkmalslisten offenbar durchaus verstanden hatten. Sie zeigen darüber hinaus, daß die Störungen der Aphasiker wohl doch nicht speziell mit Schwierigkeiten bei der *Analyse* eines gegebenen Ganzen zusammenhängen, wie wir vermutet hatten, sondern – wenn überhaupt – eher den Prozeß der „Integration" von Information betreffen [De Renzi et al. 1978]. Zurückhaltung ist allerdings geboten, denn die Untersuchungsmethodik hat Mängel: In der „schwierigen" (ersten) Aufgabe waren die Merkmalslisten nur *jeweils genau so lange* gezeigt worden, wie üblicherweise für das Vorlesen der verbalen Anweisung benötigt wird, und die Plättchen waren erst *danach* vorgelegt worden. In der „leichten" (zweiten) Aufgabenserie hingegen durften die Merkmalslisten *unbegrenzt lange* studiert werden und das zu spezifizierende Plättchen lag *gleichzeitig* vor. Sowohl der Unterschied in der *Darbietungszeit* als auch der Unterschied in den Anforderungen an das *Kurzzeitgedächtnis (simultane vs. sukzessive Darbietung)* könnten für die diskrepanten Ergebnisse verantwortlich sein.

Die Relevanz des erstgenannten Faktors, der Darbietungszeit, prüften wir [Gutbrod et al. 1985], indem wir die zuvor verwendeten Aufgaben wie folgt modifizierten: Die Probanden hatten nun nur noch zu entscheiden, ob ein gegebenes Token-Test-Plättchen und eine gegebene Merkmalsliste einander entsprachen oder nicht, wobei die Merkmalsliste entweder verbal, wie im Standard-Token-Test, oder non-verbal wie in der letztgenannten Untersuchung, vorgegeben wurde. Plättchen und Liste wurden immer sukzessive dargeboten – entweder das Plättchen zuerst und die Liste danach oder umgekehrt. Im Unterschied zu der zuletzt beschriebenen Untersuchung konnten die Probanden nun (auch) den ersten Reiz (Plättchen *oder* Liste) unbegrenzt lange inspizieren; wir protokollierten lediglich, wieviel Zeit sie dafür benötigten (Inspektionszeit); und ebenso vermerkten wir, wie lange sie für ihr Gleich- oder Verschieden-Urteil beim zweiten Reiz (Liste oder Plättchen) brauchten (Urteilszeit). Selbst bei dieser sehr leichten Aufgabe machten die Aphasiker signifikant mehr Fehler als die anderen Hirngeschädigten, wenn auch ihre absolute Fehlerzahl sehr gering war. Die Ergebnisse für die Latenzen bestätigten unseren Verdacht: Die Latenzen der Aphasiker waren gegenüber denen der hirngeschädigten Kontroll-Probanden *generell bei Merkmalslisten verlängert* – gleichgültig, ob die Liste als erstes (Inspektionszeiten) oder aber als zweites (Urteilszeiten) gezeigt wurde; dabei war es nur von untergeordneter Bedeutung, ob die Merkmale verbal oder non-verbal spezifiziert worden waren. Die Latenzen der Aphasiker bei den Token-Test-Plättchen waren nicht wesentlich länger als die der anderen Hirngeschädigten. Die Ergebnisse deuten also darauf hin, daß Aphasiker – aus welchen Gründen auch immer – mehr Zeit für die Erfassung und/oder Speicherung und Weiterverarbeitung von Merkmalslisten (verbal oder non-verbal) benötigen als andere Hirngeschädigte – ein Ergebnis, das recht gut zu dem Befund von Liles/Brookshire [1975] paßt, nach dem Aphasiker ihre Leistungen im Token Test erheblich verbessern können, wenn längere Pausen zwischen den Wörtern in der Anweisung gemacht werden.

Wie aber läßt sich die Tatsache, daß die Aphasiker keine Besonderheiten bei den Token-Test-*Plättchen* zeigten, mit unserem früheren Befund [Cohen et al. 1977] vereinbaren, nach dem Aphasiker anderen Hirngeschädigten auch dann unterlegen sind, wenn im Token Test anstelle der verbalen Anweisungen ein „Exemplar“ des Plättchens dargeboten wird, das der Proband dann in der Vorlage zu zeigen hat [vgl. auch Grüsser et al. 1982]? Es ist denkbar, daß hier die Aufgabenstellung eine Rolle spielt: Um ein zuvor gezeigtes Plättchen aus zehn bis zwanzig Alternativen herauszusuchen, ist sicherlich eine stabilere und interferenzresistentere Kodierung des Testreizes im Kurzzeitgedächtnis nötig, als um zu entscheiden, ob dieses Plättchen die Merkmale A, B und C hat oder nicht. Möglicherweise kommen die Schwierigkeiten bei der genauen Erfassung und/oder Speicherung von *Plättchen* erst bei größeren Anforderungen an das Kurzzeitgedächtnis zum Ausdruck. Merkmalslisten, die ja per definitionem aus mehreren Einzelinformationen bestehen, stellen von vornherein beträchtliche Anforderungen an das Kurzzeitgedächtnis. Diese Hypothese prüften wir in einer kürzlich abgeschlossenen Untersuchung [Meier 1985]. Die Probanden hatten wiederum nur Gleich-Verschieden-Urteile abzugeben, diesmal wurden ihnen aber jeweils zwei Token-Test-*Plättchen* gezeigt. Diese sollten hinsichtlich ihrer Übereinstimmung in der Form (1. Aufgabenserie) bzw. in der Größe (2. Aufgabenserie) beurteilt werden. Kombiniert war dabei in der Experimental-Bedingung der Aspekt der Analyse des Plättchens hinsichtlich einer einzelnen Reizdimension mit dem Aspekt der zuverlässigen Speicherung dieser Information. In einer Kontroll-Bedingung wurden die Anforderungen an das Kurzzeitgedächtnis minimiert, indem die beiden Plättchen gleichzeitig dargeboten wurden; in der Experimental-Bedingung mußte hingegen nach der Darbietung des ersten Plättchens eine Zwischentätigkeit (3 Sek.) durchgeführt werden, bevor das zweite, das Vergleichs-Plättchen, gezeigt wurde. Die Ergebnisse waren eindeutig: Bei einer Simultan-Darbietung der Plättchen gab es keinerlei Unterschiede zwischen den Aphasikern und den Kontroll-Probanden – weder bezüglich der Fehler (die überhaupt selten vorkamen) noch bezüglich der Reaktionszeiten. Unter der Bedingung erhöhter Anforderungen an das Kurzzeitgedächtnis änderte sich das Bild drastisch: Wesentlich mehr Aphasiker als andere Hirngeschädigte (ca. 30 % der Aphasiker, aber nur ein rechtshemisphärischer Patient) waren außerstande, den Plättchen-Vergleich besser als auf dem Zufallsniveau durchzuführen, und die übrigen Aphasiker machten signifikant mehr Fehler und benötigten mehr Zeit für ihre Entscheidungen als die Kontroll-Probanden. Aphasiker sind also doch auch bei der kognitiven Repräsentation der Plättchen gestört – sie haben unverhältnismäßig große Schwierigkeiten, die Merkmale der Plättchen im Arbeitsgedächtnis zuverlässig präsent zu halten und sich durch Zwischentätigkeiten nicht irritieren zu lassen.

Ausgangspunkt für die auf den Seiten 100–102 berichteten Untersuchungen war die Frage, welches die Ursache(n) der Minderleistungen von Aphasikern in einem Aphasie-Test, dem Token Test, sein könnte(n) und inwieweit hier ein Zusammenhang mit den non-verbalen Beeinträchtigungen, über die wir zuvor berichtet hatten, herstellbar ist. Nun sind wir wieder – ähnlich wie zuvor – bei bunten Vierecken und Kreisen gelandet. Die wesentliche Gemeinsamkeit besteht aber, so glauben wir, in etwas anderem: Die Ergebnisse aus beiden Forschungsbereichen deuten darauf hin, daß Aphasiker besondere Schwierigkeiten bei der genauen und/oder stabilen Kodierung einzelner Merkmale haben – seien dies nun begrifflich relevante Merkmale oder aber rein „äußerliche“ Reizmerkmale. Warum sind diese Schwierigkeiten just bei solchen hirngeschädigten Patienten anzutreffen, die so deutlich durch Beeinträchtigungen in *Sprach*produktion und -rezeption auffallen? Sind sprachliche Leistungen vielleicht in besonderem Maße von einer präzisen und verläßlichen mentalen Repräsentation von Einzelaspekten abhängig? Oder bedürfen, umgekehrt, speziell diese mentalen Repräsentationen eines verbalen Kodes? Oder haben die Beeinträchtigungen eben doch völlig verschiedene Ursachen und sind nur aufgrund der hirnanatomischen Verhältnisse miteinander assoziiert? In Abbildung 8 ist das Ergebnis einer Faktorenanalyse dargestellt; einbezogen in die Analyse waren: der Aachener Aphasietest [Huber et al. 1984], ein nach linguistischen und psychometrischen Kriterien hervorragender Aphasietest, der Weigl-Test (modifizierte Fassung: De Renzi et al. 1965), die letztgenannten Plättchen-Vergleichsaufgaben [Meier 1985] und die auf S. 92–93 beschriebene Objektsortier-Aufgabe [Koemeda-Lutz 1985]. Wie man sieht, hat Faktor I hohe Ladungen auf allen Tests außer der Simultan-Vergleichs-Aufgabe, die ja auch als einzige nicht zwischen Aphasikern und anderen Hirngeschädigten diskriminierte. Faktor II trennt zwischen den Untertests des Aachener Aphasietests (AAT) einerseits, wobei die höchste Ladung beim „Nachsprechen" liegt, und unseren non-verbalen Aufgaben andererseits.

Das Bild illustriert noch einmal einige der Probleme, die wir angesprochen haben. Wie sollen wir das Ergebnis interpretieren? Zum einen könnte man den 1. Faktor als einen Faktor der Schwere der durch die Hirnschädigung bedingten Beeinträchtigungen bei Aphasikern ansehen und aus dem 2. Faktor eine Trennung zwischen einer sprachlichen Störung einerseits und einer kognitiv-nichtsprachlichen Störung andererseits ablesen. Ein Problem bei dieser Interpretation wäre die Bipolarität des 2. Faktors: sie würde implizieren, daß ausgeprägte sprachliche Störungen gegen eine ausgeprägte kognitiv-nichtsprachliche Störung sprechen – tatsächlich trennen aber beide Cluster Aphasiker von nicht-aphasischen Hirngeschädigten. Möglicherweise wäre hier, im Sinne von Basso et al. [1985], die *Lokalisation* des Läsionszentrums in einem Gebiet

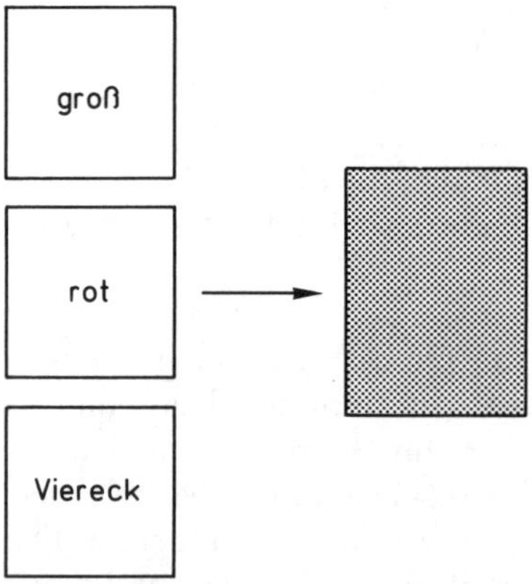

Abb. 8. Ergebnis einer Faktorenanalyse mit den Leistungen im Aachener Aphasie-, dem Weigl-Test, der Plättchen-Vergleichs- [Meier 1985] und der Objekt-Sortieraufgabe [Koemeda-Lutz 1985].

von zwei benachbarten oder sich teilweise überlappenden Hirnstrukturen, die für unterschiedliche psychische Funktionen zuständig sind, der relevante Faktor. Eine andere Interpretation für das Resultat der Faktorenanalyse wäre, daß der erste Faktor „die Aphasie" repräsentiert und der zweite Faktor den Unterschied kennzeichnet zwischen Beeinträchtigungen bei hoch überlernten verbalen Leistungen einerseits und Beeinträchtigungen bei wenig automatisierten klassifikatorischen Leistungen andererseits, die eine stabile Repräsentation von Einzelheiten im Arbeitsgedächtnis verlangen.

Die Befund-Konstellation – wie dieses Bild sie darstellt – wäre in beiden Fällen dieselbe. Je nachdem, welche Begriffspaare uns geläufig und selbstverständlich erscheinen, geben wir der einen oder anderen Interpretation den Vorzug. Eine Entscheidung zwischen beiden wäre nur möglich, wenn wir (1) Kennwerte für die Schwere einer Störung unabhängig von ihrer Qualität und (2) Kennwerte für die Verfügbarkeit über Kodierungsstrategien unabhängig von der Art des Kodes hätten. Ob es solche Kennwerte je geben wird, scheint uns fraglich. Wir hoffen, daß unser Bericht deutlich gemacht hat, wie problematisch es ist, Befunde aus der Aphasieforschung zur Beweisführung bei der Auseinandersetzung um linguistische oder psycholinguistische Theorien heranzuziehen. Wir hoffen aber auch, daß wir – exemplarisch – die Möglichkeiten aphasiologischer Forschung skizziert haben und so zu einer weiteren Untersuchung der zahlreichen ungeklärten Fragen angeregt haben.

Literatur

Anderson, J. R. [1982]. Representational type: A tricode proposal. *Techn. Rep. ONP-82-1;* June. Pittsburgh: Carnegie-Mellon University, Dept. Psychology.

Anderson, J. R./Bower, G. H. [1973]. *Human associative memory.* Washington D.C.: Winston.

Archibald, Y. M./Wepman, J. M./Jones, L. V. [1967]. Nonverbal cognitive performance in aphasic and nonaphasic brain-damaged patients. *Cortex 3,* 275–294.

Ashcraft, M. H. [1978]. Property norms for typical and atypical items from 17 categories: A description and discussion. *Memory and Cognition 6,* 227–232.

Basso, A./Faglioni, P./Spinnler, H. [1976]. Non-verbal colour impairment of aphasics. *Neuropsychologia 14,* 183–193.

Basso, A./Capitani, E./Luzzati, C./Spinnler, H./Zanobio, M. E. [1985]. Different basic components in the performance of Broca's and Wernicke's aphasics on the Colour-Figure Matching Test. *Neuropsychologia 23,* 51–59.

Berndt, R. S./Caramazza, A. [1980]. A redefinition of the syndrome of Broca's aphasia: Implications for a neuropsychological model of language. *Applied Psycholinguistics 1,* 225–278.

Bisiach, E./Capitani, E./Spinnler, H. [1975]. Focal hemisphere and visuoperceptual categorization. *Journal of Neurology, Neurosurgery, and Psychiatry 38,* 1115–1120.

Blumstein, S. E./Milberg, W./Shrier, R. [1982]. Semantic processing in aphasia: Evidence from an auditory lexical decision task. *Brain and Language 17,* 301–315.

Bradshaw, J. L./Nettleton, N. C. [1981/83]. The nature of hemispheric specialization in man. *Behavioral and Brain Sciences 4,* 51–91; und *Behavioral and Brain Sciences 6,* 517–533.

Brookshire, R. H. [1978]. A Token Test battery for testing auditory comprehension in brain-injured patients. *Brain and Language 6,* 149–157.

Brown, J. [1955]. Abstract and concrete behavior of dysphasic patients and normal subjects. *Journal of Speech and Hearing Disorders 20,* 35–42.

Buck, R./Duffy, R. J. [1980]. Non-verbal communication of affect in brain-damaged patients. *Cortex 16,* 351–362.

Burger, R. A./Muma, J. R. [1980]. Cognitive distancing in mediated categorization in aphasia. *Journal of Psycholinguistic Research 9,* 355–365.

Butterworth, B. [1979]. Hesitation and the production of verbal paraphasias and neologisms in jargon aphasia. *Brain and Language, 8,* 133–161.

Butterworth, B./Howard, D./Mc Loughlin, P. [1984]. The semantic deficit in aphasia: The relationship between semantic errors in auditory comprehension and picture naming. *Neuropsychologia 22,* 409–426.

Caplan, D. [1981]. On the cerebral localization of linguistic functions: logical and empirical issues surrounding deficit analysis and functional localization. *Brain and Language 14,* 120–137.

Caramazza, A. [1984]. The logic of neuropsychological research and the problem of patient classification in aphasia. *Brain and Language 21,* 9–20.

Caramazza, A./Berndt, R. S. [1978]. Semantic and syntactic processes in aphasia: A review of the literature. *Psychological Bulletin 85,* 898–918.

Chomsky, M. [1980]. Rules and representations. *Behavioral and Brain Sciences 3,* 1–61.

Cohen, R./Hartmann, P./Engel, D./Kelter, S./List, G./Strohner, H. [1975]. Freies und kategoriengebundenes Assoziieren. In: *Dritter Bericht des Sonderforschungsbereiches 99 der Universität Konstanz an die Deutsche Forschungsgemeinschaft.* Unveröffentlicht. Konstanz.

Cohen, R./Kelter, S./Engel, D./List, G./Strohner, H. [1976]. Zur Validität des Token Tests. *Nervenarzt 47,* 357–361.

Cohen, R./Kelter, S./Schäfer, B. [1977]. Zum Einfluß des Sprachverständnisses auf die Leistungen im Token Test. *Zeitschrift für Klinische Psychologie 6,* 1–14.

Cohen, R./Kelter, S. [1972]. Cognitive impairment of aphasics in a colour-to-picture matching task. *Cortex 15,* 235–245.

Cohen, R./Kelter, S./Woll, G. [1980a]. Analytical competence and language impairment in aphasia. *Brain and Language 10,* 331–347.

Cohen, R./Lutzweiler, W./Woll, G. [1980b]. Zur Konstruktvalidität des Token Tests. *Nervenarzt 51,* 30–35.

Cohen, R./Woll, G. [1981]. Facets of analytical processing in aphasia: A picture ordering task. *Cortex 17,* 557–570.

Cohen R./Woll, G./Ehrenstein, W. H. [1981]. Recognition deficits resulting from focused attention in aphasia. *Psychological Research 43,* 391–405.

Cohen, R./Glöckner-Rist, A./Lutz, M./Maier, T./Meier, E. [1982a]. Cognitive impairments of aphasics in picture sorting and matching tasks. *Archiv für Psychiatrie und Nervenkrankheiten 232,* 223–234.

Cohen, R./Ehrenstein, W./Heister, G. [1982b]. Trail Making Test and visual search. *Archiv für Psychiatrie und Nervenkrankheiten 232,* 333–338.

Cohen, R./Glöckner, A./Lutz, M./Maier, T./Meier, E. [1983]. Cognitive impairments in aphasia: new results and new problems. In: R. Bäuerle/C. Schwarze/A. von Stechow, *Meaning, use, and interpretation of language.* Berlin/New York: de Gruyter.

Collins, A. M./Quillian, M. R. [1969]. Retrieval time from semantic memory. *Journal of Verbal Learning and verbal Behavior 8,* 240–247.

Coltheart, M. [1984]. Editorial. *Cognitive Neuropsychology 1,* 1–8.

Corkin, S. [1979]. Hidden Figures Test performance: Lasting effects of unilateral penetrating head injury and transient effects of bilateral cingulotomy. *Neuropsychologia 17,* 585–605.

Daniloff, J. K./Noll, J. D./Lloyd, L. L. [1982]. Gesture recognition in patients with aphasia. *Journal of Speech and Hearing Disorders 47,* 43–49.

De Bleser, R. [Im Druck]. Localization of aphasia: science or fiction? In: G. Denes/C. Semenza/P. Bisiacchi/E. Andreewsky (Hrsg.), *Perspectives in Cognitive Neuropsychology.* Hillsdale, N. J.: Lawrence Erlbaum.

De Renzi, E./Vignolo, L. [1962]. The Token Test: A sensitive test to detect receptive disturbances in aphasics. *Brain 85,* 665–678.

De Renzi, E./Faglioni, P./Savoiardo, M./Vignolo, L. A. [1966]. The influence of aphasia and of the hemispheric side of the cerebral lesion on abstract thinking. *Cortex 2,* 399–420.

De Renzi, E./Spinnler, H. [1967]. Impaired performance on color tasks in patients with hemispheric damage. *Cortex 3,* 194–217.

De Renzi, E./Faglioni, P./Scotti, G./Spinnler, H. [1972]. Impairment in associating colour to form, concomitant with aphasia. *Brain 95,* 293–304.

De Renzi, E./Faglioni, P. [1978]. Normative data and screening power of a shortened version of the Token Test. *Cortex 14,* 41–49.

De Renzi, E./Faglioni, P./Previdi, P. [1978]. Increased susceptibility of aphasics to a distractor task in the recall of verbal commands. *Brain and Language 6,* 14–21.

Doehring, D. G./Duddley, J. G./Coderre, L. [1967]. Programmed instruction in picture sound association for the aphasic. *Folia Phoniatrica 19,* 414–426.

Doehring, D. G./Swisher, P. [1972]. Disturbances of connotative meaning in aphasia. *Journal of Communication Disorders 5,* 251–258.

Drews, E. [1984]. *Organization of lexical knowledge in the left and right hemisphere.* Paper presented at the 7th INS European Conference, Aachen, W-Germany.

Duddley, J. G. [1974]. *Changes of connotative and denotative meaning associated with aphasia.* Dissertation Mc Gill University, Canada.

Duffy, R. J./Buck, R. W. [1979]. A study of the relationship between propositional (pantomime) and subpropositional (facial expression) extraverbal behaviors in aphasics. *Folia Phoniatrica 31,* 129–136.

Duffy, R. J./Duffy, J. R. [1981]. Three studies of deficits in pantomimic expression and pantomimic recognition in aphasia. *Journal of Speech and Hearing Research 24,* 70–84.

Duffy, J. R./Watkins, L. B. [1984]. The effect of response choice relatedness on pantomime and verbal recognition ability in aphasic patients. *Brain and Language 21,* 291–306.

Elias, J. W./Yandell, L./Kavacos, N. [1982]. Cerebral asymmetry in word-object matching by appearance and by function. *Neuropsychologia 20,* 215–218.

Faglioni, P./Spinnler, H./Vignolo, L. A. [1969]. Contrasting behavior of right and left hemisphere-damaged patients on a discriminative and a semantic task of auditory recognition. *Cortex 5,* 366–389.

Fodor, J. A. [1983]. *The modularity of mind.* Cambridge, Mass.: MIT Press.

Fodor, J. A. [1985]. Precis of the modularity of mind. *Behavioral and Brain Sciences 3,* 1–42.

Gardner, H./Denes, G. [1973]. Connotative judgments by aphasic patients on a pictorial adaptation of the semantic differential. *Cortex 9,* 183–196.

Geschwind, N. [1980]. Some comments on the neurology of language. In: D. Caplan (Hrsg.), *Biological studies of mental processes.* Cambridge, Mass: MIT Press.

Glucksberg, S. [1984]. Commentary: the functional equivalence of common and multiple codes. *Journal of Verbal Learning and Verbal Behavior 23,* 100–104.

Goldstein, K. [1942]. *After effects of brain injuries in war.* New York: Grune & Stratton.

Goodglass, H. [1976]. Agrammatism. In: H. Whitaker/H. A. Whitaker (Hrsg.), *Studies in Neurolinguistics,* Vol. 1. New York: Academic Press.

Goodglass, H./Baker, E. [1976]. Semantic field, naming, and auditory comprehension in aphasia. *Brain and Language 3,* 359–374.

Gottschaldt, K. [1927]. Über den Einfluß der Erfahrung auf die Wahrnehmung von Figuren. *Psychologische Forschung 8,* 261–317.

Grober, E./Perecman, E./Kellar, L./Brown, J. [1980]. Lexical knowledge in anterior and posterior aphasics. *Brain and Language 10,* 318–330.

Grossman, M. [1980]. The aphasics' identification of a superordinate's referent with basic object level and subordinate level terms. *Cortex 16,* 459–469.

Grossman, M. [1981]. A bird is a bird is a bird: Making reference within and without superordinate categories. *Brain and Language 12,* 313–331.

Grüsser, O./von Hartrott, H./Heeschen, C./Reischies, F. [1982]. *A note on a nonverbal version of the Token Test.* Physiol. Inst., Freie Universität Berlin.

Gutbrod, K./Mager, B./Meier, E./Cohen, R. [1985]. Cognitive Processing of tokens and their description in aphasia. *Brain and Language 25,* 37–51.

Hartje, W./Orgass, B./Poeck, K./Kerschensteiner, M. [1974]. Störungen des visuellen Erkennens nach einseitiger Hirnschädigung. *Nervenarzt 45,* 67–72.

Heeschen, C. [1985]. L'asyntaxie est une. In: M.-L. Kean (Hrsg.), *Agrammatism: Perspectives in neurolinguistics.* New York: Academic Press.

Heeschen, C. [1979]. On the representation of classificatory and propositional lexical relations in the human brain. In: R. Bäuerle/U. Egli/A. von Stechow (Hrsg.), *Semantics from different points of view.* Berlin: Springer.

Heeschen, C./Jürgens, R. [1977]. Pragmatic-semantic and syntactic factors influencing ear differences in dichotic listening. *Cortex 13,* 74–83.

Hines, D./Sawyer, P. K./Dura, J./Gilchrist, J./Czerwinski, M. [1984]. Hemispheric asymmetry in the use of semantic category information. *Neuropsychologia 22,* 427–433.

Huber, W. [1981]. Semantic confusions in aphasia. In: B. Rieger, (Hrsg.), *Empirical Semantics.* Bochum: Brockmeyer.

Huber, W./Poeck, K./Weniger, D./Willmes, K. [1984]. *Aachener Aphasie Test (AAT).* Göttingen: Hogrefe.

Jones, G. V. [1983]. Identifying basic categories. *Psychological Bulletin 94,* 423–428.

Katz, A. N. [1978]. Differences in the saliency of sensory features elicited by words. *Canadian Journal of Psychology 32,* 156–178.

Kean, M.-L. [1979]. Agrammatism: a phonological deficit? *Cognition 7,* 69–84.

Kelter, S./Cohen, R./Engel, D./List, G./Strohner, H. [1976]. Aphasic disorders in matching tasks involving conceptual analysis and covert naming. *Cortex 12,* 383–394.

Kelter, S./Cohen, R./Engel, D./List, G./Strohner, H. [1977]. The conceptual structure of aphasic and schizophrenic patients in a nonverbal sorting task. *Journal of Psycholinguistic Research 6,* 279–303.

Klein, B. von Eckhardt [1977]. Inferring functional localization from neurological evidence. In: E. Walker (Hrsg.), *Explorations in the biology of language.* Montgomery, VT: Bradford Books.

Klix, F. [1978]. On the representation of semantic information in human long-term-memory. *Zeitschrift für Psychologie 186,* 26–38.

Klix, F./Kukla, F./Klein, R. [1980]. Zur Frage der Unterscheidbarkeit von Klassen semantischer Relationen im menschlichen Gedächtnis. In: M. Bierwisch (Hrsg.), *Psychologische Effekte sprachlicher Strukturkomponenten.* München: Fink Verlag.

Koemeda-Lutz, M. [1985]. *Struktur und Abruf von semantischem Wissen bei Aphasikern.* Dissertation, Universität Konstanz. Konstanz: Hartung-Gorre Verlag.

Kolers, P. A./Brison, S. J. [1984]. Commentary: on pictures, words, and their mental representation. *Journal of Verbal Learning and Verbal Behavior 23,* 105–113.

Kolk, H. J./Frederici, A. D. [1985]. Strategy and impairment in sentence understanding by Broca's and Wernicke's aphasics. *Cortex 21,* 47–67.

Kreindler, A./Gheorgita, N./Voinescu, I. [1971]. Analysis of verbal reception of a complex order with three elements in aphasics. *Brain 94,* 375–380.

Lawrence, S./Stein, D. [1978]. Recovery after brain damage and the concept of localization of function. In: S. Finger (Hrsg.), *Recovery from brain damage.* New York: Plenum Press.

Lebrun, Y./Hoops, R. [1974]. *Intelligence and aphasia. (Neurolinguistics 2).* Amsterdam: Swets and Zeitlinger B.V.

Lenneberg, E. H./Roberts, J. M. [1956]. *The language of experience: A study in methodology.* (Memoir 13, Indiana University Publications in Anthropology and Linguistics.)

Lesser, R. [1976]. Verbal and non-verbal memory components in the Token Test. *Neuropsychologia 14,* 79–85.

Levy, J./Trevarthen, C. [1976]. Metacontrol of hemispheric function in human split-brain patients. *Journal of Experimental Psychology: Human Perception and Performance 2,* 299–312.

Liles, B./Brookshire, R. [1975]. The effects of pause time on auditory comprehension of aphasic subjects. *Journal of Communication Disorders 8,* 221–235.

Malt, B. C./Smith, E. E. [1984]. Correlated properties in natural categories. *Journal of Verbal Learning and Verbal Behavior 23,* 250–269.

Marin, O. S./Saffran, E. M./Schwartz, M. F. [1976]. Dissociations of language in aphasia: implications for normal function. *Annals of the New York Academy of Sciences 280,* 868–884.

Martino, A./Pizzamiglio, L./Razzano, C. [1976]. A new version of the Token Test for aphasics: A concrete objects form. *Journal of Communication Disorders 9,* 1–5.

Mc Fie, J./Piercy, M. F. [1952]. The relation of laterality of lesion to performance on Weigl's Sorting Test. *Journal of Mental Science 98,* 229–305.

Meier, E. [1985]. *Short-term memory of aphasics in comparing token stimuli.* Unveröffentlichte Dissertation, Universität Konstanz.

Milberg, W./Blumstein, S. [1981]. Lexical decision and aphasia: Evidence for semantic processing. *Brain and Language 14,* 371–385.

Moscovitch, M. [1979]. Information processing and the cerebral hemispheres. In: M. S. Gazzaniga (Hrsg.), *Handbook of behavioral neurobiology,* Vol. 2: *Neuropsychology* New York: Plenum Press.

Naumann, E. [1978]. *Eine Untersuchung zur Konstruktvalidität des Token Tests.* Unveröffentlichte Diplomarbeit, Universität Konstanz.

Naumann, E./Kelter, S./Cohen, R. [1980]. Zum Einfluß mnestischer, semantischer und konzeptueller Faktoren auf die Leistungen aphasischer Patienten im Token Test. *Archiv für Psychiatrie und Nervenkrankheiten 228,* 317–328.

Nelson, D. L./Reed, V. S./Mc Evoy, C. L. [1977]. Learning to order pictures and words: a model of sensory and semantic encoding. *Journal of Experimental Psychology: Human Learning and Memory 3,* 485–497.

Orgass, B. [1976a]. Eine Revision des Token Test. I. Vereinfachung der Auswertung, Itemanalyse und Alterskorrektur. *Diagnostica 22,* 70–87.

Orgass, B. [1976b]. Eine Revision des Token Test. II. Validitätsnachweis, Normierung und Standardisierung. *Diagnostica 22,* 141–156.

Orgass, B./Poeck, K./Kerschensteiner, M./Hartje, W. [1972]. Visuo-cognitive performances in patients with unilateral hemispheric lesions. *Zeitschrift für Neurologie 202,* 177–195.

Paivio, A. [1971]. *Imagery and verbal processes.* New York: Holt, Rinehart and Winston.

Paivio, A. [1978]. A dual coding approach to perception and cognition. In: H. L. Pick/E. Saltzman (Hrsg.), *Models of perceiving and processing information.* Hillsdale, N. J.: LEA.

Peck-Swisher, L./Taylor-Sarno, M. [1969]. Token Test scores of three matched patient groups; Left-brain-damaged with aphasia, right-brain-damaged without aphasia, non-brain-damaged. *Cortex 5,* 264–273.

Pizzamiglio, L./Carli, R. [1974]. Visual, tactile and acoustic embedded figures tests in patients with unilateral brain damage. *Cortex 10,* 238–246.

Poeck, K./Kerschensteiner, M./Hartje, W./Orgass, B. [1973]. Impairment in visual recognition of geometric figures in patients with circumscribed retrorolandic brain lesions. *Neuropsychologia 11,* 311–317.

Poeck, K./Hartje, W. [1979]. Performance of aphasic patients in visual versus auditory presentation of the Token Test: Demonstration of a supramodal deficit. In: F. Boller/M. Dennis (Hrsg.), *Auditory comprehension. Clinical and experimental studies with the Token Test.* New York: Academic Press, 107–117.

Poeck, K./Pietron, H. [1981]. The influence of stretched speech presentation on Token Test performance of aphasic and right brain damaged patients. *Neuropsychologia 19,* 133–136.

Poeck, K. [1983]. What do we mean by „aphasic syndromes"? A neurologist's view. *Brain and Language 20,* 79–89.

Poeck, K./De Bleser, R./Keyserlingk, D. Graf von [1984]. CT-localization of standard aphasic syndromes. In: F. C. Rose (Hrsg.), *Advances in Neurology,* Vol. 42: *Progress in Aphasiology.* New York: Raven Press.

Potter, M. C. [1979]. Mundane symbolism: The relations among objects, names, and ideas. In: N. R. Smith/M. B. Franklin (Hrsg.), *Symbolic functioning in childhood.* Hillsdale, N. J.: Erlbaum.

Powell, T. P. S. [1981]. Certain aspects of the intrinsic organization of the cerebral cortex. In: O. Pompeiano/C. Ajmone Marsan (Hrsg.), *Brain mechanisms of perceptual awareness and purposeful behavior.* New York: Raven Press.

Pylyshyn, Z. W. [1973]. What the mind's eye tells the mind's brain: a critique of mental imagery. *Psychological Bulletin 80,* 1–24.

Reitan, R. M. [1959]. *A manual for the administration and scoring of the Trail Making Test.* Bloomington, Indiana: Indiana University Press.

Rosch, E./Mervis, C. B. [1975]. Family resemblances: Studies in the internal structure of categories. *Cognitive Psychology 7,* 573–605.

Rothi, L. J./Horner, J. [1983]. Restitution and substitution: two theories of recovery with application to neurobehavioral treatment. *Journal of Clinical Neuropsychology 5,* 73–81.

Russo, M./Vignolo, L. A. [1967]. Visual figure-ground discrimination in patients with unilateral cerebral disease. *Cortex 3,* 113–127.

Saffran, E. M. [1982]. Neuropsychological approaches to the study of language. *British Journal of Psychology 73,* 317–337.

Schwartz, L. [1978]. Sign comprehension in global aphasia. *Cortex 14,* 112–118.

Sergent, J. [1984]. Inferences from unilateral brain damage about normal hemispheric functions in visual pattern recognition. *Psychological Bulletin 96,* 99–115.

Seron, X. [1982]. Introduction toward a cognitive neuropsychology. *International Journal of Psychology 17,* 149–156.

Seymour, P. H. K. [1973]. A model for reading, naming, and comparison. *British Journal of Psychology 64,* 35–49.
Snodgrass, J. G. [1984]. Concepts and their surface representations. *Journal of Verbal Learning and Verbal Behavior 23,* 3–22.
Spinnler, H./Vignolo, L. A. [1966]. Impaired recognition of meaningful sounds in aphasia. *Cortex 2,* 337–348.
Stein, D. G./Rosen, J. J./Butters, N. (Hrsg.) [1974]. *Plasticity and recovery of functions in the CNS.* New York: Academic Press.
Stephenson, G. R./Heller, D. P. [1979]. Cross-modal integration following stroke: Cognitive strategy reflects laterality of brain damage. *Journal of Clinical Neuropsychology 1,* 323–330.
Strohner, H./Cohen, R./Kelter, S./Woll, G. [1978]. ‚Semantic' and ‚acoustic' errors of aphasic and schizophrenic patients in a sound-picture matching task. *Cortex 14,* 391–403.
Te Linde, J. [1982]. Picture-word differences in decision latency: a test of common coding assumptions. *Journal of Experimental Psychology: Learning, Memory, and Cognition 8,* 584–598.
Teuber, H.-L./Weinstein, S. [1956]. Ability to discover hidden figures after cerebral lesions. *Archives of Neurology and Psychiatry 76,* 369–379.
Tucker, D. M. [1981]. Lateral brain function, emotion, and conceptualization. *Psychological Bulletin 89,* 19–46.
Tversky, A. [1977]. Features of similarity. *Psychological Review 84,* 327–352.
Van Dongen, H./Van Harskamp, F. [1972]. The Token Test: A preliminary evaluation of a method to detect aphasia. *Psychiatria, Neurologia, Neurochirurgia 75,* 129–134.
Vanderwart, M. [1984]. Priming by pictures in lexical decision. *Journal of Verbal Learning and Verbal Behavior 23,* 67–83.
Varney, N. R. [1980]. Sound recognition in relation to aural comprehension and reading comprehension in aphasic patients. *Journal of Neurology, Neurosurgery, and Psychiatry 43,* 71–75.
Varney, N. R./Benton, A. L. [1982]. Qualitative aspects of pantomime recognition defect in aphasia. *Brain and Cognition 1,* 132–139.
Warren, C./Morton J. [1982]. The effects of priming on picture recognition. *British Journal of Psychology 73,* 117–129.
Warrington, E. K./James, M. [1967]. Disorders of visual perception in patients with localized cerebral lesions. *Neuropsychologia 5,* 253–266.
Warrington, E. K./Rabin, P. [1970]. Perceptual matching in patients with cerebral lesions. *Neuropsychologia 8,* 475–487.
Warrington, E. K./Taylor, A. M. [1973]. The contribution of the right parietal lobe to object recognition. *Cortex 9,* 152–164.
Warrington, E. K./Taylor, A. M. [1978]. Two categorical stages of object recognition. *Perception 7,* 695–705.
Wayland, S./Taplin, J. E. [1982]. Nonverbal categorization in fluent and nonfluent anomic aphasics. *Brain and Language 16,* 87–108.
Weigl, E. [1927]. Zur Psychologie sogenannter Abstraktionsprozesse. I. Untersuchungen über das ‚Ordnen'. *Zeitschrift für Psychologie 103,* 1–45.
Weinstein, S. [1964]. Deficits concomitant with aphasia or lesions of either cerebral hemisphere. *Cortex 1,* 154–169.
Willmes, K. [1981]. A new look at the Token Test using probabilistic test models. *Neuropsychologia 19,* 631–645.

Woll, G./Naumann, E./Cohen, R./Kelter, S. [1976]. Kreuzvalidierung der Revision des Token Tests durch Orgass. *Diagnostica 22,* 157–162.

Woll, G./Cohen, R./Kelter, S. [1979]. Eine Untersuchung zur Konzeptfindung aphatischer Patienten. *Zeitschrift für Klinische Psychologie 8,* 221–233.

Woll, G./Cohen, R./Heister, G. [1980]. Zur semantischen Organisation des Lexikons bei Aphasikern. *Nervenarzt 51,* 561–567.

Zangwill, O. L. [1964]. Intelligence in aphasia. In: A. V. S. de Reuck/M. O'Connor (Hrsg.), *Ciba Symposium on disorders of language.* London: Churchill.

Zurif, E. B./Caramazza, A./Meyerson, R./Galvin, J. [1974]. Semantic feature representations for normal and aphasic language. *Brain and Language 1,* 167–187.

Pronomina, Textinterpretation und Übersetzen

Peter E. Pause (Projekt E2)

1 *Einleitung*

Im folgenden wird ein Modell des Textverstehens (TUM) als Kernbestandteil eines Übersetzungssystems beschrieben. Die Auflösung anaphorischer Bezüge wird als paradigmatisch für die dabei auftretenden Interpretationsprobleme angesehen. Die leitenden Fragen sind: Welche Interpretationsaufgaben müssen im einzelnen gelöst werden, auf welche grundlegenden Prinzipien lassen sie sich zurückführen und wie können sie modelliert werden? Einige allgemeine Überlegungen sollen zunächst in die Problematik einführen.

1.1 *Pronominale Anaphern im Text*

Über die Interpretation anaphorisch verwendeter Pronomen – wir betrachten hier in der Hauptsache Personal- und Possessivpronomen der 3. Person (P-Pronomen) – sagt uns die Satzgrammatik (ich meine besonders die generative Syntax und die wahrheitsfunktionale Semantik) nur wenig und dies auch nur in einem negativen Sinn. Außer der Bedingung der morphologischen Kongruenz zwischen Pronomen und seinem Antezedens (die nicht einmal absolut zu gelten braucht, vgl. Sequenzen wie „das Mädchen .... Sie...") gibt es einige negative Beschränkungen im Satz, wie die Regel der disjunkten Referenz oder Regeln der syntaktischen Prominenz, die z. B. Bezüge wie in (1) oder in (2) ausschließen sollen:

(1) **Felix*$_i$ *bittet ihn*$_i$ *um einen Schuß.*

(2) **Er*$_i$ *glaubt, daß Felix*$_i$ *süchtig ist.*

Diese „konfigurationellen" Beschränkungen können über syntaktische Strukturen – u. a. mit Hilfe des Begriffs der K-Herrschaft – oder über semantische Funktor-Argument-Strukturen formuliert werden. Auch sie sind nicht als absolute Regeln zu verstehen, sie haben Ausnahmen in spezifischen Kontexten.[1]

Positive Kriterien für den Bezug dieser Pronomen im Text lassen sich mit Hilfe konfigurationeller satzinterner Eigenschaften nicht definieren, es sei denn, ein Pronomen ist als gebundene Variable interpretierbar z. B. im Bereich einer quantifizierten Nominalphrase.[2] Es stellt sich daher die Frage, ob der Bezug von P-Pronomen im Text über die erwähnten satz-konfigurationellen Beschränkungen hinaus überhaupt von sprachlich strukturellen Faktoren abhängig ist oder nicht vielmehr von pragmatischen Faktoren, insbesondere – wie oft angeführt wird – von der Plausibilität des jeweils vorliegenden inhaltlichen Zusammenhangs. Beliebig gewählte Beispiele zeigen jedoch sofort, daß diese Hypothese nicht zu befriedigenden Erklärungen führt:

(3) *Max hatte sich mit Günter auf dem Marktplatz vor der Eisbude am Dom verabredet. Als* er_1 *am Fischstand vorbeiging, traf* er_2 *Egon, einen ehemaligen Schulkameraden, mit seinem Vater.* Er_3 *stand vor der Bude und kaufte gerade ein Eis.*

Mit Hilfe der Plausibilitätsthese läßt sich sicher erklären, warum sich er_1 nicht auf *Marktplatz* oder *Dom* bezieht. Es dürfte allerdings sehr viel schwieriger sein, allein aufgrund des Textinhalts zu begründen, warum sich er_1 mit größter Wahrscheinlichkeit auf *Max* und nicht auf *Günter* bezieht, warum es kaum möglich erscheint, die Bezüge von er_1 und er_2 (bei normaler Betonung!) verschieden zu bestimmen, z. B. er_1 auf *Max* und er_2 auf *Günter* bzw. umgekehrt zu beziehen. Für er_3 als Antezedens *Günter* zu wählen, wäre vom Inhalt des Textes her gesehen durchaus plausibel, aber dieser Bezug erscheint uns kaum möglich, nachdem im Text zwischen diesen beiden Nominalphrasen von Egon und seinem Vater die Rede ist. Beschränkungen der letzteren Art scheinen fast ebenso streng zu sein wie die satz-konfigurationellen, und sie beziehen sich offensichtlich auf die Organisation, die Struktur des Textes.

Daß außer satz-konfigurationellen andere strukturelle neben inhaltlichen Faktoren für die Interpretation anaphorischer Ausdrücke im Text eine Rolle spielen, läßt sich anhand sogenannter „Stilblüten" besonders deutlich machen:

(4) *An den Chef der 3. Kompanie!*
Ich habe mich drei Jahre zu den Soldaten verpflichtet. Jetzt werde ich Vater. Kann ich das *noch rückgängig machen?*[3]

Aufgrund struktureller Faktoren beziehen wir die Anapher *das* in (4) auf den direkt vorausgehenden Satz. Der inhaltliche Zusammenhang jedoch weist auf den ersten Satz des Textes als das wohl auch intendierte Antezedens hin. In normalen Texten treten

---

[1] Vgl. Reinhart [1983], Bach/Partee [1980].

[2] Es gilt allerdings nicht, daß jedes Pronomen, das sich auf eine quantifizierte Nominalphrase bezieht, auch als gebundene Variable interpretierbar ist, wie die sogenannten „Eselsätze" zeigen (vgl. Egli in diesem Band und Reinhart [1983], S. 116ff.).

[3] Eine weitergehende Diskussion dazu findet sich in Pause [1984].

diese beiden Faktorentypen eben nicht in Konkurrenz zueinander auf, sondern spielen bei der Anapherninterpretation zusammen.

Die Frage ist, welche Faktoren in welcher Weise bei der Anapherninterpretation zusammenwirken und welche Regeln wir dafür zugrunde legen können. Ein Grundsätzliches Problem tritt dabei zutage: Ein Text ist mehr oder weniger gut und auch nicht immer für jede Person als Adressaten gleich gut gemacht. So ist etwa im folgenden Beispiel der Bezug des Possessivpronomens mehrdeutig:

(5) *Rank Xerox unterstützt den Kunden bei der Arbeit am System, soweit es* seine *Ressourcen zulassen.*
(Aus einem Angebotsschreiben der Firma Rank Xerox)

Je nach Äußerungskontext und Hintergrundwissen des Lesers wird *Rank Xerox* oder *Kunde* mehr oder weniger deutlich als Antezedens in Frage kommen. Dies bedeutet letztlich, daß es keine absolut geltenden Regeln für anaphorische Bezüge in Texten geben kann, die etwa (textgrammatisch) korrekte genau von inkorrekten Verwendungen von Pronomen zu unterscheiden erlauben. Anaphorische Bezüge im Text können mehr oder weniger und für verschiedene Empfänger verschieden evident sein und beeinflussen damit u. a. die Verständlichkeit eines Textes. Trotzdem sagt uns unsere sprachliche Intuition, daß es grundlegende Prinzipien für den anaphorischen Gebrauch von Pronomen in Texten geben muß. Die Frage ist, welche Prinzipien dies sind und welche Rolle die sprachliche Struktur in ihnen spielt.

1.2 *Zur Dynamik der Textinterpretation*

Aus dem bisher Gesagten wird deutlich, daß eine systematische Beschreibung und Erklärung anaphorischer Bezugnahme in Texten allein mit satzgrammatischen Methoden linguistisch kaum interessant ist. Sie würde darauf hinauslaufen, daß man etwa einem P-Pronomen alle morphologisch passenden Nominalphrasen, die nicht durch die konfigurationellen Beschränkungen ausgeschlossen werden, in gleicher Weise als mögliche Antezedentien zuordnet und den Text – der sprachlichen Intuition zuwider – ad hoc als in hohem Maße mehrdeutig beschreibt.

Ein Text ist aber normalerweise nicht lesarten-neutral, sondern weist, wie wir gesehen haben, auf bestimmte referentielle Zusammenhänge und damit auf eine bestimmte satzübergreifende Interpretation hin. Dies gilt nicht nur im Hinblick auf die Deutung anaphorischer Beziehungen, die besonders die referentielle Kontinuität im Text sichern, sondern gleichermaßen für inhaltliche Zusammenhänge:

(6) *Hans hat die Schule verlassen und ist* $\left\{\begin{matrix} \textit{ans} \\ \textit{ins} \end{matrix}\right\}$ *Theater gegangen.*[4]

(7) *Hans hat die Schule verlassen … Er ist* $\left\{\begin{matrix} \textit{ans} \\ \textit{ins} \end{matrix}\right\}$ *Theater gegangen.*

[4] Dieses Beispiel stammt von Bierwisch [1983].

Abhängig davon, welche Formulierung und damit welche Interpretation im zweiten Teilsatz von (6) gewählt wird *(ans Theater:* Theater als Institution, *ins Theater:* Theater als Gebäude), wird erst die Interpretation von *Schule* und *verlassen* im vorausgehenden Teilsatz festgelegt. Die gleichen inhaltlichen Bezüge können auftreten, wenn die betreffenden Ausdrücke in verschiedenen Sätzen eines Textes aufeinander folgen, auch wenn dann die sich gegenseitig ergänzenden und stützenden Hinweise auf bestimmte Lesarten normalerweise von mehr Faktoren abhängig und nicht in jedem Falle gleich zwingend sein werden: es kommt dabei z. B. darauf an, was zwischen den beiden in (7) vorkommenden Sätzen steht und was beispielsweise als Antezedens von *er* im zweiten Satz zu wählen ist. Wie man sich leicht vorstellen kann, ist es gleichzeitig möglich, daß die Wahl des Antezedens für dieses Pronomen u. a. gerade von den in (7) vorliegenden inhaltlichen Zusammenhängen bestimmt wird. Lokale Interpretationsmöglichkeiten im Text verweisen so gegenseitig aufeinander und fügen sich zu einer kohärenten Gesamtinterpretation zusammen.

Ein Text hat also ein über die von der kompositionellen Satzsemantik postulierte strukturelle Satzbedeutung hinausgehendes Bedeutungspotential. Die Satzsemantik macht keine Aussage darüber, wie sich die Bedeutung der elementaren Ausdrücke (Wörter) im Satz oder Text ergibt, und sie kann, da sie nur einen kompositionellen Aspekt – die Zusammensetzung der komplexen Bedeutung aus ihren einfacheren Bestandteilen – im Auge hat, nicht beschreiben, wie beliebig komplexe Ausdrücke im Text die Bedeutung anderer, auch elementarer Ausdrücke bestimmen können. Eine Textsemantik muß demnach einem Text nicht nur eine desambiguierte semantische Repräsentation zuordnen, sondern z. B. auch Regeln und Verfahren zur Desambiguierung sprachlicher Ausdrücke bereitstellen. Das Zusammenspiel verschiedener Teilinformationen zu einer kohärenten Gesamtinterpretation in einem Text läßt sich dann nur unter der Bedingung rekonstruieren, daß Kontexte nicht mehr wie in der Satzsemantik als abstrakte semantische Bestimmungsgrößen vorgegeben werden, sondern als sich im Interpretationsprozeß laufend dynamisch verändernde Komponenten, die dieses Zusammenspiel „aktiv" mitbestimmen. Ein besonders interessantes linguistisches Problem ist in diesem Rahmen, wie z. B. das semantische Lexikon strukturiert sein muß, um die inhaltlichen Zusammenhänge eines Textes (re-)konstruieren, ihn in einen kohärenten inhaltlichen Zusammenhang stellen zu können.

Dabei rückt das schon genannte Problem in den Vordergrund, daß eine Textinterpretation im hier angedeuteten Sinne im allgemeinen abhängig ist vom vorausgesetzten Hintergrundwissen des Adressaten. Dies gilt zwar immer nur relativ zu dem eng umgrenzten Interpretationsspielraum, der vom Bedeutungspotential des Textes festgelegt wird, die Interpretation ergibt sich aber erst aus dem Herstellen eines Zusammenhangs zwischen Textinformation und Hintergrundinformation und zwischen sprachlichem und nicht-sprachlichem Wissen des Empfängers. Eine Interpretation in diesem Sinne ist also nicht neutral bezüglich Sender und Empfänger, sondern gerichtet und Kern dessen, was mit dem Verstehen eines Textes gemeint ist.

1.3 Textverstehen und Übersetzen

Die Fragen, was eine sprachliche Äußerung bedeutet und wie sich eine Übersetzung dieser Äußerung in einer anderen Sprache charakterisieren läßt, sind eng miteinander verknüpft: „Wenn Du wissen willst, was die Bedeutung einer Äußerung ist, dann sieh nach, was bei ihrer Übersetzung erhalten bleibt"; so etwa würde ein Philosoph die erste Frage beantworten. Zur zweiten Frage würde ein Linguist vielleicht feststellen: „Zwei Äußerungen sind normalerweise Übersetzungen voneinander, wenn sie die gleiche Bedeutung haben." Bei der Modellierung des Übersetzungsvorgangs werden wir also voraussichtlich nicht nur die Fähigkeit des Übersetzens und damit die Sprachkompetenz im allgemeinen näher charakterisieren, sondern auch Rückschlüsse darauf ziehen können, was wir als Bedeutungen sprachlicher Äußerungen (wie) rekonstruieren müssen. Die Möglichkeit des Übersetzens eines Textes hängt im allgemeinen wesentlich davon ab, daß der Übersetzer den Text (im oben genannten Sinn) versteht, d. h. daß er ihm eine kohärente Interpretation zugrunde legen kann:

(8) *Hans konnte sich noch genau daran erinnern, daß sein* Großvater *in dem Jahr starb, in dem er zur Schule kam. Seine Mutter war sehr traurig und niedergedrückt. Sie machte sich Sorgen darüber, wie ihre Mutter jetzt allein zurechtkommen würde.*

Will ein Übersetzer den Text (8) z. B. ins Schwedische übersetzen, so muß er sich bei der Übersetzung von *Großvater* für „morfar" („Großvater mütterlicherseits") oder „farfar" („Großvater väterlicherseits") entscheiden. Er wird aufgrund der Struktur und des Inhalts unseres Textes wahrscheinlich zu dem Schluß kommen, daß – da im letzten Satz von (8) offensichtlich von der Frau des Großvaters, der Mutter von Hans' Mutter, die Rede ist – als Übersetzung von *Großvater* „morfar" zu wählen ist. Die Übersetzung hängt in solchen Fällen also in hohem Maße von der Erschließung der referentiellen und inhaltlichen Zusammenhänge des Textes ab. Daß die Übersetzung von Pronomen in Texten analoge Probleme aufwerfen kann, zeigt das folgende Beispiel:

(9) *Zweifellos liebt er Frankreich, dessen Gastlichkeit er in seiner Jugend genossen hat. Er bewundert* sein *Volk und seine Wissenschaftler, seine Hauptstadt und seinen König, François I.*[5]

Bei einer Übersetzung von (9) ins Englische wird man je nachdem, was als Antezedens für das Possessivpronomen *sein* in Frage kommt – *er* oder *Frankreich* – die Übersetzung „his" oder „its" wählen (in diesem Text aufgrund des Gesamtzusammenhangs offensichtlich „its"). Die Auflösung pronominaler Bezüge in einem Textverstehensmodell ist also nicht nur indirekt Voraussetzung für die Behandlung von Übersetzungsproblemen im spezifischen Übersetzungsschritt (im Transfer, vgl. u.), sondern kann darüber hinaus direkt als Modellfall für die Lösung bestimmter Übersetzungsprobleme dienen.

---

[5] Der Text ist aus: Léon-E. Halkin: Erasmus und Europa. *Europäische Hefte 2* (1978), 11–13.

Das Verstehen eines Textes im allgemeinen läßt sich schwer definitorisch begrenzen: Wann hat jemand einen Text verstanden? Wie weit (tief) geht das Einordnen eines Textes in einen sinnvollen Zusammenhang? etc. Solche Fragen sind sicher nur ziel- oder zweckabhängig zu beantworten. In unserem Fall schränkt der Zweck des Übersetzens das Verstehen eines Textes auf die für die Operation der Übersetzung jeweils notwendigen Interpretationsaufgaben ein.

2 *Prinzipien pronominaler Bezugnahme in Texten*

In diesem Kapitel wollen wir genauer auf die Faktoren eingehen, die die Bezugnahme von Personalpronomen in Texten steuern. Ein Beispiel soll zunächst einen Einblick verschaffen; dann werden systematisch die verschiedenen Faktoren eingeführt, die sich nach bisherigen Untersuchungen als besonders wichtig herauskristallisiert haben. Anschließend werden wir versuchen, die einzelnen Faktoren und ihre Funktion beim Verstehen pronominaler Bezüge auf grundlegende Zusammenhänge zurückzuführen.

2.1 *Ein Beispiel*

Schauen wir uns den folgenden Bericht über eine UFO-Beobachtung an, der ein besonders typisches Beispiel für die Verwendung eines Personalpronomens enthält:

(10) *Um 23.59 tauchte überm Horizont am Himmel ein leuchtender erbsengroßer Gegenstand auf, der südwärts flog und eine breite zickzackförmige Spur zurückließ. Dann drehte dieser Gegenstand plötzlich schroff nach Osten ab, wobei die von* ihm *hinterlassene Spur die Form von zwei Sicheln annahm. Dann brach die Spur ab, der Gegenstand aber flog weiter.*[6]

Neben den morphologischen Merkmalen wird man in bezug auf das für *ihn* in Frage kommende Antezedens sicherlich ein Prinzip der Nähe anführen. Ein Antezedens kann im allgemeinen – darauf haben wir einleitend schon hingewiesen – nicht unbeschränkt weit vom Pronomen entfernt im Text stehen: es gibt eine Präferenz für Antezedenskandidaten, die möglichst nahe beim Pronomen stehen. Dieses Nähe-Prinzip gilt, wie man sofort sieht, nicht absolut, sondern relativ zu anderen intervenierenden Faktoren.

So werden etwa durch die (in 1.1 erwähnten) konfigurationellen Beschränkungen relativ nah beim Pronomen im gleichen Satz vorkommende Nominalphrasen als mögliche Antezedentien normalerweise ausgeschlossen. Die in unserem Beispieltext dem

[6] Eine ausführliche Diskussion dieses Beispiels findet sich in Hauenschild/Pause [1983], Engelberg et al. [1984].

Pronomen am nächsten stehende passende Nominalphrase ist *nach Osten.* Auf eine solche lokale Adverbialbestimmung beziehen wir uns jedoch meist mit Hilfe einer Lokalanapher wie *dort, dorthin* oder *dahin,* und nicht mit einem Personalpronomen. Analog läßt sich in bezug auf die Nominalphrasen *am Himmel* und *überm Horizont* im ersten Satz des Textes argumentieren.

Diese zuletzt genannte Einschränkung wird noch verstärkt durch den Faktor, daß wir uns mit Personalpronomen meist auf Referenzobjekte beziehen, über die im Text in prominenter Weise geredet wird, die relativ thematisch im Text sind (und dies sind im Normalfall nicht die von Adverbialphrasen bezeichneten Referenzobjekte). Im Hinblick auf unseren Text heißt dies, daß die höchste Präferenz für *dieser Gegenstand* als Antezedens von *ihm* besteht, also für diejenige Nominalphrase, die sowohl im ersten wie im zweiten Satz an Subjektstelle steht – eine Position, in der typischerweise Referenzobjekte genannt werden, die thematisch im Satz und im Text sind. Im ersten Satz wird allerdings das Referenzobjekt *ein Gegenstand* eingeführt und ist damit ein rhematisches Element (beinhaltet neue Information) in diesem Satz, wird jedoch durch seine Nennung in der Subjektfunktion zu einem Referenten, von dem man erwartet, daß im Text weiter darüber geredet wird (es wird zu einem „erwarteten Textthema", wie wir sagen).

Natürlich reicht der Faktor der Thematizität in diesem eingeschränkten Sinn allein für die Bestimmung des Antezedens nicht aus. Besonders wichtig ist oft, welche „thematische Rolle" der Referent eines Antezedenskandidaten spielt im Vergleich zu der thematischen Rolle, die der virtuelle Referent des Pronomens einnimmt:[7] damit meine ich beispielsweise Ähnlichkeit oder Parallelität der jeweiligen semantischen Rollen (Tiefenkasus) als auch die Kompatibilität und Nähe der jeweils geschilderten inhaltlichen Zusammenhänge. In unserem Beispieltext spielen der Referent von *Gegenstand* beim Sachverhalt „abdrehen" als auch der virtuelle Referent von *ihm* beim Sachverhalt „hinterlassen" die semantische Rolle des sich bewegenden Objekts. Darüber hinaus gehört die Eigenschaft „eine-Spur-hinterlassen", die den virtuellen Referenten des Pronomens charakterisiert, zu den Eigenschaften des Referenzobjekts, auf das sich *dieser Gegenstand* bezieht.

Bei Inkompatibilität zwischen den Eigenschaften, die dem Referenten eines möglichen Antezedens, und den Eigenschaften, die dem virtuellen Referenten des Pronomens zugeordnet werden, ist andererseits eine anaphorische Beziehung zwischen Pronomen und diesem Antezedenskandidaten fast ausgeschlossen, wie man sich z. B. auch in bezug auf den Antezedenskandidaten *Osten* klarmachen kann: Eine räumliche Relation bewegt sich normalerweise nicht und hinterläßt auch keine Spur.

---

[7] Dies ist eine abkürzende Redeweise, die wir öfter verwenden: wir meinen natürlich stets den Textreferenten, auf den sich ein Antezedens bzw. Pronomen bezieht.

2.2 *Faktorenregeln für die Interpretation von Personalpronomen*[8]

Die verschiedenen Faktoren, die bei der Interpretation anaphorisch verwendeter Personalpronomen eine Rolle spielen, betreffen – wie unser Beispiel zeigt – strukturelle wie inhaltliche Merkmale des Textes, sprachliche wie nichtsprachliche Informationen (z. B. Wissen über typische Eigenschaften von Objekten oder Sachverhalten). Ihr Zusammenspiel führt zu mehr oder weniger sicheren Interpretationshypothesen hinsichtlich des Bezugs von Pronomen.

Die Faktoren sind von unterschiedlicher Relevanz und beinhalten positive wie negative Kriterien. So stellen Kriterien der Thematizität gewichtige positive, die syntaktisch-konfigurationellen Beschränkungen schwerwiegende negative Faktoren dar. Die einzelnen Faktoren lassen sich als heuristische Regeln verstehen, die mehr oder weniger starke Präferenzen (Hinweise) für oder gegen bestimmte Interpretationshypothesen (Antezedenskandidaten) ausdrücken. Wir werden hier die wichtigsten Faktorenregeln, aufgeteilt nach positiven („gut" für einen Antezedenskandidaten) und negativen („schlecht" für einen Antezedenskandidaten) Regeln, anführen, zunächst ohne die unterschiedliche Stärke der Präferenz, die sie beinhalten, zu berücksichtigen:

(P1) Ein Kandidat ist gut,
a. wenn er dem Pronomen im selben Satz vorrausgeht und in einem anderen Teilsatz als das Pronomen vorkommt
oder
b. wenn er im direkt vorausgehenden Satz vorkommt.

Diese Regel gibt syntaktische Aspekte des erwähnten Näheprinzips wieder und die Präferenz für anaphorische im Gegensatz zu kataphorischen Bezügen (vgl. (N1)). Wahrscheinlich kann man bei einem reicheren Konzept von thematischer Progression (vgl. (P4) und die Diskussion in 2.3) auf diese oberflächliche Betrachtung von „Nähe" ganz verzichten, sie funktional erklären.

(P2) Ein Kandidat ist gut, wenn er denselben Oberflächenkasus hat wie das Pronomen.

---

[8] Die angegebenen Faktoren beziehen sich zunächst nur auf Sachtexte, d. h. auf (schriftlich fixierte) Texte, die ausschließlich einer möglichst reibungslosen Informationsübermittlung dienen.
Den Faktor der morphologischen Kongruenz führen wir hier nicht auf, wir werden ihn später in unserem Resolutionsverfahren (vgl. 3.3.) als primäres Auswahlkriterium für mögliche Antezedenskandidaten verwenden.
Die Faktorenregeln sind als vorläufige Formulierungen zu verstehen, außerdem sind sie nicht vollständig: Es gibt u. a. auch bei Verben, z. B. Verben des Sagens und Denkens, manchmal bestimmte Präferenzen für die Interpretation von Pronomen in den sie begleitenden Satzkomplementen [vgl. Cowan 1980].

Diese Regel bewertet einen syntaktischen Aspekt von Parallelismus oder struktureller Ähnlichkeit zwischen Antezedenskandidat und Pronomen.

(P3) Ein Kandidat ist gut, wenn er
a. in derselben semantischen Rolle desselben Prädikats
oder
b. in derselben semantischen Rolle eines Prädikats desselben Typs
oder
c. in derselben semantischen Rolle
wie das Pronomen vorkommt.

Diese Regeln reflektieren wichtige semantische Aspekte der Parallelität in den thematischen Rollen von Antezedens und Pronomen (wobei man anmerken muß, daß Fall a. zwar von großem Gewicht, aber nicht sehr häufig anzutreffen ist).

(P4) Ein Kandidat ist gut, wenn er ein
a. mögliches Thema
oder
b. erwartetes Thema
oder
c. etabliertes Thema
des Textes repräsentiert.

Etablierte Textthemen sind Referenzobjekte, die bis zum jeweils betrachteten Satz eines Textes schon mehrmals genannt worden sind. Mögliche Textthemen sind Referenzobjekte, die im vorausgehenden Satz eingeführt werden. Erwartete Textthemen sind mögliche Textthemen, die aufgrund bestimmter Konstruktionen wie Spaltsatz, Einführung eines Referenzobjekts in Subjektfunktion etc. besonders prominent sind.

Es dürfte sinnvoll sein, bei einer genaueren Analyse der textthematischen Struktur die Trennung von möglichen und erwarteten Themen aufzugeben und statt dessen eine Skala von mehr oder weniger prominenten möglichen Themen anzunehmen. Insgesamt ist die hier vorgenommene Differenzierung thematischer Einheiten in Texten als sehr vorläufig zu betrachten; sie soll Teilaspekte dessen erfassen, was als „thematische Progression" verstanden wird, also eine Charakterisierung von Themenfortführung, Themenwechsel etc. in einem Text (vgl. 2.3. und die Bemerkungen zur thematischen Textstruktur in Kap. 3.1).

(P5) Ein Kandidat ist gut, wenn die Eigenschaften, die dem virtuellen Referenten des Pronomens zugeschrieben werden, zu den bereits bekannten Eigenschaften des Referenzobjekts gehören, auf das sich der Kandidat bezieht (Redundanz von Eigenschaften).

Diese Regel erfaßt einen Spezialfall semantischer Nähe. Eine wünschenswerte (aber leider bisher nicht existierende) Methode zur Messung semantischer Nähe sollte allgemein die Möglichkeit bieten, die semantische Distanz zwischen den in bezug auf den

Antezedenskandidaten und in bezug auf das Pronomen geschilderten Teilszenen im Text zu bewerten.

Folgende negative Faktoren haben sich als besonders wichtig herausgestellt:

(N1) Ein Kandidat ist schlecht, wenn er
a. die konfigurationellen Beschränkungen verletzt
oder
b. im selben Satz nach dem Pronomen
oder
c. im selben minimalen Teilsatz vor dem Pronomen
steht.

Bedingung b. bezieht sich auf das Faktum, daß kataphorische Bezüge zumindest in Sachtexten (vgl. Anm. 8) äußerst selten und bei koordinierten Sätzen meist inakzeptabel sind (vgl. **Sie$_i$ hatte endlich Feierabend, und Silvia$_i$ brachte nicht mehr die Kraft auf, noch mit Arnim auszugehen.)*, ein Phänomen, das sich konfigurationell (syntaktisch oder semantisch) nicht erfassen läßt. Bedingung c. beinhaltet die Tatsache, daß Antezedentien im selben Teilsatz, wenn sie nicht schon mit der Regel der disjunkten Referenz unter a. ausgeschlossen werden, z. B. Präpositionalphrasen (vgl. *das Buch von Hans$_i$ über ihn$_i$)*, ebenso äußerst selten sind.

(N2) Ein Kandidat ist schlecht, wenn er
a. ein temporales oder lokales Attribut oder Adverb oder Teil eines solchen
oder
b. irgendein anderes Attribut oder Adverb
ist.

Diese Regel reflektiert die Tatsache, daß Präpositionalphrasen, Attribute von Nominalphrasen, vor allem aber lokal oder temporal verwendete Präpositionalphrasen äußerst selten als Antezedentien von Personalpronomen vorkommen im Gegensatz zu Nominalphrasen, die als Subjekte, direkte oder indirekte Objekte vorkommen.

(N3) Ein Kandidat ist schlecht, wenn er Selektionsbeschränkungen verletzt, die in bezug auf die mit dem Pronomen verbundene semantische Rolle gelten.

Man vergleiche hierzu die Beispiele zum semantischen Lexikon (Konzept-Lexikon) in Kap. 3.1. und ihre Verwendung bei der Bearbeitung unseres Beispieltextes.

(N4) Ein Kandidat ist schlecht, wenn die dem korrespondierenden Referenzobjekt im Text schon zugeordneten Eigenschaften nicht kompatibel sind mit den Eigenschaften im Text, die ihm durch den pronominalen Bezug neu zugeornet würden (Textinkompatibilität).

(N5) Ein Kandidat ist schlecht, wenn mit seiner Wahl die Eigenschaften des entsprechenden Referenzobjekts nicht konsistent mit dem Hintergrundwissen sind (Wissensinkompatibilität).

Wir haben die beiden Arten von Unverträglichkeit unterschieden, weil es durchaus vorkommen könnte – etwa bei metaphorischem Sprachgebrauch –, daß ein Text bestimmten, mit dem Hintergrundwissen verbundenen Erwartungen widerspricht, aber doch in sich konsistent ist. Beim Auftreten von Textinkompatibilität jedoch scheint ein pronominaler Bezug in jedem Fall unmöglich zu sein.

2.3 *Textuelle Prominenz und Faktorenkumulation*

Daß die eben aufgelisteten verschiedenen Faktoren (die sicher noch modifiziert und vervollständigt werden müssen) die pronominale Bezugnahme in Texten steuern, ist wohl nur dann eine plausible und befriedigende Hypothese, wenn sich diese Einzelfaktoren auf generelle Prinzipien zurückführen lassen. Es stellen sich zwei grundsätzliche Fragen:

I. Gibt es ein umfassendes homogenes Kriterium, das den inhaltlichen Zusammenhang der Einzelfaktoren begründet und erklärt?
II. Wie läßt sich – u. a. im Hinblick auf die Beantwortung der ersten Frage – das Zusammenspiel der Faktoren bei der Interpretation von Pronomen rekonstruieren und erklären?

Bei der Beantwortung der ersten Frage kommt es vor allem darauf an, die positiven Faktoren auf einen einheitlichen Nenner zu bringen: Die Annahme, daß ein Pronomen (als inhaltsarmes Stellvertreter-Wort) meist für etwas steht, was im Text schon genannt worden ist, also normalerweise anaphorisch und nicht kataphorisch verwendet wird, erweist sich aus Verarbeitungsgesichtspunkten als zwingend: das Verstehen eines Textes baut darauf auf, daß im Text jeweils klar ist, worüber geredet wird. Wenn Propositionen im Text offen bleiben, d. h. wenn (zeitweise) nicht klar ist, auf welche Referenzobjekte sich bestimmte Teilaussagen beziehen, wird das Verständnis (die Verarbeitung der Information) erschwert oder im Extremfall unmöglich gemacht.

Mit diesem rückwärts gerichteten Verweischarakter des Pronomens hängt zusammen, daß das, was im Text schon genannt worden ist, auch oft thematisch im Text ist, spätestens jedoch mit dem Bezug auf das Pronomen thematisch wird. Ein (möglicherweise) thematisches Element des Textes jedoch, das – im Vergleich mit anderen (möglicherweise) thematischen Elementen – als Antezedens eines Pronomens in Frage kommen soll, muß irgendwie im Vordergrund stehen, d. h. es muß gerade (!) behandelt werden – und dies wirkt sich oft in der Textorganisation als Nähe des Antezedens zum Pronomen aus. Das Referenzobjekt, auf das sich das Antezedens eines Pronomens bezieht, repräsentiert also ein (etabliertes oder mögliches) Thema, das gerade prominent im Text ist.

Dieses Merkmal des Antezedens ist allerdingss relativ zu sehen zu den Merkmalen, die das Pronomen in seinem Kontext charakterisieren. Als Anweisung für die Interpretation von Pronomen im Text könnte man also in erster Annäherung folgendes Prinzip formulieren:

> Wähle als Antezedens für ein Pronomen denjenigen Antezedenskandidaten im Text, dessen thematische Rolle der des Pronomens am ähnlichsten ist und der (relativ zu dieser Rolle) das gerade prominenteste Thema darstellt (Prinzip der textuellen Prominenz)!

Diese Formulierung ist noch sehr vage und vorläufig; sie zielt darauf ab, den Faktor der Thematizität im Text als das hier in Frage kommende komplexe und umfassende Kriterium zu betonen.[9]

Das Prinzip der textuellen Prominenz nimmt auf zwei Vergleichskriterien Bezug, auf die Ähnlichkeit von thematischen Rollen und auf die Prominenz von Textthemen. Ein Verfahren, das die Interpretation und Desambiguierung pronominaler Bezüge erfassen will, muß also geeignet sein, die für den Bezug eines Pronomens in einem Text in Frage kommenden Antezedenskandidaten zu vergleichen und zu bewerten, wobei der Unterschied zwischen dem Wert des gewählten Antezendens im Vergleich zu den Werten der übrigen möglichen Kandidaten mehr oder weniger groß sein kann, ein Resultat, das im Hinblick auf unsere einleitend gemachten Bemerkungen über die unterschiedliche Evidenz solcher Interpretationshypothesen adäquat wäre.

Darüber hinaus muß ein solches Interpretationsverfahren mit dem Phänomen fertig werden, daß eine gewählte Interpretationshypothese manchmal durch die in einem Text nachfolgenden Informationen umgeworfen werden kann und revidiert werden muß. Man vergleiche dazu folgendes Beispiel:

(11) *Bärbel war wieder von Randi zu der großen Freßparty eingeladen worden, die diese immer zu ihrem Geburtstag gab.* Sie *hatte sich große Mühe gegeben und „Sukiyaki au gratin" zubereitet. Sie hoffte, daß Randi sie dieses Mal für ihren Beitrag loben würde.*

Aufgrund inhaltlicher Faktoren ist es in bezug auf die Interpretation des zweiten Satzes durchaus plausibel, das Pronomen *sie* zunächst auf *Randi* zu beziehen. Mit der Interpretation des dritten Satzes ist es aber viel wahrscheinlicher, daß sich alle Vorkommen von *sie* in diesem Text auf *Bärbel* beziehen.

Bei der Analyse pronominaler Bezüge in Texten wird deutlich, daß globale Kriterien, wie die Ähnlichkeit thematischer Rollen oder die Eigenschaft, Teil-Thema eines Textes zu sein, oft erst nach (!) Herstellung des pronominalen Bezugs erkennbar, beim Auftreten des Pronomens jedoch nur indirekt durch bereits vorliegende Einzelfaktoren, die auf sie verweisen, anwendbar sind. Untersuchungen von Sachtexten zeigen nun, daß sich beim linearen Abarbeiten (Lesen) eines Textes, wenn ein Pronomen auftritt, die

---

[9] Vgl. dazu auch die Ausführungen von Hauenschild [1986a].

Einzelhinweise normalerweise auf das intendierte Antezedens kumulieren, d. h. daß Sachtexte im Sinne dieses „Kumulationsprinzips" kooperativ sind.[10]

Diesen Beobachtungen entsprechend läßt sich nun ein Interpretationsverfahren angeben, das mit Hilfe einer komplexen Bewertungsregel arbeitet, die aus den unterschiedlich gewichteten positiven und negativen Faktorenregeln zusammengesetzt ist. Beim Auftreten eines Pronomens in einem gegebenen Text läßt sich dann aufgrund der jeweils zutreffenden Einzelfaktoren jedem Antezedenskandidaten eine Gesamtbewertung zuordnen, die sich mit Hilfe der Bewertungsregel aus den Einzelgewichtungen der Faktoren ergibt. Die Hypothese ist, daß im Normalfall das intendierte Antezedens im Vergleich zu allen anderen möglichen Antezedenskandidaten durch eine ausreichend hohe positive Bewertung ausgezeichnet wird (vgl. das Beispiel in 3.3.).

3 *TUM: Ein Modell des Textverstehens für die Übersetzung*

Das Textverstehensmodell TUM bildet den Analyseteil eines Übersetzungsmodells (zum Transfer und zur Synthese vgl. die abschließenden Bemerkungen in Kap. 4.):[11]

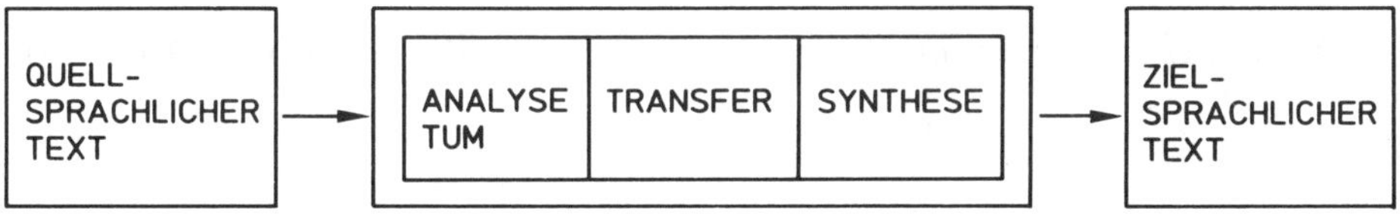

Abb. 1. Das Übersetzungsmodell.

Bevor wir auf die Architektur von TUM und seinen prozessualen Charakter genauer eingehen, wollen wir aufgrund des bisher Gesagten kurz zusammenfassen, was das Textverstehensmodell leisten und welche Komponenten es haben muß, um u. a. Prozesse wie die Auflösung pronominaler Bezüge zu erfassen.

---

[10] Das Prinzip wird ausführlich diskutiert in Pause [1984].
Der bekannteste und am besten ausgearbeitete Ansatz zur Anaphern-Resolution von Sidner [1979] vernachlässigt die vielfältigen Relationen des Antezedens zum Pronomen und geht im Prinzip davon aus, daß das Antezedens eines Pronomens immer das gerade prominenteste Textthema repräsentiert, wenn es bestimmte syntaktische und semantische Beschränkungen erfüllt, unabhängig davon, welche spezifischen Eigenschaften dem Pronomen in seinem Kontext zukommen. Ein Vergleich dieses Ansatzes mit dem hier dargestellten findet sich in Pause [1986b].

[11] Eine Einführung in unterschiedliche Konzeptionen von Übersetzungsmodellen liefert Koller [1979].

Ausgehend von unserem konkreten Interpretationsproblem läßt sich die Hauptaufgabe von TUM im Hinblick auf einen gegebenen Ausgangstext in folgender Frage charakterisieren: Was sagt der Text, d. h., über welche Referenzobjekte redet er, und was sagt er über sie aus? Eine zweite Frage betrifft den inhaltlichen Gesamtzusammenhang (die Kohärenz der „Textwelt"), den diese Aussagen bilden. Der Vorgang des Textverstehens wird dann in TUM allgemein folgendermaßen rekonstruiert: Der Empfänger eines Textes baut mit Hilfe von Informationen aus Text und Kontext ein Modell des Textinhalts mit vielfältigen Bezügen zu seinem Hintergrundwissen auf. Im Falle des Textverstehens mit dem Ziel der Übersetzung handelt es sich um das *Textmodell,* das der Übersetzer als Empfänger zunächst vom quellsprachlichen Text aufbaut.

Aufgrund der Faktoren, die bei der Interpretation pronominaler Bezüge eine Rolle spielen, läßt sich ein Überblick darüber gewinnen, welche verschiedenen Informationsquellen im Textverstehensmodell verfügbar sein müssen:

- *Morphologische Information* (Kongruenz),
- *Syntaktische Information* (Position und syntaktische Funktion von Ausdrücken im Satz, etc.),
- *Semantische Information* (Semantische Rollen, etc.),
- *Thematische Information* (Thematische Elemente im Satz, Text),
- *Inhaltliche Information* (Was hat ein Text bereits über einen Referenten ausgesagt?),
- *Lexikalische Information* (Selektionsrestriktionen, semantische (Un-)Verträglichkeit, etc.),
- *Enzyklopädische Information* (Un-)Verträglichkeit in Bezug auf das Sachwissen (Weltwissen), etc.),
- *Heuristische Information* (Bewertungsregeln).

3.1 Die Komponenten von TUM

Die Architektur des Textverstehensmodells soll folgendes Schema verdeutlichen:

Diese statische Perspektive gibt die in diesem Modell neben dem Eingabetext zentralen drei Komponenten wieder:

- die *linguistische Repräsentation* als Darstellung der Text-Struktur,
- das *Textmodell* als Repräsentation des Textinhalts,
- das *Wissensmodell* als Repräsentation des Hintergrundwissens.

Die linguistische Repräsentation ist unterteilt in:

- die *syntaktischen Satzstrukturen,*
- die *semantisch-thematischen Satzstrukturen,*
- die *thematische Textstruktur.*

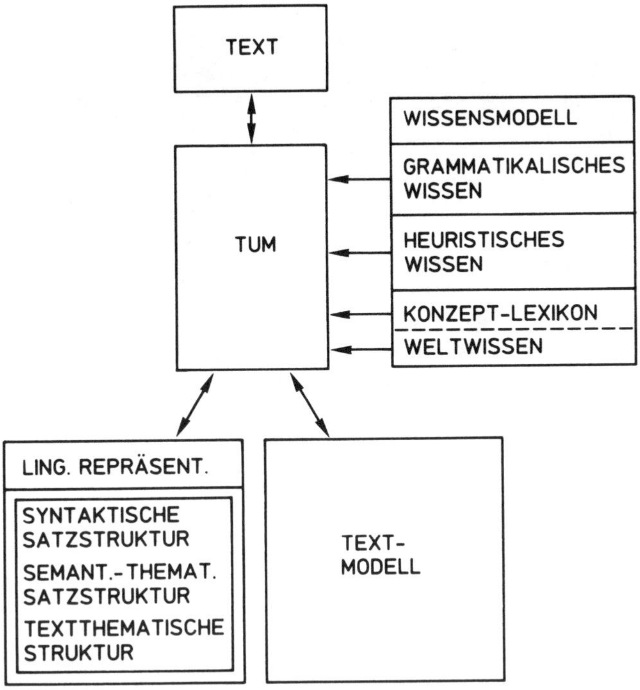

Abb. 2. Das Textverstehensmodell.

Die syntaktischen Satzstrukturen enthalten die morphologische, die grammatisch-funktionale und konfigurationelle Information. Sie werden durch eine kontextfreie Syntax analog dem GPSG-Modell von Gazdar [1982] beschrieben.

Die semantisch-thematischen Satzstrukturen geben die Funktor-Argument-Struktur, die semantischen Rollen und die thematische Gliederung eines Satzes wieder. Letztere wird jeweils in einem Teilsatz als skalare Ordnung der Hauptkonstituenten aufgefaßt, so daß weit links stehende Elemente auch relativ thematisch im Satz sind. Weiter rechts stehende Elemente sind besonders rhematisch und ergeben die möglichen oder erwarteten Themen eines Textes. Die Repräsentationen sind dependentiell aufgebaut, wie die folgende (vorläufige) Darstellung des zweiten Satzes aus unserem Beispiel (im Zustand vor der Interpretation des Pronomens) zeigt:[12]

---

[12] In dieser Struktur sind die beim Aufbau des Textmodells bereits identifizierten Referenzobjekte eingetragen, vgl. Anm. 14. Ausführliche Anmerkungen zu den hier angesprochenen Repräsentationen finden sich in Engelberg et al. [1984].

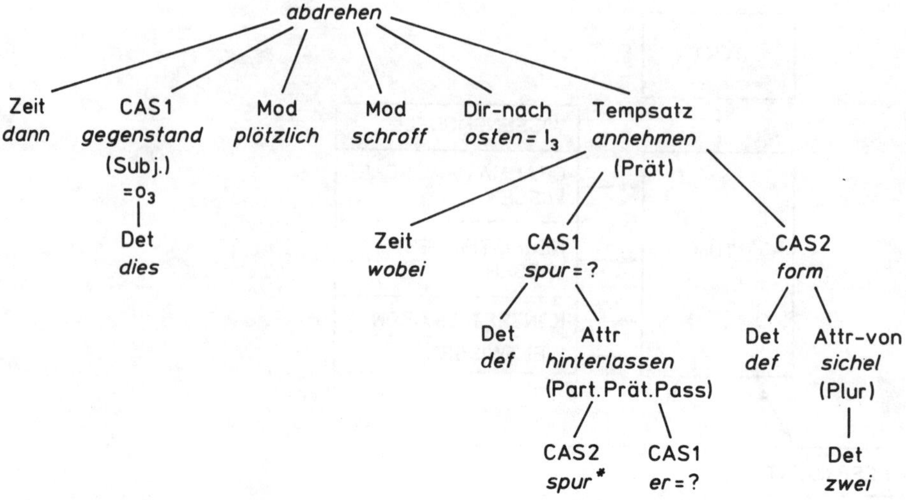

Abb. 3. Semantisch-thematische Struktur zu Satz 2 des Beispiels.

Die thematische Textstruktur soll festhalten, welche Referenzobjekte sich jeweils als Themen etabliert haben und mit welchen Beschreibungen an welcher Stelle im Text über sie geredet wird; sie soll weiterhin den hierarchischen und konzeptuellen Zusammenhang zwischen den verschiedenen Teiltextthemen angeben. Wir nehmen an, daß die thematische Textstruktur als Netzwerk darstellbar ist, aber diese Vorstellungen sind bisher nicht im Detail konkretisiert worden.[13] Für die Behandlung unseres Beispiels reicht eine rudimentäre Struktur aus, nämlich die Angabe des einzigen Themas *gegenstand,* das sich bis zum Auftreten der Anapher etabliert hat (das Referenzobjekt *spur* wird ja erst thematisch im Text, wenn das Attribut, in dem das Pronomen vorkommt, interpretiert ist). Dazu listen wir noch die in bezug auf das Pronomen in Frage kommenden möglichen Textthemen auf:

Thematische Textstruktur:

gegenstand	= o_3; kommt vor in	(S1,N4,Subj-im-MatrixSatz)
		(S1,RP,Subj-im-RelativSatz)
		(S2,N1,Subj-im-MatrixSatz)

Mögliche Textthemen:

horizont	= o_1; kommt vor in	(S1,N1,LokAdv-im-MatrixSatz)
himmel	= o_2; kommt vor in	(S1,N2,LokAdv-im-MatrixSatz)
spur	= o_4; kommt vor in	(S1,N5,DOBJ-im-RelativSatz)
osten	= l_3; kommt vor in	(S2,N2,LokAdv-im-MatrixSatz)

Abb. 4. Thematische Textstruktur und mögliche Textthemen.

Das Textmodell enthält die inhaltliche Textinformation, d. h. den Beitrag des Textes zur Veränderung des Adressatenwissens. Diese Information muß also in das Hintergrundwissen einbettbar sein und läßt sich im allgemeinen nur erschließen unter Bezugnahme auf das Hintergrundwissen. Aus diesen Gründen ist das Textmodell in Analogie zum Wissensmodell aufgebaut als ein Netzwerk, dessen komplexe Knoten (die als „Frames" realisiert sind) Sachverhalte, Objekte, Zeitintervalle etc. repräsentieren und dessen Kanten Relationen zwischen diesen Referenzobjekten erfassen. Das Netzwerk beinhaltet insbesondere ein Bezugssystem zu den einschlägigen Teilen des Wissensmodells.

Im Gegensatz zur strukturorientierten linguistischen Repräsentation, die den linearen Aufbau des Textes wiederspiegelt, ist das Textmodell objektorientiert, d. h., es katalogisiert die Information bei den Referenzobjekten und zeichnet die Relationen zwischen diesen auf. Die doppelte Repräsentation des Textes kann man in Analogie zum bekannten Verfahren der Satzsemantik sehen, syntaktischen Strukturen semantische Interpretationen zuzuordnen: Parallel zur linguistischen Repräsentation wird das Textmodell aufgebaut als ein Referenzmodell, das mit seinem Bezugssystem zum Hintergrundwissen die Textbedeutung, die Textwelt darstellt. Für unseren Beispieltext wird das Textmodell beim Auftreten des Pronomens etwa folgendermaßen aussehen:[14]

---

[13] Für eine weitergehende Diskussion der Problematik vergleiche Hauenschild [1986a].

[14] Die Relationen (a) zwischen Referenzobjekten und Konzepten und (b) zwischen verschiedenen Referenzobjekten (Sachverhalten (s_n), Zeitintervallen (t_n), Orten (l_n), Objekten (o_n)) sind folgendermaßen zu verstehen:
(a) IST – Instanzrelation; ID — Relation zwischen einem Referenzobjekt und einem Konzept, das ein (relatives) Unikum darstellt – einen Spezialfall der Instanzrelation; PROP – Relation, die einem Objekt eine Eigenschaft zuordnet; MOD – Relation zwischen einem Sachverhalt und einem ihn modifizierenden Konzept;
(b) CAS1 und CAS2 – unspezifizierte Tiefenkasusrollen; ZEIT – Relation zwischen einem Sachverhalt und dem Zeitintervall, in dem er stattfindet bzw. andauert; ORT – Relation zwischen einem Sachverhalt und seiner Lokation; DIR – Relation zwischen einem Sachverhalt und seiner Richtung; VOR und NACH – Relationen zwischen Zeitintervallen; ÜBER und AN – Relationen zwischen Orten und Objekten.
Referenzobjekte sind nicht mit Objekten der wirklichen Welt zu verwechseln; vielmehr sind sie Repräsentanten im Textmodell, die für wirkliche oder hypothetische Objekte stehen können.
Zu den hier verwendeten Repräsentationsformen der „Netzwerke" und „Frames" vgl. Engelberg/Knöpfler [1983].

[s_1 < IST *auftauchen* >< ZEIT t_1 >< ORT l_1 >< CAS1 o_3>]

[t_1 < ID *23.59* >< VOR t_o >]

[l_1 < ÜBER o_1 >< AN o_2 >]

[o_1 < ID *horizont* >]

[o_2 < ID *himmel* >]

[o_3 < IST *gegenstand* >< PROP *leuchtend* >< PROP *etwa (erbsengroß)* >]

[s_2 < IST *fliegen* >< ZEIT t_2 >< CAS1 o_3 >< DIR l_2 >]

[t_2 < NACH t_1 >< VOR t_0 >]

[l_2 < ID *süden* >]

[s_3 < IST *zurücklassen* >< ZEIT t_2 >< CAS1 o_3 >< CAS2 o_4 >]

[o_4 < IST *spur* >< PROP *breit* >< PROP *zickzackförmig* >< *ist-spur-von* o_3 >]

[s_4 < IST *abdrehen* >< ZEIT t_3 >< CAS1 o_3 >< MOD *plötzlich* >< MOD *schroff* >< DIR l_3 >]

[t_3 < NACH t_2 >< VOR t_0 >]

[l_3 < ID *osten* >]

[s_5 < IST *annehmen* >< ZEIT t_3 >< CAS1 ?>< CAS2 ? >]?

[s_6 < IST *hinterlassen* >< ZEIT ? >< CAS2 ? >< CAS1 ?>]?

Abb. 5. Textmodell für das Beispiel.

Das Wissensmodell ist formal strukturiert wie das Textmodell (mit Ausnahme von Grammatik und heuristischem Wissen), also als Netzwerk, dessen komplexe Knoten durch Frames repräsentiert werden. Innerhalb des Wissensmodells geht es besonders um die Organisation von unterschiedlichem Wissen im semantischen Lexikon (Selektionsrestriktionen, semantische Rollen, Sinnrelationen, Kontiguitätsrelationen usw.) und um den Zusammenhang des semantischen Wissens mit enzyklopädischem Wissen (z. B. Spezialwissen über das behandelte Thema). Zur Illustration geben wir zwei (vereinfachte) Einträge aus dem Konzeptlexikon im Hinblick auf die spätere Behandlung unseres Beispiels an (im SELF-Slot sind Sinnrelationen, in den Kasus-Slots Selektionsbeschränkungen angegeben):

[abdrehen – 1	SACHVERHALT
<SELF	(an *ereignis*)
	(a *sich-bewegen* with CAS1 = (the CAS1 from ThisOne))>
<CAS1	(a *gegenstand*) (*konkret*)>]
[hinterlassen – 1	SACHVERHALT
<SELF	(an *ereignis*)
	(a *sich-bewegen* with CAS1 = (the CAS1 from ThisOne))>
<CAS1	(a *gegenstand)(konkret)*>
<CAS2	(a *gegenstand*) >

Abb. 6. Beispiele aus dem Konzeptlexikon.

3.2 *Interaktive Modularität als Grundprinzip des Verstehensprozesses*

Ein Desambiguierungsverfahren, wie wir es anhand der Antezedenssuche bei Pronomen unter Zugrundelegung des Prinzips der Faktorenkumulation diskutiert haben, macht deutlich, daß es beim Auftreten einer Ambiguität an einer beliebigen Stelle im Interpretationsprozeß möglich sein muß, alle anderen Komponenten von TUM zu Rate zu ziehen. Dies hat zur Folge, daß die strukturellen und inhaltlichen Repräsentationen eines Textes nicht sequentiell nacheinander, sondern parallel nebeneinander aufzubauen sind. Die Interpretation eines Textes in TUM geht deswegen (grob gesehen) satzweise vor sich, so daß mit dem Aufbau der syntaktischen und semantischen Struktur des jeweils zu analysierenden Satzes das Textmodell und die thematische Textstruktur partiell aufgebaut bzw. vervollständigt werden. Die einzelnen Komponenten des Systems werden daher als selbständige aktive Einheiten (Module oder besser Aktoren) aufgefaßt, die mit Hilfe ihres jeweiligen Expertenwissens für den Aufbau ihrer spezifischen Strukturen verantwortlich sind:

- der *Syntax-Aktor* für den Aufbau der syntaktischen Satzstrukturen,
- der *Semthem-Aktor* für den Aufbau der semantisch-thematischen Satzstrukturen,
- der *Texthem-Aktor* für den Aufbau und die Erweiterung der thematischen Struktur des Textes,
- der *Textmod-Aktor* für den Aufbau und die Erweiterung des Textmodells,
- der *Datenaktor* für die Speicherung und den Zugriff auf das Wissen im Wissensmodell.

Da die von einem Aktor aufgebauten Repräsentationen von einem oder mehreren Aktoren als Input verwendet werden und somit auf diese Daten von jeweils mindestens zwei der oben genannten Aktoren zugegriffen werden muß, wird die Aktorenmenge um vier *Repräsentations-Aktoren* erweitert, die die Methoden für die Speicherung, den Zugriff und die Änderung ihrer besonderen Repräsentationskonstrukte enthalten.

Beim Auftreten von Mehrdeutigkeiten reicht nun das Wissen des jeweils betroffenen Aktors zur Ausübung seiner Tätigkeit nicht aus; er ruft den sogenannten *Schiedsrichter-Aktor* auf, der für die Bildung und Revision von Hypothesen zuständig ist. Dieser unterscheidet sich von den anderen Aktoren, die ihn beim Auftreten von Ambiguitäten konsultieren, besonders hinsichtlich des verwendeten Wissens: Er greift auf heuristische Regeln, die Bewertungsregeln, zurück, die nur mehr oder weniger (un-)sicheres Wissen beinhalten, wohingegen die anderen Aktoren über strikt anwendbare Regeln verfügen, mit deren Hilfe sie (wenn überhaupt) zu eindeutigen Entscheidungen und Resultaten kommen. Der Schiedsrichter-Aktor übernimmt also in TUM folgende Aufgaben:

- er vermittelt den übrigen Aktoren das heuristische Wissen des Textverstehensmodells, indem er auf Anfrage Hypothesen zur Desambiguierung berechnet und zur Verfügung stellt;

- er trägt der Unsicherheit dieses Wissens Rechnung durch Verweisverwaltung und Methoden der Durchführung von Hypothesenrevisionen;
- er vermittelt den gezielten (von der jeweiligen Problemlage bestimmen) Durchgriff auf andere Aktoren und organisiert so das Zusammenspiel der Komponenten (ihre Interaktion).

Ergänzt wird die Aktorenmenge schließlich noch durch den *Treiber-Aktor* für die Initialisierung und Steuerung des gesamten Analyseprozesses.

Das Aktoren-Modell von TUM[15] sieht also folgendermaßen aus:

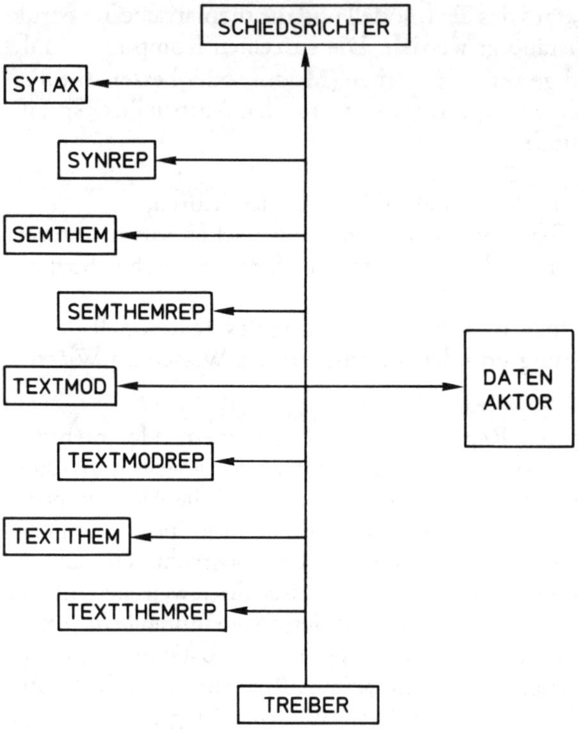

Abb. 7. Die funktionale Struktur von TUM.

[15] Das Aktoren-Modell wird ausführlicher diskutiert in Engelberg et al. [1984].

3.3 *Zum Beispiel: Anaphernresolution in TUM*

Wir wollen nun anhand unseres Beispieltextes zeigen, wie die Interpretation eines Pronomens in TUM vor sich geht. Dazu nehmen wir an, daß die entsprechenden Repräsentationen des Textes bis zum Auftreten des Pronomens bereits erstellt sind (vgl. 3.1.). Während der Bestimmung des Referenzobjekts, auf das sich *die Spur* im zweiten Satz von (10) bezieht, wird festgestellt, daß in der Ergänzung dieser Nominalanapher das Pronomen *ihm* vorkommt, dessen Bezug noch nicht bekannt ist.

In TUM wird nun eine Antezedenskandidatenliste aller Nomen und Pronomen erstellt, die aufgrund der morphologischen Kriterien als mögliche Antezedentien in Frage kommen, und zwar zunächst nur in bezug auf den gerade analysierten und den vorausgehenden Satz (die Ziffern bezeichnen jeweils den Satz, in dem der Kandidat vorkommt):

{ *horizont(1), himmel(1), gegenstand(1), gegenstand(2), osten(2)* }

Die beiden Vorkommen von *Gegenstand* im ersten und im zweiten Satz sind, wie sich anhand des Textmodells sofort feststellen läßt, referenzidentisch. In der Kandidatenliste, die an den Schiedsrichter weitergegeben wird, wird aus ersichtlichen Gründen nur das letzte Vorkommen erwähnt. Die bereinigte Liste sieht dann folgendermaßen aus:

AKL = { *horizont(1), himmel(1), gegenstand(2), osten(2),* }

Unsere Faktorenregeln, das haben wir in 2.2. schon erwähnt, sind für die Interpretation eines Pronomens nicht von gleicher Wichtigkeit. Um nun die verschiedenen Gewichtungen der Faktoren zu erfassen, wird ein Bewertungsverfahren verwendet, das folgende Eigenschaften hat:

- Jeder Faktorenregel wird ein numerisches Gewicht zugeordnet; diese Gewichtungen liegen zwischen 0 und 1 für die positiven, zwischen 0 und —1 für die negativen Regeln.
- Für die beiden Regelmengen gibt es zwei Maxima: Wenn die Summe der Gewichte der positiven (bzw. negativen) Regeln, die getestet werden und anwendbar sind, das positive (negative) Maximum erreichen, wird keine weitere positive (negative) Regel mehr angewendet.

Die beiden Summen von Evidenz und Gegenevidenz für einen Kandidaten werden addiert: Nur Kandidaten, die eine nicht-negative Gesamtsumme erreichen, werden als mögliche Interpretationshypothesen betrachtet. Werden alle Kandidaten einer Liste negativ bewertet, werden aufgrund früherer Textteile (und indem man z. B. für markierte Fälle die morphologische Kongruenzregel aufhebt) neue Kandidatenlisten aufgestellt.

Die Faktorenregeln zusammen mit ihren Gewichtungen und den Maxima ergeben eine komplexe Bewertungsregel:

Positive Evidenz (max = 0,9)			Negative Evidenz (max = −1)		
(P1)	a. vorausg. Teilsatz	0,1	(N1)	a. konfigur. Beschr.	−0,9
	b. vorausg. Satz	0,1		b. folgender Teils.	−0,2
				c. gleicher Teils.	−0,1
(P2)	gleicher Oberflächenkasus	0,2	(N2)	a. Zeit/Ort-Adv./Attr.	−0,4
(P3)	a. gleiche semant. Rolle/gleiches Präd.	0,4		b. andere Adv./Attr.	−0,2
	b. gleiche semant. Rolle/gleicher Präd.-Typ	0,3	(N3)	Selektionsrestr.	−0,5
	c. gleiche semant. Rolle	0,2	(N4)	Textinkompat.	−1
(P4)	a. mögliches Thema	0,2	(N5)	Wissensinkompat.	−0,8
	b. erwartetes Thema	0,3			
	c. etabliertes Thema	0,4			
(P5)	Redundanz von Eigenschaften	0,3			

Abb. 8. Globale Bewertungsregel für Personalpronomen.

Die numerischen Werte wurden anhand der untersuchten Texte bestimmt, indem das Gewicht der Faktoren relativ zueinander abgeschätzt und auf das Intervall [0,1] bzw. [0,−1] abgebildet wurde. Die Maxima sind so gewählt, daß beispielsweise die Regel (N4) bei Anwendbarkeit einen Kandidaten auf jeden Fall ausschließt.

Die Regeln in der positiven (bzw. negativen) Gruppe werden in der von der linken (bzw. rechten) Spalte angegebenen Reihenfolge auf Anwendung geprüft; diese Anordnung spiegelt ein Anwachsen des Bearbeitungsaufwands wider. Da das Regelanwendungsverfahren stoppt, wenn das jeweilige Maximum erreicht ist, kann auf die Anwendung aufwendiger Regeln oft verzichtet werden.

Wir sind nun in der Lage, die Bewertung für jeden Kandidaten unserer Liste AKL vorzunehmen:

Die Kandidaten *horizont(1)* und *himmel(1)* erhalten beide von der Regel (P1)b. den Wert 0,1, von (P4)a. den Wert 0,2 und von (N2)a. den Wert −0,4, also insgesamt jeweils den Wert −0,1.

---

[16] Der Filler eines Kasus-Slots ist das Referenzobjekt, das die Kasus-Rolle im entsprechenden Sachverhalt spielt.

Kandidat *gegenstand(2)* erhält von Regel (P1)a. den Wert 0,1, von (P3)b. den Wert 0,3 (der Kandidat spielt dieselbe semantische Rolle bei einem Prädikat vom Typ *sich-bewegen*, vgl. Abb. 6.), von (P4)c. den Wert 0,4 (vgl. Abb. 4) und von (P5) (unter der Annahme, daß der Filler von CAS2 in s_6 mit dem Filler von CAS2 in s_3 identisch ist[16], und mit der partiellen Synonymie von *zurücklassen* und *hinterlassen)* den Wert 0,3. Damit ist das Maximum erreicht, und *gegenstand(2)* erhält den Gesamtwert 0,9, da keine negative Regel anwendbar ist.

Kandidat *osten(2)* erhält von (P1)a. den Wert 0,1, von (P4)a. den Wert 0,2, von (N2)a. den Wert −0,4 und von (N3) den Wert −0,5 (eine räumliche Relation ist normalerweise kein Gegenstand, der sich bewegen kann), also insgesamt den Wert −0,6.

Aufgrund dieser Bewertungen erhalten wir folgende Rangfolge unter den Antezedenskandidaten:

gegenstand (2)	0,9
horizont (1)	−0,1
himmel (1)	−0,1
osten (2)	−0,6

Die Hypothese, daß das Personalpronomen *ihm* im zweiten Satz unseres Textes sich mittels des Antezedens *gegenstand(2)* auf das Referenzobjekt o_3 bezieht, wird also unserer Intuition entsprechend sehr gut gestützt: der Evidenzunterschied zu den nächsten Kandidaten ist relativ groß.

4 *Ausblick: Das Übersetzungsmodell*

Empirische Untersuchungen zur Artikelrekonstruktion von Nominalphrasen im Russischen[17] und zu Possessivpronomen im Deutschen[18] zeigen, daß sich die hier gegebene Beschreibung der Auflösung pronominaler Bezüge in Texten allgemein (bei Variation des Inhalts oder des Gewichts von Einzelfaktoren) auf anaphorische Ausdrücke übertragen läßt. Des weiteren nehmen wir an, daß sich die vorgeschlagenen Interpretations- und Desambiguierungs-Strategien generell für die Auflösung von Mehrdeutigkeiten verwenden lassen, die ja auf allen Ebenen der Textstruktur (Syntax, Semantik, Lexikon, Diskursorganisation) vorkommen.

Die Rekonstruktion des Textverstehens mit dem Ziel der Übersetzung (von Sachtexten) stellt sich damit als ein komplexer dynamischer Vorgang heraus: Die Interpretation eines Textes – die Konstruktion der Textwelt – baut partiell auf Desambiguierungsprozessen auf, die vielfältige Hinweise aus den verschiedenen Schichten der Textstruk-

[17] Vgl. Hauenschild [1986a].

[18] Vgl. Die Hinweise in: Ergebnisbericht 1980–1982 des Sonderforschungsbereichs 99, *Schriften des SFB 99*, 1982, 111–138.

tur verarbeiten. Das Resultat stellt im allgemeinen eine Hypothese in bezug auf die intendierte Bedeutung des Textes dar, die auf sich gegenseitig stützenden Teilhypothesen aufgebaut ist.

Beim eigentlichen Übersetzungsschritt muß diese komplexe Interpretationshypothese in der Zielsprache reproduziert werden. Dies beinhaltet, daß die Transfer- und Synthesekomponenten im Übersetzungsmodell das Zusammenspiel der Einzelinformationen zum Aufbau der Textwelt äquivalent in den zielsprachlichen Text übertragen müssen.

Machen wir uns zur Illustration dieser Feststellung klar, was etwa bei der Übersetzung pronominaler Bezüge beachtet werden muß: Zunächst muß ein Pronomen interpretiert werden – ob es selbst ein Übersetzungsproblem darstellt oder nicht –, um sich darauf stützende andere Interpretationshypothesen und letztlich die Gesamthypothese der Interpretation aufbauen zu können. Die Interpretationshypothese bezüglich des Antezedens eines Pronomens im Originaltext bezieht sich, wie wir gezeigt haben, auf zahlreiche Faktoren aus unterschiedlichen Ebenen der Textstruktur. Bei der Konstruktion des zielsprachlichen Textes muß nun dafür gesorgt werden – und das ist der hier wesentliche Aspekt –, daß die für den pronominalen Bezug relevanten Faktoren (mit ihrer Gewichtung) Entsprechungen in der zielsprachlichen Textstruktur haben, die zu einer äquivalenten Antezedenshypothese hinsichtlich der Übersetzung des Pronomens führen.

Dies bedeutet einmal, daß im Prinzip für jede Repräsentation des quellsprachlichen Textes eine entsprechende Repräsentation des zielsprachlichen Textes beim Transfer und bei der Synthese konstruiert werden muß. Darüber hinaus führt jede Strukturverschiedenheit von Quell- und Zielsprache dazu, daß eine entsprechende Teilübersetzung hinsichtlich ihrer möglichen Auswirkungen auf die Gesamtübersetzung eines Textes zu bewerten und auszuwählen ist. Das heißt: Transfer und Synthese müssen zusammenspielen und sich dabei auf möglicherweise alle Komponenten des Übersetzungsmodells stützen. Das Übersetzungsmodell wird also insgesamt einen ganz ähnlichen dynamischen Charakter haben wie das Textverstehensmodell.[19]

---

[19] Zur Transfer-Problematik und zur Modellierung des Übersetzungsprozesses vgl. Hauenschild [1986b], Pause [1983] und [1986a].

Literatur

Bach, E./Partee, B. H. [1980]. Anaphora and Semantic Structure. In: J. Kreiman/A. E. Ojeda (Hrsg.), *Papers from the Parasession on Pronouns and Anaphora, Chicago Linguistic Society.* Chicago: The University of Chicago, 1–28.

Bierwisch, M. [1983]. Semantische und konzeptuelle Repräsentation lexikalischer Einheiten. In: R. Ruzicka/W. Motsch (Hrsg.), *Untersuchungen zur Semantik.* Studia Grammatika XXII, Berlin: Akademie-Verlag.

Cowan, R. J. [1980]. The Significance of Parallel Function in the Assignment of Intersentential Anaphora. In: J. Kreiman/A. E. Ojeda (Hrsg.), *Papers from the Parasession on Pronouns and Anaphora, Chicago Linguistic Society.* Chicago: The University of Chicago, 110–124.

Engelberg, K. J./Knöpfler, S. [1983]. Dokumentation über Wissensrepräsentationen in der KI-Forschung unter linguistischen Aspekten. *Schriftenreihe des SFB 99,* Universität Konstanz.

Engelberg, K. J./Hauenschild, Ch./Knöpfler, S./Pause, P. E. [1984]. Con^{3}TRa – ein prozedurales Modell des Textverstehens für die Übersetzung. *Schriftenreihe des SFB 99,* Universität Konstanz.

Gazdar, G. [1982]. Phrase Structure Grammar. In: P. Jacobson/G. K. Pullum (Hrsg.), *The Nature of Syntactic Representation,* Dordrecht: Reidel 131–186.

Hauenschild, Ch. [1986a]. *Zur Interpretation russischer Nominalgruppen: Anaphorische Bezüge und thematische Strukturen im Satz und im Text.* Dissertation, Heidelberg 1985. (Slav. Beiträge 186), München: Sagner.

Hauenschild, Ch. [1986b]. Kit/Nasev oder die Problematik des Transfers bei der maschinellen Übersetzung. In: J. Bátori/H. J. Weber (Hrsg.), *Neue Ansätze in maschineller Übersetzung: Wissensrepräsentation und Textbezug.* (Reihe: Sprache und Information), Tübingen: Niemeyer.

Hauenschild, Ch./Pause, P. E. [1983]. Faktoren-Analyse zur Modellierung des Textverstehens. *Linguistische Berichte 88,* 101–120.

Koller, W. [1979]. *Einführung in die Übersetzungswissenschaft.* Heidelberg: Quelle + Meyer.

Pause, P. E. [1983]. Context and Translation. In: R. Bäuerle/Ch. Schwarze/A. von Stechow (Hrsg.), *Meaning, Use and Interpretation of Language.* Berlin: Walter de Gruyter, 384–399.

Pause, P. E. [1984]. Das Kumulationsprinzip – eine Grundlage für die Rekonstruktion von Textverstehen und Textverständlichkeit. *Zeitschrift für Linguistik und Literaturwissenschaft, LiLi 55,* 38–56.

Pause, P. E. [1986a]. Zur Modellierung des Übersetzungsprozesses. In: I. S. Bátori/H. J. Weber (Hrsg.), *Neue Ansätze in maschineller Übersetzung: Wissensrepräsentationen und Textbezug.* (Reihe: Sprache und Information), Tübingen: Niemeyer.

Pause, P. E. [1986b]. Anaphor Resolution: Focus Assignment vs. Accumulating Evidence. Schriftenreihe des SFB 99, Universität Konstanz.

Reinhart, T. [1983]. *Anaphora and Semantic Interpretation.* London: Croom Helm.

Sidner, C. L. [1979]. *Towards a Computational Theory of Definite Anaphora Comprehension in English Discourse.* MIT Dissertation. (Fotokopie, nicht veröffentlicht!)

*Textverstehen und lexikalisches Wissen**

Christoph Schwarze (Projekt E3)

Die Rekonstruktion von Prozessen des Textverstehens als Verfahren zur Erforschung sprachlichen Wissens

Das Textverstehen kann aus verschiedenen Gründen zum Gegenstand wissenschaftlichen Interesses werden. In der Literaturwissenschaft und in der Textlinguistik kann man Untersuchungen zum Textverstehen in der Absicht durchführen, Theorien über Texte als komplexe Symbole aufzustellen. In der Philosophie, der Psychologie und in der Kognitionswissenschaft kann man versuchen, Phänomene des Textverstehens als Daten für eine allgemeine Theorie über menschliches Verstehen heranzuziehen. In Pragmatik und Soziolinguistik kann das Textverstehen als einer der Bereiche betrachtet werden, auf den sich eine Theorie der verbalen Interaktion bezieht. Das Textverstehen kann aber auch im Hinblick auf Hypothesen über sprachliches Wissen, d. h. über Grammatik und Lexikon, untersucht werden.

Hypothesen über sprachliches Wissen betreffen klassischerweise Relationen zwischen Elementen der sprachlichen Form und die Beziehung zwischen sprachlicher Form und Bedeutung. Ihre Daten sind sprachliche Ausdrücke, die im Hinblick auf ihre Wohlgeformtheit und ihre Wahrheitsbedingungen bewertet sind. Sie werden beurteilt bezüglich ihrer inneren Stimmigkeit und ihrer Fähigkeit, Daten der genannten Art zu erklären. Sie können (und sollten) aber auch bezüglich der Prozeduren bewertet werden, in denen sprachliches Wissen eine Rolle spielt. Sie sollen zwar solche Prozeduren nicht erklären, aber sie sollen geeignet sein, in die Rekonstruktion solcher Prozeduren einzugehen. Diesen Gedanken vertritt auch Jackendoff [1983, 5]:

> On the one hand, a theory of language processing presupposes a theory of linguistic structure; on the other hand, one crucial test of a theory of linguistic structure is whether it can be integrated into a theory of processing.

---

* Eine erste, etwas ausführlichere Version dieses Beitrags wurde im September 1985 in englischer Sprache auf der „International Conference on Pragmatics" in Viareggio vorgetragen (vgl. Schwarze 1987).

Dieser Gesichtspunkt der Bewertung von Hypothesen über sprachliches Wissen sei das *Kriterium der prozeduralen Adäquatheit* genannt. Im folgenden sollen Hypothesen für einen Teilbereich des sprachlichen Wissens, nämlich das Lexikon, unter dem Gesichtspunkt der prozeduralen Adäquatheit untersucht werden.

1 Grundannahmen über das Verstehen von Texten

Drei Grundannahmen über das Verstehen bzw. die Bedeutung von Texten können heute als weitgehend akzeptiert gelten:

- Texte haben keine eindeutig bestimmte Bedeutung;
- es gibt jedoch allgemeine Prinzipien, die die Verstehenstätigkeit beschränken;
- die Verstehenstätigkeit folgt nicht dem Schema „Syntax-Semantik-Pragmatik".

Diese Annahmen seien kurz erläutert.

1.1 Texte haben keine eindeutig bestimmte Bedeutung

Die traditionelle Praxis der Textinterpretation beruht meist auf der Annahme, daß ein Text eine bestimmte Bedeutung hat, die der Leser finden muß. Sowohl die Erfahrung mit moderner Literatur als auch bestimmte Einsichten in die Natur sprachlicher Bedeutung legen jedoch die Auffassung nahe, daß ein Text semantisch lediglich ein Bedeutungspotential darstellt, das in unterschiedlicher Weise verarbeitet werden kann. Man kann daher unterscheiden zwischen einer *Textbedeutung* (dem bloßen Potential) und *Textinterpretationen* (d. h. Ergebnissen von einzelnen Akten des Verstehens).

1.2 Es gibt allgemeine Prinzipien, die die Verstehenstätigkeit beschränken

Wenn die traditionelle Praxis der Textinterpretation sich auf die Annahme gründete, daß Texte bestimmte, in ihnen festgelegte Bedeutungen haben, so war dies nur deshalb möglich, weil es allgemeine Prinzipien gibt, die die Breite der möglichen Interpretationen einschränken. Diese Einschränkungen gehen oft so weit, daß nur eine sinnvolle Interpretation übrig bleibt, und in der Textproduktion werden sie genutzt, um unerwünschte Interpretationen auszuschließen. Die wichtigsten dieser Prinzipien sind:

- ein Text muß in Übereinstimmung mit dem verwendeten Kode verstanden werden *(Prinzip der Kodewahrung)*;
- der Leser muß versuchen, eine kohärente Interpretation aufzubauen *(Kohärenzprinzip)*;
- der Leser darf annehmen, daß bestimmte Inhalte im Text nicht ausdrücklich gegeben werden, weil sie selbstverständlich oder aufgrund von Folgerungen zugänglich sind, und er darf solche Inhalte in seine Interpretation aufnehmen *(Prinzip der Erschließbarkeit des Nichtgesagten)*.

Diese Prinzipien können abgeschwächt bzw. außer Kraft gesetzt werden. So kann z. B. durch Anführungsstriche signalisiert werden, daß das Prinzip der Kodewahrung lokal nur abgeschwächt zu beachten ist. Ebenso kann das Kohärenzprinzip für bestimmte literarische Texte außer Kraft gesetzt werden, oder das Prinzip der Erschließbarkeit des Nichtgesagten kann in juristischen Texten stark eingeschränkt sein.

1.3 Die Verstehenstätigkeit folgt nicht dem Schema „Syntax-Semantik-Pragmatik"

Strukturalistische Modelle sprachlichen Wissens gehen davon aus, daß die Sprachfähigkeit in Komponenten gegliedert ist und daß diese untereinander in einer logischen Ordnung stehen. So wird in einer verbreiteten Version der Sprachtheorie angenommen, daß die Syntax die zentrale Komponente ist, daß die Semantik die durch die Syntax definierten Ausdrücke interpretiert und daß die Pragmatik den interpretierten Ausdrücken irgendwelche interaktiven Funktionen zuweist.

Wenn man nun versucht, Prozesse zu modellieren, in denen sprachliches Wissen eine Rolle spielt, so ist es naheliegend anzunehmen, daß dieses Wissen entsprechend dem Aufbau des sprachlichen Wissens in der Reihenfolge Syntax-Semantik-Pragmatik aktiviert wird. Für das Textverstehen würde dies bedeuten, daß der Leser folgendermaßen vorgeht:

- Zunächst ordnet er jedem Satz alle syntaktischen Beschreibungen zu, die seine Syntax zuläßt;
- dann ordnet er jeder syntaktischen Beschreibung alle semantischen Repräsentationen zu, die sein Lexikon zuläßt;
- dann wählt er unter allen semantischen Repräsentationen diejenige aus, die am besten dem Kohärenzprinzip genüge tut;
- schließlich ordnet er der ausgewählten semantischen Repräsentation eine pragmatische Funktion zu;
- dann geht er zum nächsten Satz über und durchläuft die gleiche Folge von Operationen.

Gegen eine solche Auffassung vom Verstehensprozeß gibt es jedoch zwei Einwände: Der angenommene Ablauf führt in Sackgassen und zu einer „Explosion" der Alternativen. Der erste Fehler läßt sich beheben, wenn man zuläßt, daß der Leser einmal getroffene Entscheidungen rückgängig machen kann („back-tracking"). Der zweite ist jedoch nur dann zu vermeiden, wenn man die Idee aufgibt, daß der Verstehensprozeß in der eben skizzierten Abfolge verläuft.

Eine offenbar adäquatere Alternative ist mit den folgenden Annahmen gegeben: Der Leser kann die syntaktische Analyse unterbrechen, bevor der ganze Satz bearbeitet ist, und semantisches, pragmatisches oder enzyklopädisches Wissen aktivieren. Er kann so Erwartungen für die folgenden Textsegmente aufbauen. Diese Erwartungen beschränken dann für die Verarbeitung der folgenden Textsegmente die Anzahl der zu erfassenden Deutungsalternativen.

2 *Grundannahmen über lexikalisches Wissen*

In der strukturalistischen Tradition wurde das Lexikon mehr oder weniger getrennt vom Rest des sprachlichen Wissens untersucht. Die strukturelle Lexikologie hat in zwei Bereichen zu Theorien über das Lexikon geführt: in der lexikalischen Semantik (Wortfeldtheorie, Theorie der Zerlegung von Bedeutungen in Merkmale) und im Bereich der Wortbildung (Theorie der Zerlegung von Wortformen in Morpheme).

Diese Situation hat sich im letzten Jahrzehnt geändert. Einerseits wurden die strukturalistischen Theorien über die lexikalische Semantik durch neue Ansätze in Frage gestellt (Stereotypensemantik, Vagheitstheorien). Andererseits wird das Lexikon nicht mehr ohne Beziehung auf andere Komponenten des sprachlichen Wissens erforscht: im Gegenteil, diese Beziehung ist zu einem wichtigen Punkt linguistischen Forschungsinteresses geworden, und es zeichnet sich ein Konsens hinsichtlich der folgenden Grundannahmen ab:

- Das Lexikon ist eine Schnittstelle zwischen verschiedenen Bereichen sprachlichen Wissens;
- das Lexikon ist eine Schnittstelle zwischen sprachlichem und nicht-sprachlichem Wissen;
- lexikalische Bedeutungen sind flexibel, aber nicht strukturlos.

Diese Annahmen seien kurz kommentiert.

2.1 *Das Lexikon ist eine Schnittstelle zwischen verschiedenen Bereichen sprachlichen Wissens*

Bekanntlich bestimmen die (im lexikalischen Wissen festgelegten) grammatischen Eigenschaften des Verbs weitgehend die Struktur des Satzes. Auf diese Tatsache wurde u. a. die Valenztheorie gegründet. Noch weitergehende Konsequenzen wurden im Rahmen der lexikalisch-funktionalen Grammatik (LFG) gezogen: ihr zufolge sind

Phänomene wie die Diathesen [Bresnan 1982a; Grimshaw 1982] oder die variable Stellenzahl verbaler Prädikate [Bresnan 1982b] durch Regeln zu erfassen, die nicht syntaktische Konfigurationen verändern, sondern „lexikalische Formen". Anders gesagt: In der LFG werden für die Bildung der Diathesen und für die Variation der Stellenzahl von Prädikaten Regeln angenommen, die aus Lexikoneinträgen andere Lexikoneinträge machen.

Ferner deuten neuere Untersuchungen zur Wortbildung [Wunderlich 1985] darauf hin, daß zwischen der inneren Struktur komplexer Wörter und der Struktur von Syntagmen enge Beziehungen bestehen.

Schließlich ist das Lexikon auch der Ort, an dem die Flexionsmorphologie einer Sprache spezifiziert wird. Insbesondere müssen die Kategorien, die für die Kongruenz relevant sind (vor allem das Genus), zum großen Teil zusammen mit den Wörtern gelernt werden, im Hinblick auf die sie lexikalisch spezifiziert sind. Dies gilt auch für die Phonologie: Offensichtlich gehören in Sprachen mit lexikalisch festgelegtem Wortakzent Grundgegebenheiten der Intonation zum lexikalischen Wissen, und auch die phonotaktischen Prinzipien müssen, soweit sie nicht universal sind, zumindest zum Teil zusammen mit dem Lexikon erworben werden.

2.2 *Das Lexikon ist eine Schnittstelle zwischen sprachlichem und nicht-sprachlichem Wissen*

Die strukturelle Linguistik ging davon aus, daß die lexikalische Bedeutung als eine *sprachliche* Gegebenheit autonom ist. Die konzeptuelle Kategorisierung des Wissens und die Eigenschaften der Welt sollten nicht nur Gegenstand anderer Wissenschaften sein, sondern es wurde postuliert, daß sie mit Sprache überhaupt nichts zu tun haben.

Demgegenüber wurde die Annahme einer autonomen lexikalischen Bedeutung in Nachbardisziplinen der Linguistik (Psychologie, Künstliche Intelligenz) aufgegeben. Ihr wurde eine Auffassung vom Lexikon entgegengestellt, derzufolge die Wörter lediglich Symbole sind, die die im semantischen Gedächtnis gespeicherten Konzepte aktivieren; eine in irgendeinem Sinne sprachliche Bedeutung gibt es nach dieser Auffassung nicht.

Auch ohne eine so radikale Position einzunehmen, stimmen gewisse Linguisten [z. B. Burton-Roberts 1977, 175; Jackendoff 1983, ix] darin überein, daß es zwischen (lexikalischer) Semantik und Kognition keine scharfe Grenze gibt.

2.3 *Lexikalische Bedeutungen sind flexibel, aber nicht strukturlos*

Die auf der Idee der Opposition beruhende strukturalistische Auffassung von lexikalischer Semantik implizierte, zumindest in ihrer klassischen Ausprägung, eine gewisse Starrheit der Bedeutung. Sie konnte deshalb bestimmte Erscheinungen von Mehrdeutigkeit und Bedeutungsvariation nicht erfassen. Ein Ansatz zur Überwindung dieser Begrenzung ist die Stereotypensemantik; andere Theorien erklären Flexibilität und Vagheit lexikalischer Bedeutungen im Rahmen einer „fuzzy logic" [Zadeh 1975] oder einer Semantik der Präzisierung [Pinkal 1983] und der Kontextabhängigkeit [Pinkal 1985]. Allen diesen Ansätzen liegt die Überzeugung zugrunde, daß der Unbestimmtheit der lexikalischen Bedeutungen nicht Strukturlosigkeit zugrunde liegt, sondern, im Gegenteil, die spezielle Art, in der lexikalische Bedeutungen strukturiert sind.

3 *Eine Hypothese über den Aufbau lexikalischen Wissens unter dem Gesichtspunkt des Textverstehens*

Im folgenden soll eine Hypothese[1] über den Aufbau lexikalischen Wissens formuliert werden. Sie ist zu verstehen als ein Versuch, strukturalistische und nach-strukturalistische Annahmen über die Natur der lexikalischen Bedeutung zu integrieren (Organisation des lexikalischen Wissens in Wortfelder bzw. in semantische Netze, Zerlegbarkeit der lexikalischen Bedeutung bzw. Stereotypensemantik, Beziehung zwischen sprachlichen und kognitiven Faktoren in der lexikalischen Bedeutung).

Die Hypothese soll (auch) unter dem Gesichtspunkt der prozeduralen Adäquatheit begründet werden. Die Aktivität, die hier als Kriterium herangezogen wird, ist die des Textverstehens. Die Hypothese ist wohlgemerkt nicht voll ausgearbeitet; sie ist eher intuitiv formuliert und betrifft vor allem die Frage, ob es eine spezifisch sprachliche Komponente innerhalb der lexikalischen Semantik gibt. Ich werde behaupten, daß die herkömmliche Annahme einer binären Zuordnung zwischen sprachlicher Form und Bedeutung aufzugeben ist. Die lexikalische Bedeutung wird als eine komplexe Konfiguration von Konzepten aufgefaßt, d. h. alle Bedeutungskomponenten (von Inhaltswörtern) sind Konzepte. Es wird postuliert, daß die Zuordnung der Konzepte zur Wortform im Status variiert, so daß sich eine Skala des Grads der Sprachlichkeit ergibt.

3.1 *Ein Modell der Beziehung zwischen Wortform und Elementen des Wortinhalts*

Das folgende Modell der lexikalischen Bedeutung hat zwei Bestandteile:

a. eine Liste von Relationen, die zwischen einem Konzept (oder einer Konfiguration von Konzepten) und einer Wortform bestehen können, wobei

---

[1] Diese Hypothese wurde im Rahmen des 1983 begonnenen Teilprojekts „Kontrastive Textsemantik" erarbeitet.

jedes Element der Liste einen Status der Zuordnung zwischen Form und Inhalt spezifiziert;

b. eine Hierarchie innerhalb dieser Liste unter dem Gesichtspunkt der Stärke der Zuordnung zwischen Wortform und Wortinhalt.

Ich gebe zunächst diese Liste. Wenn eine Wortform ein Symbol ist, das geeignet ist, konzeptuelle Inhalte zu aktivieren, dann können diese Inhalte der Wortform zugeordnet sein als:

i. unmittelbare lexikalische Bedeutungen,
ii. Bedeutungspostulate,
iii. Prädikat-Argument-Strukturen,
iv. Stereotype,
v. allgemeine Begriffsschemata,
vi. sonstiges mit dem Wort verbundenes Wissen.

3.1.1 *Unmittelbare lexikalische Bedeutungen*

Die unmittelbare lexikalische Bedeutung ist *global* und *primär.*

Global ist die unmittelbare lexikalische Bedeutung insofern, als sie das Ganze ist, aus dem einzelne Bedeutungskomponenten analytisch (als Bedeutungspostulate) oder typischerweise (als Elemente eines Stereotyps) herausgezogen werden können.

Primär ist sie insofern, als sie immer dann aktiviert wird, wenn die betreffende Wortform in einem Standardkontext verwendet wird. Sie unterscheidet sich hierin von allen anderen Inhaltselementen, einschließlich der eben genannten durch Extraktion gewinnbaren. Die nicht primären Bedeutungselemente müssen nur unter bestimmten Umständen aktiviert werden, z. B. in Kontexten, die einen Schluß verlangen (1)–(2), oder in solchen, die Prädikate kontrastieren[2] (3)–(4):

(1) *Dieses Getränk ist kein Wein. Es ist nicht aus Trauben.*
(2) *Möchten Sie Wein oder Bier?*

Offenbar muß das Wissen, daß Wein aus Trauben gemacht wird, für das Verstehen von (1) aktiviert werden, nicht aber für das Verstehen von (2).

(3) *Das ist eher ein Hügel als ein Berg.*
(4) *Ich stieg den Hügel hinab.*

Ebenso muß das Wissen, daß ein Berg höher ist als ein Hügel, in (3), aber nicht in (4) aktiviert werden.

---

[2] Daß semantisch verwandte Wörter anders verstanden werden, je nachdem ob sie in einem Text kontrastiert werden oder ob sie ohne einen solchen Kontrast gebraucht werden, wurde bereits von Burton-Roberts [1977, 185] beobachtet.

Eine Wortform kann wohlgemerkt mehr als eine unmittelbare lexikalische Bedeutung haben: alle lexikalisierten polysemen oder homonymen Bedeutungen einer Wortform sind hinsichtlich dieser Wortform unmittelbare lexikalische Bedeutungen[3].

Wie ist die Annahme unmittelbarer lexikalischer Bedeutungen begründet? Eine erste Begründung liegt in der Tatsache, daß sich eine erschöpfende Zerlegung der lexikalischen Bedeutung in bestimmten Fällen als undurchführbar erwiesen hat. Eine naheliegende Folgerung aus dieser Erfahrung ist die Annahme, daß es außer den extrahierbaren Bedeutungskomponenten eine globale Bedeutung gibt, die gegenüber diesen Komponenten einen Überschuß an Inhalt hat.

Zweitens wird in der Psychologie angenommen, daß Wörtern für konkrete Objekte globale visuelle Repräsentationen zugeordnet sind [Engelkamp 1985, 307; Zimmer 1985, 325]. Es ist daher zumindest plausibel anzunehmen, daß es entsprechende globale konzeptuelle Repräsentationen gibt: die unmittelbaren lexikalischen Bedeutungen.

Drittens schließlich deuten Beispiele wie (1)–(4) darauf hin, daß wir globale Konzepte verarbeiten können, ohne einzelne Bedeutungskomponenten verarbeiten zu müssen. (Es wäre allerdings interessant, diese etwas spekulative Annahme empirisch überprüft zu sehen.)

Der Sprachvergleich zeigt, daß die unmittelbaren lexikalischen Bedeutungen von in Übersetzungsbeziehung stehenden Lexemen einzelsprachlich variieren. So können dt. *legen* und engl. *put* sehr weitgehend zur Bezeichnung derselben Sachverhalte benutzt werden, aber sie haben nicht dieselbe unmittelbare lexikalische Bedeutung. (Dies hat zur Konsequenz, daß auch die extrahierbaren Bedeutungskomponenten nicht vollständig übereinstimmen.) Ein anderes Beispiel ist bei dt. *auf* und frz. *sur* der Kontrast hinsichtlich der Komponente ‚Kontakt'; vgl.

(5) *L'avion plane sur la ville.*
**Das Flugzeug schwebt auf der Stadt.*

3.1.2 Bedeutungspostulate

Bedeutungspostulate sind Implikationen der unmittelbaren lexikalischen Bedeutung. Sie sind analytisch unter der Bedingung, daß eine Standardverwendung des betreffenden Lexems vorliegt. (Nicht-Standardverwendungen liegen vor bei spontanen Tropen, bei ad-hoc-Umdeutungen, bei Bedeutungsabschwächungen nach sprachlichen Hecken und bei semantisch chiffrierten Kodes.)

Da die unmittelbaren lexikalischen Bedeutungen einzelsprachlich variieren, tun dies auch die Bedeutungspostulate. Bedeutungspostulate unterscheiden semantisch verwandte Wörter derselben Sprache; sie können auch interlinguale Kontraste darstellen. So kann der in (5) exemplifizierte Kontrast durch (6) dargestellt werden:

---

[3] Burton-Roberts [1977, 174] schien Ähnliches zu meinen, wenn er schrieb: „... the existence of the narrow semantic concept is vouchsafed to the semanticist by the existence of its phonetic/orthographic counterpart ..."

(6) ‚auf (x, y)' beinhaltet analytisch ‚in Kontakt mit (x, y)'
‚sur (x, y)' beinhaltet typischerweise ‚in Kontakt mit (x, y)'

Bestimmte unmittelbare lexikalische Bedeutungen, deren Struktur im wesentlichen stereotypisch ist, haben ein sehr abstraktes, klassifizierendes Bedeutungspostulat; s. z. B.

(7) ‚Katze (x) → Tier (x)',
‚schlägt (x, y) → führt eine Handlung aus (x)'

Diese Bedeutungspostulate entsprechen den Archilexemen der Wortfeldtheorie. Sie spielen eine wichtige Rolle für die allgemeinen begrifflichen Schemata (s. 3.1.5.).

3.1.3 Prädikat-Argument-Strukturen

Prädikat-Argument-Strukturen bestimmen die Anzahl der von einem Prädikat geforderten Argumente und die inhaltlichen Beschränkungen, die ein Prädikat für seine Argumente festlegt (thematische Rollen, Sortenbeschränkungen usw.). Prädikat-Argument-Strukturen sind aus der unmittelbaren lexikalischen Bedeutung zwar nicht ableitbar, aber doch durch sie motiviert. In der Tat kann ein gegebenes Prädikat mehr als eine Prädikat-Argument-Struktur haben, aber die Höchstzahl der möglichen Argumente und die für sie gültigen inhaltlichen Beschränkungen hängen von der unmittelbaren lexikalischen Bedeutung ab. Daß *vorlesen,* aber nicht *sehen* dreistellig sein kann, daß *die Nachricht* normalerweise als Objekt von *vorlesen,* aber nicht von *sehen* vorkommen kann, beruht auf Unterschieden in der Prädikat-Argument-Struktur, die durch die unmittelbare lexikalische Bedeutung motiviert sind; vgl.

(8) **Ich sah ihm die Nachricht.*
Ich las ihm die Nachricht vor.

Beim Textverstehen können Prädikat-Argument-Strukturen als *heuristische Schemata* dienen.

Heuristische Schemata braucht der Leser aus dem folgenden Grunde: Wie bereits gesagt, kann er aufgrund des Prinzips der Zugänglichkeit des Nichtgesagten Information ergänzen. Solche Ergänzungen werden aber nicht willkürlich vorgenommen: Normalerweise fügt der Leser den explizit mitgeteilten Inhalten nicht schon dann etwas hinzu, wenn er eine passende Information findet, sondern erst dann, wenn er den expliziten Text als ergänzungsbedürftig erkennt. Anders gesagt: Bei der Textverarbeitung muß eine Frage entstehen.

Die Genese solcher Fragen kann man wie folgt rekonstruieren: Der Leser verfügt über Schemata, die angeben, wann eine Information vollständig ist. Wird eine im Text explizit gegebene Information aufgrund eines solchen Schemas als unvollständig erkannt, so entsteht die Frage nach der Vervollständigung. (Die Beantwortung einer solchen Frage kann dann aufgrund des allgemeinen Wissens, aufgrund der bereits aufgebauten Textwelt usw. erfolgen.)

Als heuristische Schemata können dienen:

- kontextabhängige unmittelbare lexikalische Bedeutungen (z. B. die Bedeutungen relativer Adjektive),
- Prädikat-Argument-Strukturen,
- allgemeine Begriffsschemata (s. 3.1.5.).

3.1.4 Stereotype

Ein Stereotyp ist eine Konfiguration von Eigenschaften, die typischerweise, aber nicht notwendigerweise mit den Referenten eines Lexems verbunden sind. So enthält z. B. das Stereotyp von *Wasser* die Eigenschaften „ist flüssig", „ist geruch- und geschmacklos", „ist trinkbar" usw. Ein Stereotyp kann Teil der unmittelbaren lexikalischen Bedeutung sein. (Dies gilt z. B. für die Bezeichnungen für natürliche Arten.) In diesem Fall ist es *schwach analytisch*, in folgendem Sinne: Als globale Konfiguration ist es analytisch, aber die einzelnen Eigenschaften, die die Konfiguration ausmachen, sind es nicht. Ein Stereotyp kann auch nur lose mit einem Wort verbunden sein. (Dies gilt z. B. für die Stereotype über Nationen, Geschlechter und Berufe.) In diesem Fall sind die Stereotype überhaupt nicht analytisch. Anders als Bedeutungspostulate variieren Stereotype nicht von Sprache zu Sprache, sondern von Kultur zu Kultur.

3.1.5 Allgemeine Begriffsschemata

Ein allgemeines Begriffsschema ist ein Netz, das einem allgemeinen Konzept Parameter zuordnet. Diese Parameter sind an einem Begriff der vollständigen Information orientiert. Sie geben für jedes unter das allgemeine Konzept fallende speziellere Konzept an, zu welchen Punkten Information vorhanden sein muß, damit ein unter das spezielle Konzept fallender Sachverhalt oder Gegenstand voll spezifiziert ist.

So gibt es ein allgemeines Begriffsschema der *Handlung;* es enthält die Parameter Handelnder, Zweck, Zeit und Ort; für eine Unterklasse von Handlungen enthält es auch den von der Handlung Betroffenen und ein Instrument. Das allgemeine Begriffsschema des *Vorgangs* enthält keinen Handelnden, keinen Zweck und kein Instrument, aber einen Betroffenen, und fakultativ eine Ursache oder ein auslösendes Moment. Das allgemeine Begriffsschema *konkreter Gegenstand* enthält eine Form, eine Größe, eine Farbe usw.

Im Textverstehen sind allgemeine Begriffsschemata die Grundlage für die Erwartungen, die beim Lesen aufgebaut werden (vgl. die Isotopien in Greimas 1966), und für die Erschließung nicht expliziter Information.

Allgemeine Begriffsschemata sind vom Lexikon her zugänglich, und zwar über die oben erwähnten allgemeinsten Bedeutungspostulate. Man sieht hier, daß die sog. Archilexeme der Wortfeldtheorie nicht nur klassifizierende, sondern auch heuristische Funktion haben. (Technisch kann man die allgemeinen Begriffsschemata als Bäume darstellen; die allgemeinsten Bedeutungspostulate verweisen dann auf die höchsten Knoten dieser Bäume.)

Allgemeine Begriffsschemata variieren nicht von Sprache zu Sprache. Ob sie kulturabhängig oder universal sind, ist für unsere Fragestellung unerheblich.

3.1.6 Sonstiges mit einem Wort verbundenes Wissen

Zusätzlich zu den bis jetzt genannten Arten von Wortinhalten kann weiteres typisches Wissen über das Lexikon zugänglich sein, z. B. Wissen über Verhaltensweisen und Motivationen, über Ursachen und Folgen, über Handlungen und Eigenschaften von Objekten usw. Diese Wissenselemente sind meist über mehrere Wortformen zugänglich; vgl. z. B. (9)–(10):

(9) *Wenn jemand einem Menschen schmeichelt, so erwartet er wahrscheinlich eine Vergünstigung von ihm.*
(10) *Verkehr ist für Katzen gefährlich.*
(11) *Um Holz gut zu schützen, sind mehrere Schichten Farbe nötig.*

Es ist wohl plausibel anzunehmen, daß (9) über ‚schmeicheln' und ‚Vergünstigung' zugänglich ist, (10) über ‚Verkehr' und ‚Katze' und (11) über ‚Holz' und ‚Farbe'.

3.2 Die Hierarchie der Zuordnungen von Elementen des Wortinhalts zur Wortform

In den vorausgehenden Kommentaren wurde bereits jeweils angegeben, in welcher Beziehung der betreffende Inhaltstyp zur Wortform steht. Um die Status-Hierarchie der Verbindungen zwischen Wortform und Wortinhalten darzustellen, genügt es daher, die Kommentare zu resümieren und die obige Liste in die folgende Ordnung zu bringen:

i. Der Inhalt ist *strikt an die Wortform gebunden:* unmittelbare lexikalische Bedeutungen und Bedeutungspostulate.
ii. Der Inhalt ist *durch unmittelbare lexikalische Bedeutungen motiviert, und er motiviert die syntaktische Valenz:* Prädikat-Argument-Strukturen.
iii. Der Inhalt ist *lose an die Wortform gebunden:* Stereotype.
iv. Der Inhalt ist *nicht an die Wortform gebunden, aber er steht in systematischer Beziehung zu Bedeutungspostulaten:* allgemeine begriffliche Schemata.
v. Der Inhalt ist *nicht an die Wortform gebunden, und es gibt keine systematische Beziehung zu anderen Komponenten des Wortinhalts:* sonstiges assoziiertes Wissen.

4 *Eine Beispielanalyse*

Anhand einer Beispielanalyse soll nun gezeigt werden, wie die verschiedenen Komponenten des lexikalischen Wissens beim Textverstehen interagieren können. Es wird wie folgt vorgegangen: Behandelt werden einige Stellen, die besonders interessante Verstehensaufgaben enthalten. Das Kriterium ist, daß diese Stellen mehr erfordern als die einfachen Standardprozeduren des Verstehens. Diese sind:

- die syntaktische Analyse,
- das Einsetzen unmittelbarer lexikalischer Bedeutungen,
- der Aufbau semantischer Repräsentationen,
- der Aufbau einer Textwelt durch bloße Konjunktion semantischer Repräsentationen.

Für jede dieser Stellen wird zunächst das Problem genannt, auf das der Leser stößt, dann eine der Lösungen, die ein idealer Leser [vgl. Fillmore 1983] finden könnte. Diese Lösung hat den Status eines Informationsfragments, das der Leser in die Textwelt einfügt. Nachdem Aufgabe und Lösung definiert sind, werden informell die Operationen skizziert, die zu der Lösung führen. Hierbei wird besonders auf die Frage eingegangen, welche Art lexikalischen Wissens (nach der Systematik der obigen Liste) der Leser aktivieren muß.

Der Beispieltext ist der Beginn von Sartres *Les mots;* er lautet:

En Alsace, aux environs de 1850, un instituteur accablé d'enfants consentit à se faire épicier. Ce défroqué voulut une compensation: puisqu'il renonçait à former les esprits, un de ses fils formerait les âmes; il y aurait un pasteur dans la famille, ce serait Charles. Charles se déroba, préféra courir les routes sur les traces d'une écuyère. On retourna son portrait contre le mur et fit défense de prononcer son nom.

Als Lesehilfe gebe ich die deutsche Übersetzung *(Die Wörter,* Hamburg 1968) von Hans Mayer: „Um das Jahr 1850 ließ sich im Elsaß ein Lehrer mit allzu großer Kinderschar dazu herab, Krämer zu werden. Dieser Abtrünnige wollte eine Kompensierung: da er selbst darauf verzichtete, die Köpfe zu erhellen, sollte einer der Söhne die Seelen lenken; die Familie sollte einen Pastor erhalten, und zwar Charles. Charles machte Ausflüchte und lief statt dessen einer Zirkusreiterin nach. Man drehte sein Bild gegen die Wand und verbot die Erwähnung seines Namens."

4.1 *Ein Fall von Mehrdeutigkeit*

Das dritte Segment des Texts

(12) *un instituteur accablé d'enfants*

enthält eine Mehrdeutigkeit auf der Ebene der unmittelbaren lexikalischen Bedeutung: *enfant* hat zwei Lesarten, deren Unterschied sich durch die Prädikat-Argument-Struktur und anhand von Bedeutungspostulaten wie folgt darstellen läßt:

(13) *enfant*$_1$: ,Kind (x)' → Mensch (x)
& noch nicht ausgewachsen (x)'
enfant$_2$: ,Kind (x,y) → Mensch (x)
& direkter Nachkomme von (x, y)'

Es sei angenommen, daß der Leser sich für die zweite Lesart entscheidet. Seine Verstehensoperationen lassen sich dann wie folgt rekonstruieren:
1° Die *syntaktische* Analyse ergibt, daß *accablé* der Kopf der Gruppe *accablé d'enfants* ist.
2° Die *morphologische* Analyse ergibt, daß *accablé* das Partizip II des Verbs *accabler* ist.
3° Aus der *Prädikat-Argument-Struktur* von *accabler* ,überwältigen, niederdrücken, belasten' bekommt der Leser die Information, daß das durch die Präpositionalphrase *d'enfants* bezeichnete Argument – das *x* in (14) – die thematische Rolle der verursachenden Instanz realisiert.
4° Unter den *Bedeutungspostulaten* von *accabler* findet der Leser das folgende:

(14) ,accable (x, y)' → verursacht (x, p)
& negativ für (p, y)

Aber die Bedeutung von *accabler* spezifiziert nicht, worin p, die negative Wirkung von x, besteht. Das über (14) aktivierbare *allgemeine Begriffsschema* „Verursachung" ist nicht erfüllt. Damit entsteht im Leser die Frage nach der Spezifikation von p. Die Antwort ist im allgemeinen Wissen enthalten. Dieses enthalte Information über „schädliche Gegenstände", d. h. über Objekte, die aufgrund ihrer Natur negativ wirken. Der Leser wird hier zwar Information finden, die auf *accabler* beziehbar ist *(être accablé de dettes* ,hoffnungslos verschuldet sein', *être accablé de reproches* ,mit Vorwürfen überhäuft werden'). Aber ,Kinder' sei in dieser Liste nicht enthalten.

Nehmen wir ferner an, der Leser habe ein allgemeines inhaltliches Prinzip für negative Wirkungen, welches besagt: „Wenn eine negative Wirkung von x nicht auf der Natur von x beruht, dann beruht sie auf dem quantitativen Übermaß von x." Mit diesem Prinzip werden Ausdrücke wie *être accablé de chaleur, de soleil* ,unter der Hitze, der Sonne leiden' verständlich. Der Leser wird nun anhand dieses Prinzips folgern, daß der Held zu viele Kinder hatte. Damit ist das Problem allerdings immer noch nicht gelöst: er kann als Lehrer zu viele Kinder in seiner Klasse oder als Vater zu viele Kinder in seiner Familie haben.

Damit sind, so sei angenommen, die Möglichkeiten der Informationsgewinnung erschöpft; der Leser merkt sich das Problem als nur teilweise gelöst und liest das nächste Textfragment:

(15) *consentit à se faire épicier.*

(15) enthält die folgenden erschließbaren Inhalte:

5° Die mit *instituteur* und *épicier* verbundenen *Stereotype* beinhalten, daß es unter dem Gesichtspunkt des gesellschaftlichen Ansehens besser ist, Lehrer zu sein als Kolonialwarenhändler. Die Stereotype enthalten ferner, daß ein *instituteur* arm und ein *épicier* reich ist.
6° Das *allgemeine Begriffsschema* „Beruf" legt fest, daß man jeweils nur einen Beruf auf einmal hat. Der Leser folgert deshalb aus (15), daß der Held den Lehrerberuf aufgeben mußte, um Kolonialwarenhändler zu werden.
7° *consentir* ‚einwilligen' hat das folgende Bedeutungspostulat:

(16) ‚willigt ein (x, p) → tut (x, p)
& es gibt y: verlangt (y (tut (x, p))'

8° Nun ist aber das y, das von x verlangt, er solle Krämer werden, im Text nicht spezifiziert. So entsteht die Frage: „Wer oder was hat den Berufswechsel von x verlangt?" Wenn nun der Leser nach dem Prinzip der Sparsamkeit [Kay 1983] den unmittelbaren Kontext auswertet, kann er die folgende Information konstruieren, die die offenen Fragen beantwortet: Der Volksschullehrer wurde Kolonialwarenhändler, weil dies ihm ein höheres Einkommen sicherte. Dieses brauchte er, weil er *accablé d'enfants* war, zu viele Kinder hatte. Der Zusammenhang zwischen dem Einkommen und den Kindern kann aber nur dann konstruiert werden, wenn *enfants* nicht als die Kinder in der Schule *(enfants$_1$)*, sondern als die leiblichen Kinder *(enfants$_2$)* gedeutet wird.

4.2 Ein Fall von Umdeutung der lexikalischen Bedeutung

Das Subjekt von

(17) *Ce défroqué voulut une compensation*

ist ein anaphorischer Ausdruck, dessen Antezedens hier nichts anderes sein kann als das Subjekt des vorausgehenden Satzes, *un instituteur accablé d'enfants.*

Wenn eine Nominalphrase anaphorisch ist, besteht normalerweise die folgende Alternative: Entweder sie ist hinsichtlich des Antezedens analytisch – wie in (18) –, oder sie fügt neue, mit der Deutung des Antezedens vereinbare Information über den Referenten hinzu – wie in (19):

(18) ... *ein Hund* ... – ... *dieser Hund* ...
... *ein Hund* ... – ... *dieses Tier* ...

(19) ... *ein kleines Kind* ... – ... *der dreijährige Junge* ...
... *ein Buch* ... – ... *dieser Roman* ...

Aber *ce défroqué* entspricht keinem dieser Typen. Mit *défroqué* (ungefähr übersetzbar mit ‚laisiert') ist nämlich ein Bedeutungspostulat verbunden, demzufolge ein *défroqué* ein Priester oder Mönch ist, der den geistlichen Stand aufgegeben hat. Etwas technischer formuliert:

(20) ‚laisiert (x) → hat P aufgegeben (x)
wobei P = der Stand eines Priesters oder Mönchs'

Aufgrund von (20) ist *ce défroqué* in Konflikt mit seinem Antezedens *un instituteur*, es sei denn, der Leser nehme an, Sartres Vorfahre sei zuerst Priester gewesen, dann Lehrer und schließlich Krämer geworden. Ein Autor, der eine solche Geschichte nur durch eine ungewöhnliche anaphorische Beziehung mitteilen würde, wäre aber nicht kooperativ. Der Leser wird daher nach einem anderen Weg suchen, den Text kohärent zu verstehen.

Die Lösung besteht in einer Anpassung der lexikalischen Bedeutung an den Kontext. Hier besteht das Verfahren in einer Depräzisierung: Der Leser setzt das Bedeutungspostulat außer Kraft, demzufolge die aufgegebene Eigenschaft P die eines Priesters oder Mönchs ist.

Er entwertet das Bedeutungspostulat jedoch nicht vollständig: es besteht immer noch eine Beschränkung der Eigenschaft P. Diese ist nur so weit gelockert, daß die Bedeutung von *instituteur* eingeschlossen werden kann. Das Ergebnis ist dann in etwa:

(21) ‚laisiert (x) → hat P aufgegeben (x)
wobei P = ein Stand oder Beruf, der mit geistigen Werten zu tun hat'

Diese auf dem Kohärenzprinzip und auf dem Inhalt der bereits aufgebauten Textwelt beruhende Anpassung der Bedeutung von *défroqué* wird durch die aus der Verbphrase desselben Satzes erschließbare Information bestätigt:

(22) *voulut une compensation*

Mit *compensation* ‚Entschädigung' sind nämlich Bedeutungspostulate verbunden, die u. a. auch eine Prädikat-Argument-Struktur einführen:

(23) ‚Entschädigung (x) → Vorteil (x)
& es gibt y: bekommt (y, x)
& es gibt z: ist ein Verlust für (z, y)
& gleicht aus (x, z)'

Das Argument z ist im Text nicht spezifiziert. Hierdurch entsteht beim Leser die Frage: „Wofür wollte der ehemalige Lehrer eine Entschädigung?" Die Antwort kann durch die

Auswertung der bereits aktivierten Stereotype für *instituteur* und *épicier* gefunden werden: Es ist für einen Lehrer ein Verlust an gesellschaftlichem Ansehen, wenn er seinen Beruf aufgibt und Krämer wird.

4.3 Ein Fall von Periphrasenauflösung

Im Text folgt nun:

(24) *Puisqu'il renonçait à former les esprits, un de ses fils formerait les âmes*

Ein erfahrener Leser wird verstehen, daß dieser Satz die bereits erwähnte Entschädigung spezifiziert und rechtfertigt. Er wird auch verstehen, daß die beiden Verbphrasen *former les esprits* und *formerait les âmes* Umschreibungen für Berufe sind; er wird in seine Textwelt einfügen, daß

(25) *der Vater, da er auf seinen Lehrerberuf verzichtet hatte, wollte, daß einer seiner Söhne Pfarrer wird*

Wie kommt der Leser zu diesem Verständnis? Zunächst enthält (24) einen formalen Parallelismus zwischen *esprits* und *âmes*, der die semantische Verwandtschaft zwischen diesen Wörtern unterstreicht und diejenigen Bedeutungselemente aktiviert, durch die die beiden Wörter unterschieden sind. Aber um was für Bedeutungselemente handelt es sich hier? Was die beiden Bedeutungen unterscheidet, ist ein Faktor, der bis jetzt noch nicht erwähnt wurde, nämlich die *Zugehörigkeit zu* (konkurrierenden) *begrifflichen Schemata* (also nicht der Inhalt des begrifflichen Schemas, sondern die bloße Tatsache der Zugehörigkeit zu einem Schema). Der Leser des vorliegenden Textes muß offenbar über zwei Schemata „Mensch" verfügen, die konkurrierenden Diskursbereichen angehören: einem laizistischen, in den *esprit* gehört, und einem religiösen, dem *âme* angehört.

Nun hat aber *instituteur* ein weiteres Stereotyp: Der typische französische Volksschullehrer (besonders im historischen Kontext der Zeit um 1850) lehrt an der laizistischen staatlichen Schule und vertritt deren Ideale. Von hier aus ergibt sich eine Verbindung zwischen dem mit *esprit* verbundenen Wissen zu dem bereits aktivierten Wissen über *instituteur*, und es ist naheliegend, aufgrund dieser Verbindung den Ausdruck *former les esprits* als eine Periphrase für *être instituteur* aufzufassen und parallel dazu *former les âmes* im Sinne von ‚Pfarrer sein' zu deuten.

Unterstützt wird diese Deutung dadurch, daß sowohl das begriffliche Schema „Beruf" (bei der Deutung von *consentit à se faire épicier)* als auch der Begriff ‚Geistlicher' (bei der Deutung von *ce défroqué)* bereits aktiviert worden war. Dadurch, daß mehrere aktivierte Schemata wiederholt benutzt werden, ergeben sich Stützen für eine kohärente Deutung des Textes.

5 Ein Programm für linguistische Forschung über lexikalisches Wissen und Textverstehen

Um die Prozesse, die im vorausgehenden Text skizziert worden sind, genau darzustellen und um gleichzeitig ihren mehr oder weniger starken ad-hoc-Charakter zu überwinden, ist in prozeduraler Syntax, Semantik und Pragmatik eine Forschungsarbeit zu leisten, deren Umfang man leicht unterschätzt. Im folgenden seien nur einige der anstehenden Probleme herausgegriffen.

5.1 Prinzipien der Textsegmentierung

Fillmore [1983] hat eine Methode zur Untersuchung von Prozessen des Textverstehens entwickelt, die eine Segmentierung des Textes in Einheiten beinhaltet. Diese Einheiten waren nicht strukturell (etwa als Sätze oder Phrasen) definiert, sondern sie wurden als Einheiten der Textverarbeitung verstanden und für gegebene Texte intuitiv festgelegt.

Hiermit ist ein theoretisches Problem gegeben. Es ist nämlich plausibel anzunehmen, daß die intuitiven Festlegungen von Verarbeitungseinheiten durch den Linguisten nicht willkürlich sind. Sie könnten auf einer Fähigkeit beruhen, die nicht nur der Linguist, sondern auch der geübte Leser in jedem Fall hat. Wenn dies so sein sollte, dann würde es sich lohnen, diese Fähigkeit zu untersuchen und sie in einem linguistischen Modell des Textverstehens mit zu erfassen. Es ist zu erwarten, daß sowohl die Textgestalt und die durch sie aktivierbare sprachliche Kompetenz (syntaktische Struktur, lexikalische Bedeutung) als auch der jeweilige Stand der Textwelt Faktoren für die Festlegung der Verarbeitungseinheiten sind. Es ist aber offen, wie diese Faktoren im einzelnen wirken.

Eine Untersuchung der Prinzipien der Textsegmentierung wird Konsequenzen vor allem für die Stellung der Syntax innerhalb der sprachlichen Kompetenz und insbesondere für das Verhältnis von Syntax und Lexikon haben.

5.2 Die Auswirkungen der linearen Abfolge der Information

Bekanntlich wird beim Textverstehen die Abfolge der Information in bestimmten Fällen semantisch gedeutet. (Wenn p vor q geäußert wird, so kann manchmal gefolgert werden, daß p vor q geschah, daß p die Ursache von q ist, daß p wichtiger ist als q, daß q eine Erläuterung zu p ist usw.) Die Bedingungen, unter denen solche Folgerungen zulässig und naheliegend sind, müssen geklärt werden, wenn man in der Lage sein will anzugeben, welche Rolle das sprachliche und speziell das lexikalische Wissen beim Textverstehen spielt.

Aber die lineare Abfolge hat Konsequenzen nicht nur für das Ergebnis der Verstehensoperationen, sondern auch für ihren Ablauf und für die Anforderungen, die ein

Text an den Leser stellt. Einer der Gesichtspunkte, die hier eine Rolle spielen, ist mit dem Unterschied zwischen Nennen und Auslösen von Inferenzen gegeben. Ein Text kann, wie der hier behandelte, zunächst eine ganze Reihe von Inferenzen auslösen und deren Ergebnisse dann durch Nennen bestätigen. Er kann die Information aber auch so anordnen, daß bestimmte Inhalte zunächst benannt werden und dann andere angefügt werden, die auch gefolgert werden könnten; vgl. z. B. (26) mit (27)

(26) *Puisqu'il renonçait à former les esprits, un de ses fils* formerait les âmes; *il y aurait un* pasteur *dans la famille.*

(27) *Il y aurait un* pasteur *dans la famille; puisqu'il renonçait à former les esprits, un de ses fils* formerait les âmes.

In (26) muß der Leser zunächst inferieren, was mit der Periphrase *former les âmes* gemeint ist, und das Ergebnis der Inferenz wird dann bestätigt. In (27) muß er lediglich bemerken, daß *former les âmes* eine mögliche Beschreibung der Tätigkeit eines Geistlichen ist. In beiden Fällen wäre die schließlich in die Textwelt aufgenommene Information dieselbe, aber (26) verlangt vom Leser eine höhere Leistung als (27). – Durch die Untersuchung solcher Unterschiede der Verarbeitung könnte man zu Prinzipien zur Beurteilung der kommunikativen (und auch ästhetischen) Qualität von Texten kommen.

5.3 Prinzipien der Anpassung der lexikalischen Bedeutung an den Kontext

In 4.2 wurde ein Beispiel dafür gegeben, wie lexikalische Bedeutung an den Kontext angepaßt werden kann. In diesem Falle war es die anaphorische Beziehung, die eine Deutung von *défroqué* verlangte, die außerhalb der (angenommenen) lexikalischen Bedeutung lag.

Eine gründliche Untersuchung der Bedingungen, unter denen solche Bedeutungsanpassungen vorgenommen werden, würde zweifellos zu einer besseren Kenntnis über die Repräsentation und die Verarbeitung des Lexikons führen. Von den hier einschlägigen Phänomenen hat bisher nur die Metapher ein ihrer Bedeutung entsprechendes Interesse gefunden. Zu untersuchen wären auch nicht-metaphorische Bedeutungsanpassungen; in diesem Zusammenhang wäre auch der in diesem Beitrag gebrauchte Begriff der Nicht-Standardverwendung weiter zu klären.

Literatur

Bresnan, J. (Hrsg.) [1982]. *The Mental Representation of Grammatical Relations.* Cambridge, Mass., London: MIT Press.

Bresnan, J. [1982a]. The passive in lexical theory. In: J. Bresnan [1982], 3–86.

Bresnan, J. [1982b]. Polyadicity. In: J. Bresnan [1982], 149–172.

Burton-Roberts, N. [1977]. Generic sentences and analicity. *Studies in Language 1:2,* 155–196.

Engelkamp, J. [1985]. Die Repräsentation der Wortbedeutung. In: Ch. Schwarze/D. Wunderlich [1985], 292–313.

Fillmore, Ch. J. [1983]. *Ideal readers and real readers.* Ms. The University of California, Berkeley.

Greimas, A.-J. [1966]. *Sémantique structurale. Recherche de méthode.* Paris: Librairie Larousse.

Grimshaw, J. [1982]. On the Lexical representation of Romance reflexive clitics. In: J. Bresnan [1982], 87–148.

Jackendoff, R. [1983]. *Semantics and Cognition.* Cambridge, Mass./London: MIT Press.

Kay, P. [1983]. *The parsimony principle.* Ms. The University of California, Berkeley.

Pinkal, M. [1983]. Towards a semantics of precisation. In: Th. Ballmer/M. Pinkal (Hrsg.), *Approaching Vagueness.* Amsterdam: John Benjamins, 13–57.

Pinkal, M. [1985]. Kontextabhängigkeit, Vagheit, Mehrdeutigkeit. In: Ch. Schwarze/D. Wunderlich [1985], 27–63.

Putnam, H. [1975]. The meaning of ‚meaning'. In: H. Putnam, *Mind, Language, and Reality.* Cambridge: Cambridge University Press, 215–271.

Schwarze, Ch. [1987]. Text Understanding and Lexical Knowlegde. In: J. Verschueren/ M. Bertuccelli-Papi (Hrsg.), *The Pragmatic Perspective.* Amsterdam-Philadelphia: John Benjamins.

Schwarze, Ch./Wunderlich, D. (Hrsg.) [1985]. *Handbuch der Lexikologie.* Königstein: Athenäum.

Wunderlich, D. [1985]. *Wortstruktur und Satzstruktur.* Ms. Universität Düsseldorf.

Zadeh, L. A. [1975]. Fuzzy logic and approximate reasoning. *Synthese 30,* 407–428.

Zimmer, H. D. [1985]. Die Verarbeitung von Bedeutung: Verstehen und Behalten. In: Ch. Schwarze/D. Wunderlich [1985], 314–332.

Diskurssemantische Eigenschaften der Sprache italienischer Migrantenkinder

Peter Auer, Aldo di Luzio (Projekt G1)

0 *Allgemeines*

Die Diskurs- oder Textsemantik[1] beschäftigt sich mit der Frage, wie die Teilnehmer an einer sprachlichen Interaktion gemeinsam sinnvolle Diskurswelten (Textmodelle) zu thematischen Abschnitten dieser Interaktion aufbauen. Fillmore [1982a,b], dessen Auffassung von Textsemantik wir weitgehend folgen, wenn auch unsere dialogischen Daten Modifikationen seines auf schriftliche Texte, d. h. auf den Lesevorgang bezogenen Ansatzes erforderlich machen, nennt diesen Aufbau von Diskurswelten „the construction of an envisionment of the world of the text" [1982b, 329]. Damit ist das nicht notwendig visuell-konkrete (bildhafte), aber in sich ausreichend kohärente Vor-Stellen eines Textmodells gemeint. Die für die Diskurssemantik interessante Frage ist, wie das „envisionment" eines Textmodells vonstatten geht. Der Fokus liegt also nicht auf der Beschreibung einer statischen semantischen Repräsentation, sondern auf der Dynamik ihres Aufbaus.

Zunächst muß betont werden, daß das Vor-Stellen eines Textmodells ein interaktiver Prozeß ist, ebenso wie das Textmodell selbst nicht das des Sprechers und nicht das des Hörers ist, sondern eines, das von ihnen – für alle praktischen Zwecke (der Kommunikation) ausreichend – geteilt wird. Davon auszugehen, daß der Sprecher ein in seinem Kopf schon fertiges Textmodell nur linearisierend bearbeitet und sozusagen via Sprache in den Kopf des Rezipienten transferiert, hieße, in ein überholtes Kommunikationsmodell zurückzufallen. Freilich sind die Aufgaben, die dem Sprecher und dem Rezipienten zukommen, nicht gleich. Aber selbst in monologischen Sprechaktivitäten („Gattungen") wie Narrativen oder Beschreibungen bleibt dem Rezipienten die Aufgabe, dem Sprecher in geeigneter Weise zu signalisieren, welche Versprachlichungen für ihn notwendig und welche überflüssig sind, d. h., er muß fortwährend den Stand seines Hintergrundwissens deutlich machen, um so dem Sprecher die entscheidenden Hin-

[1] Wir ziehen im folgenden den Terminus Diskurssemantik vor, um den mündlichen, dialogischen Charakter der Texte zu betonen, mit denen wir zu tun haben.

weise für die rezipientengerechte Formulierung seiner Äußerung zu geben (vgl. Auer 1984a). In mehr dialogischen Gattungen – z. B. Argumentationen – wird der Prozeß des Vor-Stellens sowieso von allen Teilnehmern gleichmäßig getragen.

Dieses Vor-Stellen kann nun zu unterschiedlich klaren Ergebnissen führen. Für ihre Alltagszwecke begnügen sich die Gesprächsteilnehmer mit Textmodellen, die weit davon entfernt sind, logischen Kriterien zu entsprechen. Wie klar ein Textmodell sein muß, hängt für sie vielmehr von den Zwecken der Interaktion ab.

Für das Vor-Stellen einer Diskurswelt sind u. a. zwei semantische Operationen (Prozesse) zentral: Referieren und Kontextualisieren. Beide Prozesse stehen in einem engen Wechselverhältnis zueinander. Durch das Referieren werden „Gegenstände" zu „Gesprächsgegenständen", d. h. durch und für die sprachliche Interaktion verfügbar. Die Beziehung zwischen Gegenstand und Zeichen ist die der Symbolisierung, wenn sie auf der Grundlage konventionalisierter Bedeutungen hergestellt wird, die in „Symbolfeldern" organisiert sind. Sie ist die des Zeigens, wenn die referentielle Beziehung über Kontiguität hergestellt wird und sich des sprachlichen „Zeigfelds" bedient.[2] Während das Referieren der traditionelle Gegenstand der Semantik ist, ist der diskurssemantische Prozeß des Kontextualisierens erst in jüngerer Zeit thematisiert worden.[3] Im Kontextualisieren geht es nicht um das Bezeichnen von Dingen, sondern um das Evozieren von Elementen des Hintergrundwissens der Teilnehmer. Hier werden keine Gesprächs*gegenstände*, sondern Gesprächs*kontexte* konstituiert. Während referentielle Prozesse etwas zu sagen erlauben, erlauben Kontextualisierungsprozesse, das Gesagte in einen Zusammenhang von Nicht-Gesagtem zu stellen, der es erst verständlich macht. Referieren lenkt die Aufmerksamkeit der Interaktionsteilnehmer im Augenblick, Kontextualisieren baut Erwartungen über zukünftige Handlungen auf. Die Zeichenstruktur ist in beiden Fällen unterschiedlich.

Neben der Dichotomie Referieren vs. Kontextualisieren ist für die folgenden Untersuchungen ein weiterer Begriff von zentraler Bedeutung: der Begriff des Schemas. Wir gehen davon aus, daß das menschliche Wissen in komplexen Einheiten organisiert ist, die eine Anzahl von Einzelinformationen auf unterschiedliche Weise miteinander kombinieren. Zwei Schematypen sind für unsere Zwecke besonders wichtig: Skripts[4] verbinden Handlungen sequentiell miteinander (‚Essen im Restaurant', ‚Banküberfall', etc.). Es sind unterschiedliche Grade der Rigidität möglich, mit der die einzelnen Elemente eines Schemas assoziiert sind. So lassen manche Skripts keinen Spielraum für Ergänzungen, Wiederholungen oder Auslassungen und legen jede Handlung in ihrer Position fest. Im häufigeren Fall werden jedoch nur die zentralen Handlungen durch eine VOR-NACH-Beziehung aufeinander bezogen. Hier läßt sich die Schema-Theorie gewinnbringend mit der Prototypentheorie verbinden. In der Regel haben Skripts mehr oder weniger prototypische Verläufe; das Schema enthält nicht nur Informationen über den obligatorischen Kern, sondern auch über mögliche Abweichungen.[5]

---

[2] Vgl. Bühler [1934].
[3] Erstmals bei Cook-Gumperz/Gumperz [1976]. Vgl. den Forschungsüberblick in Auer [1986].
[4] Vgl. Schank/Abelson [1977].
[5] Vgl. dazu etwa die Analyse zu den Komponenten des „Lügens" von Coleman/Kay [1981].

Ein anderer wichtiger Schematyp sind Kategorieninventare („membership categorization devices“, Sacks 1972). Sie fassen soziale Kategorien einschließlich der typischerweise an sie gebundenen Aktivitäten („category-bound activities“) zusammen. So umfaßt z. B. das Inventar „Schule“ die Kategorien „Lehrerin“, „Schüler“, „Rektorin“ u. a. Die zentralen Kategorien des Inventars evozieren sich wechselseitig; etwa impliziert die Nennung des Kategoriennamens *Schüler* die potentielle Relevanz von *Lehrer*, etc. Sacks [1972] zeigt anhand der Mini-Geschichte *The baby cried. The mommy picked it up*, wie prototypische Verhaltensweisen von Kategorienmitgliedern zur semantischen Konstruktion von Textmodellen verwendet werden.

Kontextualisierung und Schemata hängen eng zusammen. Durch den Prozeß der Kontextualisierung werden schematische Wissensbestände interaktiv relevant gemacht (abgerufen), ohne expliziert werden zu müssen. Das kann lexikalisch geschehen, wenn z. B. im Vorfeld einer Erzählung das relevante Skript benannt wird, etwa: *Einmal bin ich zu spät nach Hause gekommen.* Die Benennung aktiviert bei möglichen Rezipienten Wissenselemente, die die prototypischen sozialen Handlungen und deren Abfolge festlegen. Die Ankündigung bereitet die Formulierung der Ereignisfolge vor, indem sie ein Handlungsskelett projiziert; d. h., sie schafft Kontext für die folgenden Äußerungen.[6] Ein Beispiel für nicht-lexikalische Schemakontextualisierung ist die phonetische Markierung fremddialektaler Äußerungen (in Zitaten). Die so markierten Äußerungen transportieren – für die jeweilige Sprechgemeinschaft typische – Klischees über andere Sprechgemeinschaften oder Sprecher.[7] Die phonetische Markierung setzt in diesem Fall den referentiellen Gehalt der reportierten Rede in einen Kontext, der dessen Interpretation steuert oder beeinflußt. Auch prosodische sprachliche Ausdrucksmittel haben oft Kontextualisierungsfunktion.

In dem vorliegenden Beitrag analysieren wir diskurssemantische Eigenschaften der Sprache 10- bis 17jähriger italienischer Migrantenkinder in der Bundesrepublik Deutschland.[8] Es handelt sich dabei um ein Untersuchungsfeld, das für die bisherige linguistische Migrantenforschung eher untypisch ist.[9] Die bisherigen Arbeiten haben sich in erster Linie mit elementaren L2-Systemen Erwachsener beschäftigt (ZISA-, HPD-Projekt) und dabei morphosyntaktische Aspekte in den Vordergrund gestellt. Die Studien zum Sprachverhalten von Kindern beschränken sich in der Regel auf das Lexikon bzw. wieder auf die Morphosyntax.[10] Unser Forschungsinteresse zielt hingegen auf das Sprachverhalten von Kindern, die in der Bundesrepublik sozialisiert

[6] Zugleich hat eine Äußerung wie *einmal bin ich zu spät nach Hause gekommen* natürlich auch eine referentielle Bedeutung: sie benennt ein Ereignis und evoziert zugleich eine prototypische Ereignisfolge um dieses Ereignis herum.

[7] Vgl. zur Konnotationsanalyse im Zusammenhang sprachlicher Variation Maas [1988].

[8] Vgl. zu den untersuchten Sprechern und ihrem Sprachverhalten und sozialen Hintergrund z. B. D'Angelo [1984], Auer [1984], Auer/di Luzio [1983a, b], zu Aspekten der sequentiellen und semantischen Organisation von Narrativen Bierbach [1985a, b].

[9] Eine der wenigen Ausnahmen ist eine kürzlich erschienene Studie von Müller [1985] über referentielle Vagheit im Deutschen von Migrantenkindern, die die unter 2.2.2. reportierten Ergebnisse unserer Untersuchung unterstützt.

wurden und oft auch hier geboren sind. Auf der umgangssprachlichen Ebene ist die Deutschkompetenz dieser Kinder in bezug auf Phonologie/Phonetik und Morphosyntax sehr fortgeschritten und oft sogar mit der deutscher Kinder vergleichbar; hingegen schwanken die Kenntnisse im italienischen Repertoirebereich stark. Die Analyse von Materialien in beiden Sprachen ergab jedoch auf der diskurssemantischen Ebene Eigenschaften der Sprache dieser Kinder, die durchgängig sowohl auf die deutsche als auch auf die italienische Seite zutreffen. Diese Eigenschaften sind im Sprachverhalten vergleichbarer italienischer Kinder (und vermutlich auch deutscher monolingualer Kinder) deutlich seltener und verdienen deshalb besondere Aufmerksamkeit.

Als konkretes Untersuchungsfeld wurden Narrative ausgewählt; aus dieser Gruppe stehen wiederum persönliche Erzählungen im Vordergrund. Diese Entscheidung ist weniger auf ein besonderes Interesse an narrativen Sprechaktivitäten zurückzuführen als vielmehr auf deren relativ hohe Frequenz in den untersuchten spontanen Sprachaufnahmen, die unter Gesichtspunkten einer – wenn auch immer nur annähernden – Vergleichbarkeit wichtig ist. Narrative operieren mit komplexen, aus der Origo verschobenen Referenzsystemen und sind daher diskurssemantisch ziemlich schwierige Einheiten (vgl. Auer, 1988). Die Anforderungen, die sie an die Teilnehmer stellen – soll ein „envisionment" möglich sein –, betreffen zum einen den Akt der Verschiebung aus der Origo und die Etablierung einer nur sprachlich konstituierten ‚erzählten Situation' selbst, zum anderen die Kohärenz zwischen den einzelnen verschobenen Äußerungen[11]; beide können typischerweise nicht unter Rückgriff auf situationsgebundene (‚deiktische') Mittel sichergestellt werden. Zu diesen referentiellen Anforderungen kommen kommunikative hinzu: Erzählungen werden nicht (nur) erzählt, um Information zu übermitteln, sie haben auch das Interesse des Rezipienten zu wecken, der ja zugunsten des Erzählers zeitweise auf sein Rederecht verzichtet und trotzdem seine Aufmerksamkeit dem Sprecher zuwendet.

1 *Zwei Stile des Geschichtenerzählens*

Wir beziehen uns in der vorliegenden Arbeit auf zwei Corpora von Geschichten: ein deutsch-italienisches Corpus, aufgenommen unter süditalienischen Migrantenkindern im Alter zwischen 10 und 17 Jahren in Konstanz, und ein italienisches Corpus, aufgenommen unter Kindern süditalienischer Arbeitsmigranten gleichen Alters, die in Norditalien (Varese) aufgewachsen sind.[12] In allen Fällen wurden die Erzählungen in

---

[10] In letzter Zeit sind referenzsemantische Probleme beim Deutscherwerb von erwachsenen Migranten thematisiert worden (ESF-Projekt), vor allem im Bereich des ‚Raums'. Auch hier handelt es sich aber um elementare Lernersysteme, die auftretenden Probleme sind grundsätzlich anderer Art als die hier beschriebenen.

[11] Vgl. zur personalen Referenz in Narrativen von Kindern Quasthoff [1984].

[12] Die Projektuntersuchung selbst umfaßt zwei weitere Vergleichscorpora: eine Sammlung von Erzählungen deutscher Kinder (aufgenommen und analysiert von Andrea Hoffmann im Rahmen einer Magisterarbeit) und eine Sammlung italienischer und dialektaler Erzählungen süditalienischer, nicht migrierter Kinder in San Chirico Raparo, PT.

Gegenwart eines Erwachsenen und anderer Kinder produziert; das Kind erzählt in den hier wiedergegebenen Beispielen in erster Linie für den Erwachsenen; die anderen Kinder nehmen unterschiedliche Rolle ein (Rezipient, Zuschauerin, Miterzähler). Manche Geschichten sind selbstinitiiert, andere vom Erwachsenen.[13] Bei der Betrachtung der Corpora ergaben sich nun zwei Stile des Erzählens persönlicher Geschichten, die sich am besten als Prototypen fassen lassen (d. h., die dem Prototyp zugeschriebenen Eigenschaften kommen in den zahlreichen nicht prototypischen Fällen nicht alle oder nicht alle in ausgeprägter Form vor). Die beiden Erzähltypen sollen zunächst anhand von zwei Beispielen eingeführt werden:[14]

Beispiel (1) (Varese C 172 B, sc.el.)
((Kontext: Die Sprecherin hat erwähnt, daß ihr Vater gestorben ist. Auf die Frage der Erwachsenen, wie dies passiert sei, folgt die Erzählung.))

ANKÜNDIGUNG:	1.1.	eh perché aveva il diabete aveva/ – aveva il diabete *weil er hatte Diabetes er hatte er hatte Diabetes*
	1.2.	è è:: è stato un infarto perché *es war ein Infarkt weil*
ORIENTIERUNG:	2.1.	m 'ts la sera no, prima:: di morire, *am Abend vor dem Sterben*
	2.2.	eravamo tutti, / in cucina com con un signore che abita di *waren wir alle in der Küche mit einem Herrn der oben* sopra venuto giú. – cosí. *wohnt und runtergekommen war – so.*
EREIGNISSE:	3.1.	poi siamo andati a letto *dann sind wir ins Bett gegangen*
	3.2.	dopo verso:: un' ora – cosí che eravamo andati a letto *dann gegen so 1 Std. nachdem wir ins Bett gegangen waren* si è sentito male *hat er sich schlecht gefühlt*
	3.3.	è andato:: in sala a prendere un po di Whiski, 'h *er ist ins Wohnzimmer gegangen um ein wenig Whiski zu trinken,*
	3.3.1.	mia mamma – gli è stata dietro: *meine Mutter ist ihm nachgegangen*

[13] Zum Unterschied zwischen diesen beiden Typen vgl. Cuff/Francis [1978].

[14] Die beiden Beispiele werden hier zunächst in monologisierter, vereinfachter Form wiedergegeben. Alle Rezipientenaktivitäten und viele Reparaturmaßnahmen des Sprechers sind ausgefiltert, um die Übersichtlichkeit zu erhöhen. Die vollständigen Transkripte werden später zitiert. Die Gliederung in VORFELD, ANKÜNDIGUNG, ORIENTIERUNG, EREIGNISSE und AUSLEITUNG hat keine theoretischen Implikationen. Passagen in Klammern sind unklar oder unverständlich. e̤=Schwa.

3.4. poi sono andati a letto,
dann sind sie ins Bett gegangen
3.5. verso mezzanotte si è sentito – piú male.
gegen Mitternacht hat er sich – noch schlechter gefühlt
3.6. poi mia/ mio frat/ mia mamma ha detto a mio
dann hat meine/ mein Bru/ meine Mutter zu meinem
fratello 'h di andare a: a chiamare:: la:: l'ambulanza
Bruder gesagt daß er den Krankenwagen rufen gehen soll
3.7. è andato,
er ist gegangen
3.8. in un minuto:: è venuta l'ambulanza
innerhalb einer Minute ist der Krankenwagen gekommen
3.9. poi, – – dopo:: cinque minuti è morto subito.
dann nach fünf Minuten ist er sofort gestorben

Beispiel (2) (Konstanz, V. B: 46) (Agostino, 15 Jahre)

ORIENTIERUNG: 1. ja wie i no klein war
EREIGNISSE: 2.1. sin/ in der Nacht (kumma) wir zwei
2.2. mir ham klingelt
2.2.1. ding=dong
2.3. mo rient=a=cas e̎. – stav e̎t e̎ fuor e̎.
jetzt kommt ihr nachhause – bleibt draußen
2.4. und dann nach en paar Stunde jat e̎ a cas e̎
kommt nachhause
2.5. cauci e̎ n=gul e̎
Tritt in den Hintern
2.5.1. paff!
2.6. wir hab– der Camill hat angfange plärre

Nennen wir die beiden Erzählstile Stil A (Beispiel 1) und Stil B (Beispiel 2). Folgende wichtige Unterschiede lassen sich feststellen.

1. Grad der Elaboriertheit

Beide Erzählungen sind um Skripts organisiert, die jeweils schon zu Beginn verfügbar sind, weil sie ausdrücklich benannt werden. Es handelt sich einmal um das Skript (Plötzliches-)Sterben-an-einer-Krankheit, zum anderen um das Skript Zu-spät-nach-Hause-Kommen. Leser oder Leserinnen dieses Aufsatzes mögen hier einen Augenblick innehalten und sich vergegenwärtigen, was schon allein durch die Benennung dieser Skripts an schematischem Wissen abgerufen wird. Zweifelsohne werden einige Elemente dieses Wissens für alle Mitglieder der deutschen und auch der italienischen Kultur identisch sein; wie etwa, daß tödliche Krankheiten sich durch Schmerzen oder andere Anzeichen anzuzeigen pflegen, daß Sterbenden ein Arzt gerufen wird oder sie ins Krankenhaus gebracht werden. (Obwohl all diese Merkmale auch fehlen können, gehören sie doch zum gesellschaftlichen vermittelten Prototyp.) Das Skript Zu-spät-nach-Hause-Kommen hat sogar einen recht klaren sequentiellen Verlauf, der etwa die folgenden Handlungen umfaßt:

Skript ‚Zu spät nach Hause kommen'
I) Das Kind möchte allein aus dem Haus gehen.
II) Der Erziehungsberechtigte erlaubt dies, setzt aber eine Zeitgrenze.
III) Das Kind geht aus dem Haus.
IV) Das Kind kommt a) zurück, ist aber b) verspätet.
V) Der Erziehungsberechtigte sanktioniert das Fehlverhalten.[15]

Andere Assoziationen können stärker idiosynkratisch sein. Zum Beispiel mag man sich die Situation des Sterbens-aufgrund-einer-Krankheit in der Intensivstation vorstellen. Diese Idiosynkrasien sind allerdings für die hier diskutierten Probleme der Diskurssemantik unerheblich, denn sie können nicht für den Aufbau eines Textmodells genutzt werden.

Will jemand eine Geschichte erzählen, zu der schon schematisches Wissen um ein Skript aktiviert worden ist, so kann er davon ausgehen, daß jene Elemente der Geschichte bereits verfügbar sind, die kulturell vorgegeben sind; sie werden automatisch in die Konstruktion des Textmodells eingehen („default assignment"), es sei denn, der Sprecher explizierte das Gegenteil. Ein erster wichtiger Unterschied zwischen Erzähltyp A und Erzähltyp B besteht nun in der Behandlung der *nicht* vorgegebenen Informationen, also jener Elemente, die gerade die Individualität des erzählten Ereignisses ausmachen. Solche Informationen muß ein Erzähler in manchen Fällen liefern, in anderen Fällen kann er es. Notwendig ist die Konstitution der erzählten Situation mit dem aus dem NUNC verschobenen Zeitpunkt und dem meist aus dem HIC verschobenen Ort der Erzählung sowie den handelnden Personen und anderen eventuell notwendigen verschobenen Referenzpunkten.[16] Daneben gibt es schemaspezifische Lücken, die mehr oder weniger obligatorisch aufgefüllt werden müssen. So ist etwa zu erwarten, daß in einer Erzählung um das Skript Sterben-an-einer-Krankheit die Krankheit selbst benannt wird; bei einer Erzählung um das Skript Zu-spät-nach-Hause-Kommen sind Angaben darüber zu erwarten, welche Zeitgrenze der Protagonist bei welcher Gelegenheit um wieviel überschritten hat etc. Nicht-notwendige Ergänzungen (Individualisierungen) des erzählten Ereignisses betreffen alle Einzelheiten, aber auch den Grad der Detailliertheit, mit der Handlungsabläufe geschildert, und den Grad der Genauigkeit, mit dem Verschiebeoperationen ausgeführt werden.

---

[15] Daß es sich bei den Handelnden um Eltern und Kinder handelt, stellt in unserer Kultur (deutsch oder italienisch) den Prototyp dar, ist aber nicht zwangsläufig so.

[16] Zeit und Ort müssen aus der Origo verschoben, aber nicht unbedingt neu individualisiert werden. Zum Beispiel ist es ausreichend, einen Zeitraum festzulegen, der vor dem NUNC liegt, aber selbst nur vage oder gar nicht definiert ist (‚als ich klein war', ‚einmal').

Im Erzähltyp A werden die nicht-notwendigen Elemente ausführlich dargestellt, im Erzähltyp B kaum. Vgl. dazu Beispiel (1): ‚ausschmückendes Beiwerk' sind in dieser Erzählung z. B. die Erwähnung des *signore che abita di sopra* (Z. 2.2.), der mit der Familie zusammen den Abend verbringt, für die Ereignisse selbst aber keine Rolle spielt; die genauen Zeitangaben im Ereignisteil *(verso mezzanotte, dopo cinque minuti);* die Detailliertheit der einzelnen Handlungsbeschreibungen *(è andato in sala a prendere un po' di whiski).* Zweimal wird eine schon begonnene Formulierung zugunsten einer ausführlicheren abgebrochen (in Z. 3.6. *mio fratello è andato a chiamare l'ambulanza* zugunsten von *mia mamma ha detto* etc., in Z. 3.2. *verso mezzanotte si è sentito male* zugunsten von *un' ora che eravamo* etc.). In der zweiten Erzählung gibt es zwar ebenfalls Detailangaben. Sie beschränken sich jedoch im wesentlichen auf die Onomatopoesis, mit der eigene (Klingeln, Z. 2.2.1.) und Handlungen des Vaters (Schläge, Z. 2.5.1.) unterstrichen werden (vgl. dazu Merkmal 3 des Stils). Die Zeitangaben *(in der Nacht, nach ein paar Stunden)* sind vage und notwendig, um den Handlungsablauf verständlich zu machen.[17] Relativ ausführlich werden die dramatischen – und handgreiflichen! – Ereignisse auf dem Höhepunkt der Erzählung dargestellt (Z. 2.2.–2.5.), während im ersten Beispiel die Formulierung des Höhepunkts sehr kurz ausfällt *(è morto subito)*; wir kommen auf diesen Aspekt zurück (vgl. unter „szenisches Sprechen", Beispiele S. 184 ff).

Der Grad der Elaboriertheit, der die beiden Erzählstile unterscheidet, betrifft auch die Angabe (Stil A) bzw. das Fehlen von Angaben (Stil B) über Motive und ‚innere Zustände' der Handelnden, also alle Elemente, die Labov/Waletzky [1967] als „Evaluationen" bezeichnen. (Beispiele dazu in Abschnitt 2.)

2. *Inferenztiefe*

Wenn, wie in unseren beiden Beispielen, ein Erzähler schon zu Beginn schematisches Wissen durch die Benennung eines Skripts abruft, gibt er damit bereits ein Handlungsskelett vor, das beim Rezipienten Erwartungen über die nun zu erzählende Ereignisfolge weckt. Diese Erwartungen machen die Beschreibung der einzelnen Handlungen – je nach interner Strukturiertheit und Rigidität der schematischem Information – mehr oder weniger redundant, und tatsächlich können manche von ihnen auch weggelassen und trotzdem vom Rezipienten erschlossen werden. Dies ist im zweiten Beispiel der Fall, wo die zum Skript gehörenden Elemente I bis III (z. B. die Festlegung der Zeitgrenze durch den Erziehungsberechtigten) fehlen. Das prototypische Skript läßt überdies den Schluß zu, daß der nicht weiter spezifizierte Handelnde (Bestrafende) in Z. 2.3. ff der Erziehungsberechtigte ist (denn nach dem Zu-spät-nach-Hause-Kommen

[17] Nur durch die Zeitangabe *in der Nacht* wird deutlich, daß ein vorgegebenes Zeitlimit überschritten wurde, d. h., daß Teil IVb aus dem Skript vorliegt (vgl. oben, S. 165). *Nach ein paar Stunden* ist notwendig, um zwischen den beiden Anweisungen des Vaters, die nur als Zitate wiedergegeben werden, keine Inkonsistenz entstehen zu lassen, und um die Handlung des Erziehungsberechtigten als Strafe (Sanktion, Schritt V des Schemas) erkennbar zu machen.

des Kindes ist die nun erwartbare nächste Handlung eine des Erwachsenen), ja sogar, daß es sich dabei um den Vater handeln wird, der in der betreffenden Kultur als bestrafendes Familienhaupt eine besondere Rolle spielt. Welche Elemente eines Skripts weggelassen werden können, ist eine unerforschte Frage – sicherlich können es nicht beliebige sein.

Auch in Schemata, die keine Ereignisfolgen spezifizieren, sind Auslassungen möglich. Die Äußerung Z. 2.2. in der ersten Erzählung *(eravamo tutti lí in cucina)* etwa erlaubt Inferenzen über die Handelnden: hier sind ‚alle Familienmitglieder' gemeint. Die für diesen Inferenzprozeß benötigten Schemata wie ‚Familie' und ‚Haus', die überdies miteinander assoziiert sind (das Wohnhaus als ausgezeichneter Treffpunkt der Familie), werden aber nicht benannt, sondern auf indirektem Weg kontextualisiert. Der Prozeß des „envisionment" verläuft etwa so: *eravamo* bezeichnet als 1. Person Plural eine Gruppe von Personen, zu der die Erzählerin gehören muß, *tutti* detailliert diese Referenz weiter (Exhaustivität der Gruppe für alle praktischen Zwecke). Wie können wir nun inferieren, daß die in Frage kommende Gruppe die (Klein-)Familie ist? Zwei linguistische Indizien spielen eine Rolle: zum einen die vorangestellte Temporalangabe *(il giorno prima di morire)*, die ja den Tod des (schon erwähnten) Vaters meint und somit bereits ein Mitglied des Kategorieninventars ins Spiel bringt (wie bereits ausgeführt, hat ein Kategorieninventar die Eigenschaft, durch die Erwähnung eines seiner Mitglieder evoziert zu werden), zum anderen die folgende Ortsangabe *(in cucina)*, die das Schema ‚Wohnhaus', ebenfalls indirekt, einführt. Aus *in cucina* und *noi tutti* ergibt sich eine Konstellation von Vorstellungselementen, die im gegebenen, nicht anderweitig spezifizierten Fall nur über die Verbindung ‚Wohnhaus als Treffpunkt der Familie' sinnvoll werden kann. Bestimmte sprachliche Details kontextualisieren also Schemata, die wiederum die referentielle Dekodierung von *noi tutti* erlauben.

Allgemein gilt: je mehr schematisches Wissen zu einem Teil des Gesprächshintergrunds gemacht worden ist, um so weniger muß dieses Wissen noch expliziert werden. Wir wollen das Fortlassen von aus einem Schema inferierbaren Elementen *Schemaellipse* nennen (und diese Form der Ellipse z. B. von der syntaktischen unterscheiden; vgl. Klein 1984, Meyer-Hermann/Rieser 1985; Bally 1954 spricht von Situationsellipse). Je elliptischer der Stil eines Erzählers, um so höher sind die Anforderungen an den Rezipienten, der fehlende Elemente inferieren muß. Erzählungen im Stil A weisen prototypisch eine geringe Inferenztiefe auf, solche im Stil B eine hohe. Dies impliziert eine unterschiedlich aktive Beteiligung des Rezipienten; es impliziert aber auch, daß ein Erzähler im Stil B mehr als im Stil A auf das tatsächlich vorhandene Wissen des Rezipienten achten muß. Er muß sicherstellen, daß das betreffende Schema wirklich kontextualisiert und das relevante Wissenselement Teil des dem Rezipienten verfügbaren Schemas ist (nicht etwa kulturspezifisch oder idiosynkratisch). Es muß außerdem sichergestellt sein, daß die verwendeten Kontextualisierungs*verfahren* von allen Teilnehmern verstanden werden. Wird symbolisch kontextualisiert (d. h. über Benennungen), ist dies bei ausreichenden Sprachkenntnissen nicht sehr problematisch. Allerdings ist oft das Benennen der Schemata zu umständlich, um schematisches Wissen zu aktivieren. So wird im Stil B häufig auf prosodischen und anderen nicht-symbolischen Kanälen kontextualisiert, die dadurch in diesem Stil an Bedeutung gewinnen. In diesem

Bereich sind aber kulturgebundene Unterschiede in den verwendeten Kontextualisierungsverfahren häufig, die auch bei sehr fortgeschrittenen Lernern fortbestehen.

Ein charakteristisches Kontextualisierungsverfahren im Stil B ist in bilingualen Kontexten das Code-Switching. Betrachten wir unter diesem Gesichtspunkt noch einmal Beispiel (2). Auffallend ist die Ellipse der *verba dicendi* in den zahlreichen Zitaten in direkter Rede. Ihr Autor ist durch die sequentielle Position im Skript und durch Form und Inhalt der reportierten Äußerung inferierbar. Position, Form und Inhalt kontextualisieren die Situation, aus der die fremde Rede transferiert worden ist. Code-Switching spielt für beides eine wichtige Rolle. So setzt die veränderte Sprachwahl (vom Deutschen ins Italienische) einerseits die Schritte IV und V des Skripts gegeneinander ab (indexikalische Signalisierung, vgl. 2.3.), andererseits imitiert sie einen bestimmten Sprecher (italienischer Dialekt = Eltern), wobei die Markierung nicht nur dessen reportierte Äußerungen, sondern auch die reportierten nichtsprachlichen Handlungen betrifft (vgl. Z. 2.5.) (ikonische Signalisierung auf der Form-Ebene). Sobald wieder Handlungen der Söhne erzählt werden, kehrt der Sprecher in die Ausgangssprache (Deutsch, Alemannisch) zurück (vgl. 2.6.).

Wie schon erwähnt, fehlen Schritte I bis III aus dem Skript ganz. Die Gültigkeit des vorher benannten Skripts Zu-spät-nach-Hause-Kommen wird lediglich durch die Zeitangabe *in der Nacht* bestätigt (denn ‚in der Nacht' impliziert im gruppenspezifischen, aber auch dem erwachsenen Teilnehmer unterstellten Hintergrundwissen ‚zu spät'). Auch der Ort der Handlung ist zunächst nur aus dem Schema inferierbar (‚zu Hause' vor der Haustür), erst im ersten Zitat des Vaters wird er expliziert *(a=casa)*.

Bei der Angabe von Motiven und anderen evaluativen Akten in einer Erzählung wird der Unterschied zwischen den beiden Stilen in bezug auf die Explizitheit vs. Elliptik in einem grammatischen Faktum manifest: während Stil B fast ausschließlich parataktische Mittel verwendet, kommen in den Erzählungen des Stils A hypotaktische Mittel vor, in denen kausale, konzessive und andere Konjunktionen und Adverbien Verbindungen zwischen den einzelnen Propositionen explizieren, wo sie in Stil B nur inferierbar sind. (Vgl. auch hierzu die Transkripte in Abschnitt 2.)

3. Referentieller Modus

Erzählungen sind „rekonstruktive" (Luckmann) Gattungen, die die Lösung der sprachlichen Mittel von der Bühlerschen Origo notwendig machen. Sie gehören damit prinzipiell zu einer Art des Sprechens, die andernorts als verschobenes (im Gegensatz zum situierten) Sprechen beschrieben wurde (vgl. Auer 1988). Die im verschobenen Sprechen verwendeten origo-gelösten Sprachstrukturen sind wie alle Sprachstrukturen in einen Kontext eingebunden, dieser ist jedoch nicht das spazio-temporale Umfeld des Sprechers (und des Rezipienten) – die Situation –, sondern das Hintergrundwissen der Teilnehmer. Entsprechend gehören deiktische referentielle Mittel in den Bereich des situationsgebundenen, aber nicht des verschobenen Sprechens, also nicht in Erzählungen. Dies trifft in der Tat auch auf die Erzählungen des Typs A zu; im Typ B hingegen findet sich nicht selten die uneigentliche Verwendung deiktischer Mittel, die sogenannte analogische Deixis. In diesem Fall werden Verweise auf kopräsente Referenten geleistet, die zu denen in der tatsächlich erzählten Situation in einer Beziehung der Ähnlichkeit (Ikonizität) oder Nähe/Kontiguität (Indizierung) stehen. (Der Erzähler deutet etwa auf seinen Arm und sagt: „Hier bin ich gebissen worden."). Neben dieser analogischen Verwendung deiktischer Mittel gibt es andere Übertragungen aus dem situationsgebundenen in das verschobene Sprechen, die charakteristisch für Erzählstil B sind. Ein (kleines) Beispiel ist die Verwendung des deiktischen *mir* (wir) in Erzählung (2)/Z. 2.2., das neben dem Erzähler auch noch den kopräsenten Bruder einschließt und in dieser Bedeutung auf non-verbale indizierende Handlungen (z. B. Blick) angewiesen ist. Die konkurrierende benennende Ausdrucksvariante („ich und Camillo") gehört mehr in die verschobene Sprechweise und daher auch mehr zu Stil A. Auch das historische Präsens ist ein Fall solch uneigentlicher Verwendung eines zunächst situationsgebundenen Ausdrucksmittels.[18]

Die analogische Deixis gehört zu einer Gruppe sprachlicher Formen, die wir unter „szenisches Sprechen" zusammenfassen[19] und die allesamt Elemente des situationsgebundenen Handelns in das verschobene Sprechen transferieren. Eine große Rolle spielen dabei a) die direkte Rede und b) Onomatopoetika. Beide sind in Beispiel (2) ausführlich dokumentiert, während sie in Beispiel (1) völlig fehlen. Die Uneigentlichkeit dieser sprachlichen Mittel für Gattungen wie Erzählungen, für die sie andererseits gerade typisch sind, begründet sich aus weiteren Strukturunterschieden zwischen den beiden (zunächst referentiell definierten) Modi: situationsgebundenes Sprechen ist dialogischer, verschobenes monologischer; situationsgebundenes Sprechen ist stärker als verschobenes in nicht-sprachliche Handlungsabläufe eingebettet. Beide Eigenschaften situationsgebundenen Sprechens werden durch Zitate (direkte Rede) und Onomatopoesis im verschobenen Sprechen „mimetisch" dargestellt: die Erzählung wird quasidialogisch, und sie wird von nicht-sprachlichen (lautmalerisch nachgebildeten) Quasi-Ereignissen durchsetzt, obwohl doch beide – die Sprache abwesender Personen in der Vergangenheit und ebenfalls vergangene nicht-sprachliche Ereignisse – aus der Origo der Erzählhandlung gelöst sind.

Wie bereits an verschiedenen Punkten der bisherigen Diskussion angedeutet, lassen sich viele der in diesem Abschnitt genannten Phänomene auf die Peircesche Unterscheidung zwischen Ikon, Index und Symbol zurückführen.[20] Im Stil A dominiert also der

---

[18] Dies läßt sich gut an dem folgenden Ausschnitt aus einem Witz zeigen, den eine unserer Sprecherinnen erzählt: *war im Zug gell? eh: c'erë un uomë hh – dendë=il=trenë c'erë na femminë che sta qua e l'uomë là – la femminë c'avevë una figlië* (etc.) (‚... da war ein Mann – im Zug war eine Frau die ist hier und der Mann da ... die Frau hatte eine Tochter ...'). Die analogische Deixis in *qua* und *là* wird von einer Geste begleitet: die Erzählerin klopft mit dem Finger auf zwei Stellen nebeneinander auf dem Tisch vor ihr. Zur gleichen Zeit, und nur für diese Äußerung, wechselt sie aus dem *imperfetto* in das *presente* über: historisches Präsens und analogische Deixis auf zwei Orte gehen zusammen.

[19] Vgl. Goffman [1974].

[20] Peirce [1960–66]. Vgl. die rhetorischen Verfahren der Metapher (*similitudo*-Relation) und der Metonymie (*vicinitas*-Relation).

symbolische Zeichentyp, im Stil B stellen sich neben ihn der indexikalische und, weniger stark, auch der ikonische.

4. Kommunikative Funktion

Wir sind bisher noch nicht auf die thematischen Unterschiede zwischen den beiden zu Beginn zitierten Erzählungen eingegangen. Nun handelt es sich im einen Fall um ein Ereignis – Tod des Vaters –, das für die Erzählerin, auch wenn es schon mehrere Jahre zurückliegt, sicherlich einen schwerwiegenden Einschnitt in ihrem Leben bedeutete. Hingegen wird in der zweiten Erzählung ein – ebenfalls schon einige Zeit zurückliegendes – Erlebnis aus dem Alltag erzählt. Man kann nun fragen, ob die Stile A und B frei über Themen austauschbar sind, die sich den Bereichen ‚große Ereignisse' vs. ‚Alltägliches' zuordnen lassen. In der Tat ist dies nicht der Fall: für ‚große Ereignisse' scheint sich Stil A anzubieten, für ‚Alltägliches' Stil B. Eine solche inhaltliche Zuordnung, so plausibel sie zunächst auch klingen mag, ist jedoch auf den zweiten Blick problematisch. Denn ob ein reportiertes Geschehen alltäglich oder einmalig, ohne Auswirkungen oder von ernsten Konsequenzen ist, ist unabhängig von der Art und Weise, wie es dargestellt wird, oft gar nicht zu entscheiden; der Stil konstituiert den Charakter der erzählten Ereignisse, anstatt von diesem determiniert zu werden. Hätte nicht auch das in der zweiten Geschichte erzählte Geschehen – der Vater sperrt seine Kinder aus und verprügelt sie auch noch –, wäre es nur im Stil A dargestellt worden, ‚dramatischen' Charakter annehmen können? Und kann man nicht auch über den Tod (selbst naher) Verwandter in der entfernteren Vergangenheit recht ‚banal' erzählen?[21] Es bleibt, daß

---

[21] Vgl. dazu die folgende Erzählung Lucianos, die das Thema ‚schwere Krankheit' in dem für das Kind typischen Stil B abhandelt:

(MG 3 I B, 58) (Luciano, 10 Jahre)

01	Lc.:	wo ich klein war
02	m:	mm
03	Lc.:	[hej wenn ich klein war, 'h da/ da war mei/ –
04		meine Beine krumm, mein Kopf war/ – so:, –
05		krk
06	m:	no::
07	Lc.:	naja;
08	m:	chi a detto;
09	Lc.:	haja:, früher hammse/ ah: der/ des habn se mir ge-
10		sagt,
11	m:	'ts ma no [:
12	Lc.:	[doch doch da war ich drei Woche, imme
13		Gymnastik ho u kj u
		((f, rhythmisch, imitiert))
14		(1.0)
15		da und dann ist es mir wieder gut, – in drei
16		Wochen erst aber; – – da wars gut,

((Ende der Geschichte, folgt weiteres Nachfragen von m.))

eine bestimmte Topik mit bestimmten Stilen assoziiert ist, diese Stile jedoch selbst einen wesentlichen Beitrag zur ‚Dramatik' des Erzählten leisten.[22]

Was ist nun mit vagen Termini wie ‚Dramatik', ‚große Ereignisse', ‚banale Alltäglichkeiten', wir sie hier benutzt haben, gemeint, wenn sich diese nicht (in erster Linie) inhaltlich definieren lassen? Die Frage läßt sich beantworten, wenn wir die Funktion der Erzählungen in den beiden Stilen für die Konversation vergleichen. Dazu ist es notwendig, auf die nicht-reduzierten Transkripte zurückzugreifen, in denen auch die Rezipientenaktivitäten notiert sind:[23]

Beispiel (1)'

01:01 mr: come è successo
02 K1: eh:: perché aveva il diabete, allo / – aveva
03 il diabete,= è è:: è stato un infarto.
04 perché::, – m 'ts la sera, no, prima:: di morire,
05 eravamo tutti lí / m in cucina com con un
06 signore che abita di sopra, – venuto giú. – c[osí
07 K2: [ma [avete
08 K1: [poi
02:01 siamo andati a letto, – dopo:: verso:: un' ora –
02 cosí che=eravamo andati=a letto, 'h (0.5) si è
03 sentito male, è=andato:: in sala=a prendere
04 un po di whiski, 'h mia mamma – gli è stata dietro.
05 poi sono andati a letto, =verso mezzanotte
06 cosí, si=è=sentito (.) piú male. poi mia/ mio
07 frat/ mia mamma ha detto a mio fratello 'hhh di
08 andare=a: a chiamare::: la: [::
09 K2: [l'ambulanza,
03:01 K1: è=andato, in un minuto::, è venuta l'ambulanza;
02 poi – – dopo: cinque minuti è=morto subito.
03 (0.5)
04 K2: [ma l'hanno fatto non ha fatt=in temp=a=arrivare
05 K1: [°(...)°
06 K2: l'ambulanza;
07 K1: cioè sí ha fatt=in=tempo; gli hanno fatto respirazione,

---

[22] Die ungläubigen Reaktionen des Rezipienten in dem in Fußnote 21 zitierten Ausschnitt demonstrieren, was passieren kann, wenn Topik und Stil zu weit divergieren: der Erzähler wird als unglaubwürdig, übersensibel u. ä. eingestuft.

[23] Weitere Notationskonventionen: 'h = Einatmen, h̲ = Lachen, (.) = phonetische Pause, - = Pause, (1.0) = Pause von 1 sec., °x° = piano, = = unmittelbarer Anschluß; Musiknotation wird für Lautstärke und Tempi gebraucht. Satzzeichen kennzeichnen phrasenfinale Intonationsverläufe: . = stark fallend, ; = fallend, ? = stark steigend, , = steigend. ⌜, ⌞ kennzeichnen Höher-/Tieferlegung des intonatorischen Ansatzes einer Phrase.

08 gli han fatte le punture, 'h
09 gli han fatto due punture. La seconda puntura
04:01 che gli han fatto, è morto.

Beispiel (2)'

46:11 Ag: ja wie i no klein war, (ao) – [sin/ (da)/
12 Cl.: [h̰ h̰ h̰ h̰ h̰ h̰
13 [h̰ h̰ h̰ h̰ h̰ h̰ h̰ h̰ h̰ h̰ h̰ h̰ h̰ h̰] h̰h̰
14 Ag.: [in der N̰ac̰h̰t (k/umma) mir zwei]
15 mir ham klingelt, ding=dong – mo rient=a=casë̈. –
16 stavë̈të̈ [fuorë̈.
17 alle: [h̰ h̰ h̰ h̰ h̰ h̰
47:01 Ag.: und dann nach en paar Stunde, jatë̈ a casë̈
02 caucië̈ n=gulë̈,-paff!; – ai –
03 m: h̰e h̰e h̰e
04 Ag.: [wir hab – der Camill hat angfange plärre,
05 Al.: [des macht keiner vo –
06 m: h̰ h̰e
07 Cl.: [h̰ h̰ h̰ h̰ h̰ h̰ h̰
08 Cm.: [oeu[h! [°h̰ h̰ h̰ h̰°
09 Al.-Cm.: [du hascht [angfange plärre; du,
((etc.))

Während und nach der Erzählung verhalten sich die Konversationsteilnehmer unterschiedlich: im ersten Fall folgt eine Sequenz zwischen der Erzählerin und ihrer Freundin darüber, ob das verspätete Eintreffen der Ambulanz für den Tod des Vaters verantwortlich zu machen ist, also eine inhaltliche Bezugnahme über den Aspekt ‚Schuld am Geschehen'; im zweiten Fall schieben sich schon in die Erzählung selbst Lachpartikeln verschiedener Rezipienten ein, d. h., die Bezugnahme erfolgt über den Aspekt ‚Komik des reportierten Handelns' sowie über formale Aspekte (‚Komik des reportierenden Handelns'). Allgemeiner gesprochen scheinen Narrative in Stil B semantisch abgeschlossene Einheiten zu sein, auf deren Details man nicht mehr eingeht, sondern die insgesamt auf ihren Unterhaltungswert hin beurteilt werden. Narrative in Stil A hingegen sind offen; Nachfragen der Rezipienten können weitere Klärungen und Detaillierungen auslösen.

Erzählungen im Stil B sind eher als solche in Stil A in den sequentiellen Ablauf der Konversation eingebunden. Sie beziehen sich thematisch auf ihr Vorfeld und illustrieren oft eine andere Aussage, bevor die Teilnehmer wieder in den konversationellen *turn-by-turn* Rhythmus des Sprecherwechsels zurückkehren. Entsprechend steht der (höfliche) Erzähler unter dem Druck, möglichst wenig von der Redezeit der anderen, während der Erzählung zum – relativ – passiven Rezipientenstatus verpflichteten Teilnehmer zu beanspruchen. Erzählungen dieses Typs sind aus dem genannten Grund meist ziemlich kurz. Im Stil A ist die sequentielle und thematische Einbettung oft geringer, die Rezipienten bringen mehr Zeit auf. Da sie auch semantisch wegen der geringeren Inferenztiefe weniger stark gefordert sind, besteht die Gefahr, daß der Erzähler die Aufmerksamkeit der Zuhörer verliert.

5. Kultureller und sozialer Kontext

Ohne auf diesen Punkt weiter einzugehen, muß noch erwähnt werden, daß die sozialen Vermittlungsinstanzen für die beiden Stile verschieden sind. Erzählen im Stil A wird von den Erwachsenen – also in der Familie von den Eltern, in der Schule von den Lehrern –, außerdem aus schriftlichen Vorbildern gelernt, Erzählen im Stil B von den *peers*, und zwar fast ausschließlich mündlich. Stil A steht insgesamt mehr in einer schriftlich-literaten, Stil B mehr in einer mündlichen Tradition.[24] Entsprechend ist der eine Stil mehr der Standardsprache zuzuordnen, der andere dem Dialekt.

Die folgende Übersicht stellt die Merkmale der beiden Erzählstile noch einmal in Stichworten gegenüber:

Stil A	*Stil B*
redundant	elliptisch
ausschmückend	knapp
explizit	inferenzreich/rezipientenorientiert
verschoben (wenig Deixis, symbolische Kontextualisierung, indirekte Rede)	situationsgebunden (ikonische und indizische Kontextualisierung; direkte Rede, Onomatopoesis, analogische Deixis, Code-Switching)
episch-distanziert	szenisch-expressiv, dramatisierend
Erwachsene	*peers*
schriftlich, Standard	mündlich, Dialekt
Informieren, ‚Erbauen'	Unterhalten

Unsere Unterscheidung zwischen Stil A und B hat Vorläufer in der antiken Rhetorik; hier werden zwei Arten der Satzfügung oder Konstruktion der Rede unterschieden: a) Der einfachere Stil, worunter sowohl die *dialeluménē léxis (oratio soluta)* –

[24] So zeigt sich eine gewisse Ähnlichkeit zwischen unseren Stilen A und B und der Dichotomie „literate discourse style" vs. „oral discourse style" (Michaels/Collins 1984). Michaels/Collins verglichen die Geschichten von schwarzen und weißen Schülern in „sharing times" in amerikanischen Schulen und kamen zu ähnlich deutlichen Unterschieden wie den hier zwischen Stil A und B festgestellten. Die inhaltliche Spezifizierung ihres oralen und literaten Stils fällt aber doch teils anders aus: der literate Stil der weißen Kinder war „topic-centered" (mit linearer Progression der Information und fokussierter Beschreibung der Ereignisse), gliederte die Erzählung durch intonatorische Mittel in Szenen (Abschlußmarkierung durch „changing" oder „falling tones") und wies lexikalische und syntaktische Fokussierungs- und Strukturierungsmerkmale auf (für „agent", „causal connections", „old/new", „coreference"), der orale Stil der schwarzen Kinder war „topic-associating" (nur assoziative Verbindungen) und rekurrierte auf rhythmische Verfahren und *pitch-level* Veränderungen.

die „lockere und willkürliche Aneinanderreihung von kurzen (meist Haupt-)Sätzen" [Lausberg 1963, 147] – verstanden wird als auch die *eiroménē léxis (oratio perpetua)* – „die semantisch und syntaktisch linear (d. h. ohne prótasis-apódosis Korrespondenz) vorwärtsschreitende Abfolge der (meist parataktischen Haupt-)Sätze, die nicht kurz zu sein brauchen" [Lausberg 1963, 147]. (Die Epiphrase, die Hinzufügung, ist z. B. ein Phänomen der *oratio perpetua.)* b) Der geflochtene Stil. Darunter versteht man die *katastramménē léxis* aus Perioden. Ihr zirkulärer Satzbau „besteht in der Vereinigung mehrerer Gedanken in einem Satz derart, daß auf einen spannungsschaffenden *(pendens oratio)* Bestandteil *(prótasis)* ein spannungslösender *(sententiae clausula)* Bestandteil *(apódosis)* folgt" [Lausberg 1963, 147]. Für Demetrios sind die Komponenten des geflochtenen („periodischen") Stils wie Steine, die einen Bogen bilden, die des einfachen („nichtperiodischen") Stils wie aneinandergereihte Steine.

2 *Diskurssemantische Eigenschaften von Erzählungen italienischer Migrantenkinder*

2.1 *Die Dominanz des Stils B*

Die beiden im letzten Abschnitt eingeführten Stile des Geschichtenerzählens können jeweils kunstvolle Methoden sein. Sie bieten dem Erzähler unterschiedliche Möglichkeiten und erfordern dementsprechend auch unterschiedliche Fähigkeiten. Keiner ist an sich wertvoller oder schwieriger als der andere. Und im jeweiligen Stil sind die beiden eingangs zitierten Beispielerzählungen gleichermaßen gelungen und erfolgreich.

Es gibt Erzähler, die sich mehr auf den einen und weniger auf den anderen Stil verstehen. Beide Stile kommen in den untersuchten Corpora vor. Allerdings hängt die Entscheidung zwischen ihnen nicht allein von den persönlichen Vorlieben des Erzählers ab. Zum Beispiel ist Stil A naturgemäß in formelleren, z. B. schulischen Situationen häufiger; er scheint auch bei Mädchen häufiger zu sein als bei Jungen. Das wichtigste quantitative Ergebnis des Vergleichs zwischen dem Vareser und dem Konstanzer Corpus ist jedoch, daß es auch kulturspezifische Präferenzen gibt: Stil A ist in Varese häufiger, Stil B in Konstanz. Allerdings muß hier noch einmal betont werden, daß beide Stile, so wie sie bisher dargestellt wurden, Prototypen sind und die genannten Merkmale nicht immer kookkurieren.

Bei den Konstanzer Migrantenkindern haben wir die folgenden Eigenschaften des Stils B gefunden:

2.1.1 Knappheit

Beispiel (3) (MG 3 I A 99ff) (Luciano, 10 Jahre)

02:10 Lz.: due nonni; i: tengë; – – na – na/no/nonna è
11 mworto,
12 (0.5)
13 m.: adesso? –
14 Lz.: no: [ẹra:: (0.5) neunzehnhundert, (1.0)
15 m.: [ah
16 Lz.: neunasiebzig. (uno) – –
17 m.: hm:: – hm::=
03:01 Lz.: =u=sai, (com=era mia io mia) – nonna:?
02 quella la ch=è mworta? =u=sai. ’hh no/ eh
03 non gliela faceva ppjú, – ha pigliato uno, –
04 come=si dice:, =una – cosë che si facë la varvë,
((presto))
e s=è tagliatë.
05 m.: tua nonna!
06 Lz.: (e roppë) è mortë. perché ’hh u sapia ca:: –
07 ca ca nu pozzë fa chiú:, – gwarinë, e=roppë –
08 s=a=luvatë:, una/ – Rasiermesser;
09 m.: °manna(ggia!)°
10 Lz.: e doppë, – (è mortë). –
((pp)) ((ppp))
11 m.: hm?
12 Lz.: e doppë l’ha (trovatë mwortë).
((pp))
((20 sec. Pause. Folgt neues Thema.))

Übersetzung in monologisierter Zusammenfassung:

ANKÜNDIGUNG:	2:10	ich hab zwei Großeltern; eine Großmutter ist gestorben
	2:14	das war 1979
ORIENTIERUNG:	3:01	weißt du die Großmutter die gestorben ist
	03	die konnte nicht mehr
EREIGNISSE:	05	sie hat ein Dings genommen mit dem man sich den Bart schneidet und sich geschnitten
	06	und dann ist sie gestorben
	07	weil sie wußte daß sie es nicht mehr schaffen konnte – gesund zu werden und dann
	08	hat sie – ein – Rasiermesser genommen
	10	und dann – hat man sie (tot gefunden)

Beispiel (4) (MG 10 BI A 8) (Livio, 10 Jahre)

((Livio ist empört über eine kaputte Parkuhr, die dennoch Geld verschluckt hat. Er argumentiert, daß die Deutschen dumm sind, weil sie (die deutschen Polizisten) nicht für die Reparatur gesorgt haben.))

26:16	My.:	picché, i=talianë come so?
27:01	Lv.:	piú intelligendë dei tedeschë. – chilli so
02		indelligendë! – papá: na votë a fatte (a passatë)
		((molto accelerando))
03		cu rossë, è venu:të a polizíë, l'ha dittë,
04		pecché vujë sete camminate cu=u rossë, hai
05		vistë, n'è [chiú ndelige:ndë.]
06		[perché hhh] intellige::ndë
		((falsetto))

((Ende des Themas))

Übersetzung in monologisierter Zusammenfassung:

Vorfeld:	01	(die Italiener) sind intelligenter als die Deutschen –
	02	die sind intelligent –
Ereignisse:	02/03	Papa ist einmal bei rot (über die Straße gefahren)
	03	ist die Polizei gekommen
	03/04	und hat gesagt warum sind Sie bei rot gegangen?
Ausleitung:	04/05	siehst Du er ist intelligenter

Beispiel (5) (MG 3, 6) (Luciano, 10 Jahre)

07	Lc.:	weisch– – ich=hab wenn ich klein war
08		hab=ich e/ Sparbuch gehabt
09		da wa:r – – dreihun/fünfhundert Mark da;
10		da ham: meine Mutter Geld abgenommen und eingekauf
11		mit meim Geld
12		[wie ich klein war;
13	Ri.:	[eh ich hab bloß fünf Mark
14	Lc.:	und jetzt hab ich noch/
		((forte))
15	m–Ri.:	hast du? hh
16	lc.:	weisch ich hab jetzt ein=neue

Betrachten wir Ausschnitt (3) als Beispiel für eine typische Geschichte aus dem Konstanzer Corpus. Der Kern der von Luciano selbst initiierten Erzählung über den Tod der Großmutter besteht eigentlich aus zwei oder höchstens drei Sätzen (Z. 3.3.-5. und eventuell 6.). Der Orientierung (Z. 3.3.), die auch die Motivation (=M) für die Haupthandlung (=H) gibt, folgt das Schlußereignis (=E) des Todes, das schon vorher (Z. 2.11. und 3.1., 2.) angekündigt worden war. Nachdem er m.s Interesse geweckt hat (vgl. den

Ausruf in Z. 3.5.), wiederholt Luciano dieselbe Geschichte noch einmal mit kleinen Varianten (Z. 3.6. ff). Er versucht, die Spannung nicht durch die Hinzufügung spezifischer Details zu erhöhen, sondern durch Codeshifting in Richtung Dialekt, durch gattungsspezifischeren Rhythmus und gattungsspezifischere Intonation, durch narrative Konjunktionen bzw. Adverbien *(poi)* und auch durch die Wiederholung (Z. 3.10.). Die erste Erwähnung des wichtigen Schlußereignisses *(e roppë è mortë,* Z. 3.6.) dient also dazu, in einer ἀπὸ κοινοῦ-Position diese erste Erzählfassung zu terminieren und die anschließende Wiederholung zu initiieren. Die Motivation wird jetzt anstatt als Teil der Orientierung als Nebenereignis oder als Quasi-Evaluation durch *perché* eingeführt (Z. 3.7.); sie gilt als Begründung sowohl des Schlußereignisses (Z. 3.6.) als auch der Handlung, die dazu führt (Z. 3.8.). Das Schema ist also (E. . .) MHEMHEE, wobei das Schlußereignis des Todes durch mehrmalige Wiederholung betont wird. Trotz Wiederholung bleibt aber der Erzählstil sehr knapp und auf das minimale Gerüst reduziert. Im Unterschied zur Geschichte über den ‚Tod des Vaters' (Beispiel (1), aus Varese) werden die meisten Elemente des zeitlichen und räumlichen Umfeldes und sonstige Umstände der Ereignisse verschwiegen; so z. B. Art und Dauer der Krankheit der Großmutter, wann und wo (Körperteil) sie sich mit dem Rasiermesser geschnitten hat, die Umstände, die die Verletzung tödlich machten, von wem, wann und wo sie tot aufgefunden wurde usw.

Das Merkmal der Knappheit findet sich bei allen Jungen und seltener auch bei den Mädchen unserer Gruppe. Es ist unerheblich, ob es sich um freiwillige oder elizitierte Geschichten handelt. Im einen Fall scheinen die Erzähler nicht mehr konversationellen Raum für sich beanspruchen zu wollen als unbedingt nötig, um den jeweiligen Punkt zu illustrieren (z. B. in (4), daß die italienischen Polizisten intelligenter sind als die deutschen), im anderen demonstriert die Knappheit der Erzählung oft eine allgemeine Erzählunwilligkeit. Wo vergleichbare Vareser Kinder schnell ins Fabulieren kommen, wenn sie aufgefordert werden, eine Geschichte zu erzählen, weigern sich die deutsch-italienisch bilingualen oft mehr oder weniger explizit, derart ‚unsinnigen' (weil aus einem inhaltlichen, konversationellen Zusammenhang herausgelösten) Anweisungen nachzukommen. Man vergleiche unter diesem Aspekt Beispiel (6) aus Varese mit (7) aus Konstanz. In (7) geht der Erzähler noch unter das Geschichtenformat zurück und begnügt sich mit einer Aufzählung von Aktivitäten;[25] in (6) führt die Frage nach einem beliebigen Ferienerlebnis zu einer elaborierten, detailreichen Narration.

Beispiel (6) (Varese 179 III P.525, S.56)

56:01	mr.:	ah Loredana tu puoi raccontarmi ah una cosa; ah
02	Lo.:	quale;
03	mr.:	cosí – anche una storiella, come ha raccontato
04		Elmar adesso; – m per esempio in ferie.
05	Lo.:	cos' ho fatto;
06	mr.:	si?

[25] Vgl. zu diesem Ausschnitt die genaue Analyse in Bierbach [1985a].

07 Lo.: sono stata hm in colonia, (0,1)
08 mr.: dove;
09 Lo.: a marzo; – alla: colonia (Burghini);
10 mr.: e come sei andata?
11 Lo.: eh siamo andati in pullman; e certi bambini sono
12 venuti in macchina; (. . .) si sapeva già; /e un bambino, è
13 un amico di mio fratello, è venuto in macchina;
57:01 prima era andata lí a un'altra colonia, e aveva
02 sbagliato;
03 mr.: hm
04 Lo.: e poi, è ven/ perché non era ancora il turno; no, – e
05 dopo il turno che doveva venire, è venuto nella Burghini; –
06 nella colonia Burghini; – dopo, il primo giorno,
07 eravamo stati tutti in cortile;
((etc.))

Übersetzung:
56:01 mr.: ah Loredana du kannst mir noch was erzählen ah
02 Lo.: was;
03 mr.: so so – vielleicht eine kleine Geschichte so wie
04 Elmar grad eine erzählt hat – hm z.B. Ferien
05 Lo.: was ich gemacht habe
06 mr.: ja?
07 Lo.: ich war hm im Ferienlager
08 mr.: wo?
09 Lo.: im März – im Ferienlager (Burghini)
10 mr.: wie bist du hingekommen?
11 Lo.: wir sind mit dem Bus gefahren und manche Kinder
12 sind im Auto gekommen die schon wußten/ und
13 ein Junge ein Freund von meinem Bruder ist im
57:01 Auto gekommen er war zuerst in ein anderes Lager
02 gegangen hatte sich getäuscht
03 mr.: hm
04 Lo.: und dann ist er ge– weil es war noch nicht seine Schicht –
05 und dann ist die Schicht gekommen wo er kommen
06 sollte, ist er gekommen in das Burghini, in das
07 Ferienlager Burghini. Dann (also) am ersten Tag waren wir alle im
08 Hof gewesen
((etc.))

Beispiel (7) (V. G)

01	x:	avete organizzato qualche volta ultimamente una festa voi così
02	Cm.:	no
.		
.	((Auslassung))	
.		
07	Al.:	wo ich klein war
.		
.		
.		
09	x:	e che cosa fate che cosa avete fatto per esempio a quella festa?
10	Al.:	erscht fresse ah/ es/ esse
11	Cm.:	[ḫ̰ḫ̰ḫ̰ fresse ḫ̰ḫ̰ḫ̰
12	Cl.:	[ḫ̰ḫ̰ḫ̰
13	Ag.:	[esse
14	Al.:	primo mangiare, torta, tutta; roppe̎ con quess
		[Chips, so, – tutte̎ [da mangiare; beve̎, – e roppe̎
15	Ag.:	[Camillo [und dann –
16	Al.:	[giocare, e roppe̎ aré; – weg – heimgehen; ḫ̰ḫ̰ḫ̰
17	Ag.:	[Blinde Kuh spielen

Übersetzung:

01	x:	habt ihr manchmal in letzter Zeit ein Fest organisiert so
02	Cm.:	nein
.		
.		
.		
09	x:	und was macht ihr was habt ihr gemacht zum Beispiel auf diesem Fest?
.		
.		
.		
14	Al.:	erst essen, Torte, alles dann mit diesen Chips so – alles zum Essen; trinken – und dann
16	Al.:	spielen und dann adé

Nicht nur die rhetorische Struktur erweckt in (7) den Eindruck des forcierten, spannungslosen, knappen Berichts von aller Welt bekannten und daher nicht erzählenswerten Sachverhalten. Auch die syntaktische, grammatikalische und lexikalische Organisation ist stark reduziert, die Intonation ist die für Auflistungen typische. Die aneinanderreihende Konstruktionsart rückt den Bericht in die Nähe von pidginisierten Sprechweisen (vgl. dazu die Infinitive, die generischen Ausdrücke usw.). Die Monotonie der Konstruktion scheint die Monotonie und Langeweile des Geburtstagsfests und Alfredos Einstellung zur ‚Unerzählbarkeit' dieser Sachverhalte zu symbolisieren.

Ganz anders macht es in (6) Loredana, ein Migrantenkind in Varese. (Aus der ausführlichen Erzählung ist nur ein kleiner Ausschnitt zitiert.) Innerhalb des allgemeinen Schemas oder Topos ‚Ferienlager' aktiviert sie viele andere partikuläre Schemata mit mehreren Handelnden und Handlungstypen. Sie behandelt mehrere recht abenteuerliche Episoden und führt Unterthemen ein, die das Thema „Erlebnisse im Ferienlager" weiterentwickeln, spezifizieren und charakterisieren, und zwar in einer breiten und dennoch spannenden und lebendigen Erzählweise. Dabei waltet Länge (fast zehn Minuten) statt Kürze, Expansion (vgl. auch den Exkurs *un bambino, è un amico di mio fratello* etc. Z. 56. 11–13) statt Ellipse, Spezifisches statt Generischem (vgl. Z. 56. 11 ff). So werden die auftretenden Personen kurz charakterisiert (meistens werden auch Eigennamen erwähnt: vgl. dazu Z. 57.6), detaillierte räumliche Beschreibungen gegeben, Spielereignisse genau geschildert, Erklärungen für nicht Geläufiges (Z. 57.04) eingeschoben. Oft und deutlich erkennbar werden die typischen strukturellen Schemata von Erzählungen und Märchen mit Orientierung, Ereignisfolge, Komplikation, Auflösung, Evaluation angewandt.

Wenn Konstanzer Kinder sehr knapp erzählen, jedoch ohne Schemaellipse und szenisches Sprechen (Abschnitt 2.1.2. und 2.1.3.) einzusetzen, entsteht der Eindruck eines kleinkindlichen, dem tatsächlichen Alter des Kindes nicht angemessenen Erzählstils, vgl.:

Beispiel (8) (MG 4 I, 150)
((Luca, 10 Jahre, hatte vom Schlittenfahren in Dettingen geredet))

04	Lu.:	io son(o) andato co=la slitta là, e c'era –
05		c'era poi la neve, di:: – un metro, e=mi sono
		((acc.))
06		bagnato tutto; (°cosí°) – era=bbuo:no, (che c'era) – –
		((loco))
07		°la ne:ve° (°°so entrato proprio dentro°°)
08	m.:	h̰ h̰ h̰ h̰

Übersetzung in monologisierter Zusammenfassung:

ANKÜNDIGUNG:	04	ich bin mit dem Schlitten gefahren da
EREIGNISSE:	05	dann war da Schnee – einen Meter hoch
	05/6	und ich bin ganz naß geworden –
AUSLEITUNG:	06	das war gut, daß der Schnee (da war)
		(°°da bin ich ganz reingegangen°°)

Prinzipiell ist zu vermuten, daß die Unterscheidung zwischen Stil A und B für Kinder auf diesem Niveau des Geschichtenerzählens noch keine Rolle spielt und erst auf einer späteren Entwicklungsstufe einsetzt.

Die zitierten Beispiele machen auch deutlich, daß die untersuchten Kinder in Konstanz kaum evaluative Äußerungen in ihre Narrationen einbauen, in denen der Erzähler die vergangenen oder erwartbaren (befürchteten) nächsten Handlungen oder Nicht-Handlungen (Irrealis) aus seiner heutigen oder der damaligen Perspektive eines Protagonisten kommentiert bzw. bewertet oder allgemein ‚innere Zustände' der Handelnden in der Narration beschreibt.[26] (Etwa: *c'era il finestrino aperto se no io a quest' ora ero mort(a)* (Varese 135 33B) in einer Erzählung von einem Autounfall; oder: *comunque queste due bambine - che ci avvisavano se arrivavano la/le signorine o se non arrivavano, quando arrivavano facevano finta di dormire...* (Varese 179 61B); oder *noi non facevamo niente e loro venivano dentro perché speravano che eravamo dentro* (Varese 179 67B) und *questa bambina si è stufata e gli è andata a dire alla signorina* (Varese 179 63B) in einer Erzählung aus der Ferienkolonie; oder: *siccome che il dottore non se n'è accorto prima che c'aveva la macchia in testa ...* (Varese 180 33) in einer Erzählung vom Tod des kleinen Bruders.) In den bisher zitierten Ausschnitten aus dem Konstanzer Corpus läßt sich nur das *non gliela faceva ppjú* aus (3) Z. 03. und 07. so verstehen.[27] Allgemein neigen die Kinder stärker als in Varese dazu, innere Zustände der Protagonisten (die deren weiteres Handeln motivieren oder andere Ereignisse begründen) nicht zu explizieren.

2.1.2. *Schemaellipse*

Neben (2), (4) und (5) wird dieses Merkmal durch Beispiel (9) dokumentiert:

Beispiel (9) (MG 3 III B 88) (Luciano, 10 Jahre)

03	m:	bist du schon mal äh äh äh spät nachhause
04		gekommen und (...) [ganz spät bist du schon?
05	Ri:	[nein – wir sind mal
06	Lc:	[doch
07	Ri:	wir sind mal bei uns gegangen
08	Lc:	na – i/ ich war mal bei Ändi da ham=mir
09		gespielt und so [ha du 'nd das mir ga/
10	m:	[mhm
11	Lc:	acht (Uhr) bis um neune
12	m:	aha und dann was is passiert?
13	Lc:	bin rausgekommen°heimgekommen°
14		heimgekommen bung bung bumm
		((f))

---

[26] Diese inhaltlich recht heterogene Klasse von Äußerungen wird von Labov/Waletzky [1967] unter eine Gruppe (Evaluationen) und von Grimes [1975] unter „background" und „collateral" zusammengefaßt.

[27] Vgl. aber auch: Ausschnitt (14) Z. 18. f, Ausschnitt (15) Z. 4. und Ausschnitt (16) Z. 5. f.

Die Geschichten der Jungen und Mädchen in unserer Gruppe stellen hohe Anforderungen an den Rezipienten und haben große Inferenztiefe. Dies drückt sich in der häufigen Fortlassung von Handlungselementen aus, die über schematisches Wissen rekonstruiert werden müssen. Zum Beispiel überspringt der Erzähler in (2) beim Übergang von *mir ham klingelt* (Z. 2.2.) auf *mo rient=a=cas*e̎ (Z. 2.3.) das Öffnen der Tür durch den Vater, beim Übergang von *stav*e̎*t*e̎ *fuore* (Z. 2.3.) auf *und dann nach en paar Stunde* (Z. 2.4.) und von *jat*e̎ *a cas*e̎ (Z. 2.4.) auf *cauci*e̎ *n=gul*e̎ (Z. 2.5.), daß die heimkommenden Söhne dem Befehl des Vaters gehorchen und einmal draußen bleiben, das andere Mal ins Haus kommen (vgl. im Kontrast dazu die Beziehung zwischen *mia mamma ha detto a mio fratello di andare a chiamare l'ambulanza* (Z. 3.6.) und *è andato* (Z. 3.7.) im Beispiel (1) aus Varese). In Ausschnitt (5) muß der Rezipient den Grund für den Übergang zwischen Z. 8. *(hab ich Sparbuch gehabt)* und Z. 10. *(da ham meine Mutter Geld abgehoben und eingekauft)* rekonstruieren, in Beispiel (9) wird, neben vielen anderen Schritten im Skript Zu-spät-nach-Hause-Kommen, zwischen Z. 13. *(heimgekommen)* und Z. 14. *(bung bung bumm)* das Öffnen der Tür durch den Vater (?) und seine verbale Reaktion übersprungen usw.

In Ausschnitt (4) dient die Erzählung als *exemplum* im Rahmen eines höchst elliptischen (und verworrenen) Argumentationsgangs. Sie ist auf zwei zentrale Handlungen reduziert: das Überqueren der Ampel bei Rot und das darauffolgende Zur-Rede-Stellen (direkte Rede) durch ‚die' Polizei *(genus* für *species).* Auffällig sind die abrupte und asyndetische Anknüpfung der Erzählung an die vorangehende Argumentation sowie die ausgelassenen Zwischenschritte der Handlungssequenzen von Vater und Polizist. Was unterlassen wird, ist z. B. die Erwähnung, daß der Vater mit dem Auto unterwegs war (oder doch zu Fuß?), daß ein Polizist ihn angehalten und daß er ihn trotz des Vergehens nicht bestraft hat.

Wegen des dominant parataktischen Stils werden semantische Verbindungen zwischen Ereignissen, die über den üblichen Nexus der temporalen Folge hinausgehen, nicht markiert, sondern müssen inhaltlich hergestellt werden. Konjunktionen (mit Ausnahme von *perché* und *però*) und Partikeln (im Deutschen) sind sehr selten. Hier ist wieder ein vergleichender Blick auf die Vareser Daten aufschlußreich, in denen sich Wendungen wie *invece appena è andata a casa sua* ... (176 A, 91), *mentre m' è:: stav= andando ha trovato* ... (172 B 138.1), *siccome la finestra è proprio alla lavagna* ... (176 A 115) häufig vorkommen. Auch bei den nicht-temporalen oder -lokalen Adverbien ist das Repertoire der Konstanzer Sprecher eingeschränkt. Manche – etwa *insomma* – fehlen ganz, andere – wie *allora* – haben ihre Verwendungsvielfalt eingebüßt und sind auf eine ihrer Gebrauchsweisen reduziert.[28] Ebenfalls unbekannt sind in Konstanz die im Vareser Stil recht zahlreichen Gerundialkonstruktionen in temporaler und modaler Verwendung.

Betrachten wir als Beispiel eine weitere Erzählung aus Varese:

---

[28] Im Fall von *allora* ist die abschnittmarkierende, nicht-temporale Verwendung geblieben (etwa entsprechend dt. *also, o. k.*), die temporalresultative (etwa im Sinne von dt. *so*) fortgefallen.

Beispiel 9b (Varese C 180, S.32)

((Brigida hatte vom Tod ihres Vaters erzählt))
07 Br.: alla seconda puntura è morto
08 Mo.: come mio fratellino. La prima puntura, l'ha – l'avevano calmato;
09 vedendo quella dottoressa che mio fratellino era calmato; – era
10 cosí, gli ha fatto la seconda puntura, è morto.
11 Ma.: tuo fratello.
12 Mo.: è morto con con il sorriso.
13 Ma.: quanti anni aveva?
14 El.: ma quello appena nato!
15 Mo.: c'aveva, c'aveva, un anno. Mancavano tre giorni per fare un anno.
16 Ma.: ma era malato?
17 Mo.: sí, c'aveva il morbillo.
18 El.: eh, con il morbillo non si muore.
19 Mo.: c'aveva il morbillo; eh c'aveva il morbillo, e una mach – e una
20 macchia in testa. Siccome che il dottore non se n'è accorto
21 prima, che c'aveva la macchia in testa:, gli ha – gli hanno visto
22 solo delle macchioline in pancia. allora, per fargliele sparire,
23 ogni giorno gli facevano la puntura. E un giorno, mentre gli hanno
24 fatto la prima puntura, mio fratellino era piú era piú alle:gro, –
25 si sentiva piú bene. Dopo che la dottoressa l'ha visto cosí
26 che era alle:gro gli gli era passato un po le macchie, gli ha
27 fatto la seconda puntura, è morto.

Übersetzung:
07 Br.: Bei der zweiten Spritze ist er gestorben
08 Mo.: Wie mein Brüderchen. Die erste Spritze ha – sie hatten ihn beruhigt
09 als diese Ärztin sah, daß mein Brüderchen beruhigt war – so war,
10 hat sie ihm die zweite Spritze gegeben, er ist gestorben.
11 Ma.: dein Bruder?
12 Mo.: er ist mit einem Lächeln gestorben
13 Ma.: wie alt war er?
14 El.: aber der war kaum geboren
15 Mo.: er war er war ein Jahr alt. Es fehlten drei Tage bis zu einem Jahr.
16 Ma.: war er denn krank?
17 Mo.: ja er hatte Masern
18 El.: aber man stirbt nicht an Masern
19 Mo.: er hatte Masern und ein Fl – und einen
20 Fleck auf dem Kopf. Da der Arzt es vorher nicht gemerkt hat
21 daß er den Fleck auf dem Kopf hatte – sie ihm sie hatten bei ihm
22 nur winzige Flecken auf dem Bauch gesehen und um diese zu
23 entfernen, gaben sie ihm jeden Tag eine Spritze. Und eines Tages
24 während sie ihm die erste Spritze gaben, war mein Brüderchen
25 fröhlicher, er fühlte sich wohler. Nachdem die Ärztin ihn so gesehen
26 hat, daß er froh war die Flecken waren bei ihm bei ihm verschwunden,
27 hat sie ihm die zweite Spritze gegeben, er ist gestorben.

Hier erzählt Monica, ein 11jähriges Migrantenkind aus Varese, über den Tod ihres Brüderchens. Konjunktionen, Adverbien und Syntagmen wie *vedendo che, siccome che, prima, allora, e un giorno, dopo che* bilden die für Erzählungen typischen und engen Verknüpfungen; darauffolgende Ereignisse werden jeweils durch die vorangehenden eingerahmt, statt sich bloß aneinander zu reihen. Dadurch wird auch an der Oberfläche der Eindruck logischer Kohärenz erweckt, auch wenn diese bei genauerem Hinsehen nur bedingt vorliegt. Thematische Kohärenz zeitigt die Reprise des Themas des vorangehenden Turns als Thema des darauffolgenden: *calmato ... calmato* (Z. 8., 9.), *morbillo ... morbillo* (Z. 19.), *macchia in testa ... macchia in testa* (Z. 20., 21.) *puntura ... puntura* (Z. 23., 24.), *allegro ... allegro* (Z. 24., 26.); in gleicher Richtung wirken sowohl die Intonation als auch der Rhythmus.

2.1.3. Szenisches Sprechen

Beispiel (10) (V. B 28) (Agostino, 15 Jahre)

((Ag. berichtet von einer Firma, bei der er abends putzt; dort wird mit Ratten experimentiert))

01	Ag.:	da c'è un Zimmer, sȅ tȅ fai malȅ, cȅ so: –
02		tuttȅ cosȅ dentrȅ;
03		(1.0)
04		also – qua, m'ha fattȅ malȅ; na voltȅ; [°°(hier)°°
05	m:	[°°mhm°°
06	Ag.:	stavȅ camȅnann(ȅ) ch'u sacchȅ, – ma pie:nȅ; – sacchȅ
07		tantȅ grandȅ;=
08	Al.:	=h̰m̰h̰m̰ –
09	Ag.:	°°avia purta:t(ȅ);°° – [vulijȅ fa a curvȅ, – avia unȅ
10	Al.:	[wenn sie groß sin kann passieren
11	Ag.:	qua, n'atȅ qua; – è fattȅ accussì:, pam!! è venutȅ
12		vicinȅ a me; qua; – s'è fattȅ eh quaccosȅ inda
13		nu buchȅ, e m'ha ngappatȅ, krrr!! aggiȅ lassatȅ
14		i sacchȅ,–subbȅtȅ lassatȅ,–eggiȅ vistȅ che=jè –
15		s=blutet!, – ins Klo gange, m'aggiȅ lavatȅ, –
16		c'ȅggiȅ mise: – nu Spray che nȅ dȅ–densifiziert, –
17	m:	aha
18	Ag.:	und Pflaster drauf.
19	Al.:	°fertig[wars°
20	Ag.:	[t 'ȅ fattȅ nien/ devȅ fare subȅtȅ

((Ende der Erzählung))

Übersetzung in monologisierter Zusammenfassung:

VORFELD:	01	da ist ein Zimmer wenn man sich weh tut
		sind da alle Sachen drin
ANKÜNDIGUNG:	04	also – hier hab ich mir mal weg getan

ORIENTIERUNG:	06	ich bin gerade mit einem Sack gelaufen – aber voll ein so großer Sack
	09	ich hatte ihn getragen –
EREIGNISSE:	09	ich wollte in die Kurve
	(09/11	ich hatte einen da und einen da –)
	11	so hats gemacht: pam!
	12	es (er) ist mir nah gekommen hier –
	12	es hat sich etwas getan in einem Loch
	13	und hat mich erwischt krrr!!
	13/14	ich hab die Säcke sofort ausgelassen
	14	ich hab gesehn daß es blutet –
	15	(bin) ins Klo gegangen und hab (mich)gewaschen
	16	ich hab ein Spray drauf das desinfiziert;
AUSLEITUNG:	20	es tut dir nich/ man muß es sofort machen

Beispiel (11) (SB A 202.2, 50; Ausschnitt) (Barbara, 13 Jahre)

((Streit zwischen der Erzählerin und einer Freundin))

02:07 Br.: sagt de (........) dei Mutta isch blöd
08 aber dei Mutti is dick und dumm sag was – was bisch
09 du: – sagd ich bin dinn – hast dich mal in Spiegel gesehen –
10 ja ich bin schön=hab ich ksagt wenn ich dich mal
((stottert))
11 im Spiegel seh – de Spiegel kracht – hab=ich=ksagt –
12 deine Mútta dein Vátta–deine Schw/ dei::n/ dú–und
14 deine Gebrüda sind (sozusage) alle dick –
15 und dann hab=i ksagt (....) blöde(r) Kuh –
16 hab ich gepackt–hab ich só gemacht – so de=Arm
17 so unte (...) niks mehr –
18 dann kam mein Vatta bei Laube, –
03:01 sagt ja was ist los ihr beide –
02 [ah niks niks Signor Barilla
((etc.))

Beispiel (12) (V. B 42) (Alfredo, 14 Jahre)

42:12 Al.: einmal i kann mi no erinnern – da war i –
13 zehn oder elf Jahr – – da [hab i a Wut khabt –
14 Cl.: [°mm°
15 Al.: hab an der – [Gardine zogn] – da war vielleicht
16 Cl.: [ḫ ḫ ḫ ḫ ḫ ḫ]
43:01 Al.: obe an dem Ding dort wo des läuft=
02 Cl.: =/a̰ḫ=
03 Al.: =grad zwei Schraube locker – ich zieh –

04 [wwumm
05 Cl.: [h h [h hh h
06 Ag.: [h hh h [h
07 Ag.: [alles runter du
08 denn hab=i [anfangn Schiss khabt hh] dann hat er
09 Cl.: [h h h h h h h h h h h]
10 Al.: ksagt sta sera vai a mangiare in.n Keller
11 Cl.: hh h h h h h
19 m: h h h h h

Übersetzung von Z. 10: heute abend gehst du in den Keller essen

Ausschnitte wie (2), (4), (10), (11) und (12) dokumentieren den häufigen Einsatz der direkten Rede – auch als Selbstzitat oder ‚innere Rede', wie in (10) Z. 15., *s=blutet* – sowie der Onomatopoesis (vgl. *wwumm* in (12) Z. 04. für den abreißenden Vorhang, *krr!* in (10) Z. 13. für die Verletzung durch einen spitzen Gegenstand, *pam!* in (10) Z. 11. vermutlich für das Platzen eines Sackes und *bung bung bumm* in (9) Z. 14. für die Schläge des Vaters). Im Falle der Onomatopoesis ist zu unterscheiden zwischen Fällen wie dem *wwumm* oder (bedingt) *krr!*, in denen eine auch noch sprachlich-symbolisch benannte Handlung weiter spezifiziert wird *(alles runter, m=ha ngappatë)*, und solchen wie *pam!* oder *bung bung bumm*, in denen der onomatopoetische Ausdruck allein steht und die gesamte Signalisierungslast tragen muß. Es ist klar, daß im letzteren Fall die Interpretationsleistung des Rezipienten wesentlich größer ist.

Zum szenischen Sprechen gehört auch die analogische Deixis, etwa in (11) Z. 16., *hab ich so gemacht, de Arm so unte*, oder in (10), *unë qua n'atë qua* (Z. 09., 11.), *è fattë accussì* (Z. 11.), *qua m'ha fattë malë* (Z. 4.), *vicinë a me qua* (Z. 12.), *c' ëggië misë nu spray ... und Pflaster drauf* (Z. 16., 18.) sowie die Verwendung des Präsens bei manchen *verba dicendi* oder zur Markierung des Höhepunkts der Erzählung (etwa in (11) Z. 03., *ich zieh).* Mit Hilfe von Gesten können selbst Element aus den symbolischen Feldern (wie Nomina und Adjektiva) konkreter und präsenter dargestellt werden – vgl. *sacchë ... pie:në, tantë grandë* (10, Z. 06./07.).

Kollaterale [Grimes 1975] Elemente (‚Hintergrund') werden im szenischen Erzählen aufs Minimum reduziert und fast im Format von Szenenanweisungen in Dramatexten meistens vor einen Akt oder eine Szene gestellt (vgl. *da c'è un Zimmer*, 10, Z. 1.). Wenn die erzählte Handlung wie in (11) hauptsächlich aus referiertem Gesprächsaustausch besteht, kann der szenische Effekt durch den Erzähler auch durch Häufung der *verba dicendi* erzielt werden. Diese ordnen die Stücke direkter Rede den jeweiligen Akteuren als ‚Konnektoren' zu, fast wie beim Soufflieren des Textes in Richtung eines Schauspielers (vgl. *sagt de ... hat de gesagt, sag ich, hab i gesagt).*

Schließlich fallen unter die für das szenische Erzählen so wichtigen ikonischen und indexikalischen Signalisierungsverfahren auch Appelle an die Aufmerksamkeit der Rezipienten (vgl. z. B. Bsp. (3), Z. 3.1., *u sai*) und sprachliche Parallelisierungen, wie etwa im folgenden Abschnitt:

Beispiel (13) (V. B 77) (Agostino, 15 Jahre)

01	x:	(...) è capitato a voi che (dovete) dovere/
		((schnell)) ((verhaspelt))
		d'aver dovuto fare i'inter/ l'interprete=
02	Ag.:	=ja ich! bei meim Ding äh=
		((presto, lebhaft))
03	Al.:	=Übersetzer?
04	Ag.:	ja bei mir [(halt) – äh – äh bei meim eh/]
05	Al.:	[ja oft schon öfter du!]
06	x:	[(...)
07	Ag.:	amol isch sin da s: – spaniole̎, e̎ne̎ venute̎ là.
08		no italia:ne erane̎. – aviene̎:: – (i)ndu chef,
09		aviene̎:: [nu – nu (Werkstatt), a ditte̎ u]
10	Al.:	[bei uns war scho/ im EKZ genauso]
11	Ag.:	chef, viene̎ qua! ca me̎ ne̎: m'aja dice̎ che
		((höher, più animato))
		dice̎. [quille̎ m'ha ditte̎, i n'aggi ditte̎] a chille̎,
		((presto))
12	Al.:	[c:era quille̎ – un italiane̎]
13	Ag.:	chille̎ m'ha ditt=a mi, i n'aggi ditt=a quille̎;
		und so weiter
14	x:	ha ha ha
15	Al.:	genauso in der Schul o im EKZ au ((etc.))

Übersetzung in monologisierter Zusammenfassung:

ORIENTIERUNG:	07/8	einmal sind da Spanier gekommen
		nein Italiener waren's
EREIGNISSE:	08	die (kamen) zum Chef (kamen) in die (Werkstatt)
	09/11	hat der Chef gesagt: komm her!
	(11/12	denn ich sollte ihm sagen was er sagt)
	11	der hat's mir gesagt und ich hab's denen
	11/13	gesagt, der (die) hat's (ham's) mir gesagt
		und ich hab's dem gesagt
	13	und so weiter

Formulierungen wie *quille̎ m'ha ditte̎ i n'aggi ditte̎ a chille̎ chille̎ m'ha ditt=a mi i n'agge̎ ditt=a quille̎* sind von vornherein nicht auf schnelles inhaltliches Verstehen hin angelegt. Der referentielle Gehalt der zitierten Äußerung ist zwar eindeutig rekonstruierbar, dies erfordert aber die ganze Aufmerksamkeit des Rezipienten. Vielmehr bezieht die Äußerung den gewünschten Effekt (‚Unterhaltung') aus ihrer sprachlichen Form. Die Parallelisierung der einzelnen Sätze kann aber nur gelingen, weil die Identifizierung der handelnden Personen durch die Pronomina *quille̎/chille̎* erfolgt. Die Pronominalisierung in einer komplizierten Konstellation von drei handelnden Parteien ist dem leichten Verständnis kaum zuträglich; sie ikonisiert aber die komplizierten Verhältnisse in der erzählten Situation selbst, wo der Erzähler als Simultandolmetscher in einer ähnlich ,verwirrenden' Lage war.

2.2. *Weitere Merkmale*

2.2.1. *Schwer oder nicht rekonstruierbare ,Ellipse'*

Dieses Merkmal ist gleichsam die Verlängerung der Merkmale, die in Abschnitt 2.1.1. und 2.1.2. behandelt wurden, ins Problematische; statt die inferentiellen Fähigkeiten des Rezipienten zu strapazieren, überstrapaziert es sie. Es lassen sich vor allem zwei Arten von Fortlassungen beobachten. Zum einen werden referentielle Bezüge nicht hergestellt, die die individuelle Verankerung der Geschichte in einer aus der Origo verschobenen Situation konstituieren. Z. B. werden die räumlichen Verhältnisse unzureichend beschrieben, oder es wird auf nicht aus dem Vorfeld bekannte Personen pronominal verwiesen. Zum anderen werden Elemente der Handlungssequenz weggelassen, die nicht mehr aus den verfügbaren Schemata des Hintergrundwissens inferierbar sind. Beide Fälle lassen sich anhand des folgenden Ausschnitts exemplifizieren:

Beispiel (14) (MG 10 IIB 54) (Irma, 11 Jahre)

((Es ist die Rede von Markus, einem Freund der Erzählerin))

```
54:07 Ir.:  andiamë insiemë a: ah:: halt (...) Birne
   08       hole und Kirsche hole
   09       wir klaue, wir dürfe nicht; nun (zë) non– i:
   10       u [u::
   11 Lv.:    [ma u petë che t'ë [t'ë rubbat non è
   12 Ir.:                       [genau! – cieliegë
   13 Lv.:  u nost(r)ë.
   14 Ir.:  unë: di ciliegë e une: dë perë, è del nostrë
   15       chef; wir gehe immer trotzdem; – ganz leise
   16       sem=andatë {certë } votë versë lë nove le diece. –
                       {1=ata}
   17       leiter hoch, – und dann hole ma, – und dann runter
   18       n'Birnbaum. dürfe ma eigentlich nicht.
   19 M.:   se vi vedono dopo?
   20 Ir.:  na wenn sie sehe, da wird es strafe.
   21 Lv.:  zwanzig mark so; – – und dann ist nicht meine Schuld.
55:12 Ir.:  letschmal, wär ma higfloge; vom Dach fa [scht;
   13 M.:                                          [hmhm
   14 Ir.:  mir ham probiert die Leiter auf die andre
   15       Seite zu due; – damit er runter kann der Markus –
   16       gej – – un na war só e Stück bis zum Bode,=und
```

17 so e Stück Leiter hat=ma noch, 'h hamma Livio
18 grufe wir konnte nicht mehr hochziehn
((presto))
19 wär ma beinah zamme runtergange=h=Livio hat was
20 falsch gmacht
21 Lv.: (...)
22 Ir.: er isch am Kirschebaum un pflückt Kirsche und wir
23 wärn beinah runterfloge
24 M.: non vi capisco molto peró – voi parlate in fretta

Übersetzung von Z. 54:7, 9–14, 16, 24:

07 Ir.: wir gehn zusammen ah halt (...) Birnen und Kirschen holen
09 wir klauen, wir dürfen nicht; es ist nicht – die
10 der [der
11 Lv.: [der Baum wo [du geklaut hast der ist nicht unser
12 Ir.: [genau! – Kirschen
14 Ir.: ein Baum Kirschen und einer Birnen
16 Ir.: Wir sind {letztes / manches} Mal gegen neun oder zehn Uhr gegangen
24 M.: ich muß sagen ich versteh euch nicht gut – ihr redet schnell

Aus dieser Erzählung läßt sich schwer ein kohärentes Textmodell aufbauen, d. h., wir sind, über brüchige Hypothesen hinaus, nicht in der Lage, die einzelnen sprachlichen Informationen zusammen mit den von ihnen aktivierten Kontextschemata in ihrer sequentiellen Abfolge in der Erzählung (also ohne Rückgriff auf spätere Information) in ein kohärentes Bild zu bringen. Interessant ist nun zu sehen, warum der Prozeß des „envisionment" stark erschwert wird oder scheitert. (Die Unverständlichkeit wird vom Rezipienten in Z. 55.24. bestätigt.)

Systematisch sind die Handelnden in der konkreten Situation nicht aus Skripts wie ‚Obstklauen' inferierbar. Der Spezifizierung dieser Handelnden – etwa in der Orientierungsphase des Narrativs – kommt deshalb eine besondere, in der Erzählforschung ausführlich beschriebene Rolle zu. Die Ankündigung unserer Erzählung (Z. 55.12., 13.) scheint nun zwar anaphorisch die im Vorfeld mit ‚wir' bezeichneten Personen – nämlich Markus und die Erzählerin – wieder aufzunehmen, tatsächlich stellt sich aber bald heraus, daß zumindest auch noch Livio mit von der Partie war (Z. 55.17., 19.). Livio könnte schon in *andiame̋ insieme̋ ... Birne hole* (Z. 54.7.) mitintendiert gewesen sein.

Ein anderes Beispiel für das Weglassen nicht weglaßbarer Elemente betrifft die rätselhafte Ereignisfolge und Lokalisierung der Handelnden, die die Erzählerin wiederzugeben versucht. Nachdem Mary und Markus bei ihrem habituellen Obstklauen die Leiter hochklettern (Z. 54.17.), Obst holen (Z. 17.), dann wieder vom Birnbaum steigen, ist anzunehmen, daß es sich auch *letztes Mal* (bei dem reportierten letzten spezifischen Fall (Z. 55.12.) um den Birnbaum handelte, obwohl die letzte Nennung des Nomens im Text zu weit zurückliegt, um eine klare Referenz zu ermöglichen. Wenn Mary und

Markus auf dem Birnbaum pflücken, wieso waren sie dann auf *dem* Dach, das nicht eingeführt worden ist, aber aus dem Ausdruck *wär ma higfloge vom Dach fascht* (Z. 55.12.) notwendig inferiert werden muß? Der Rezipient weiß weiterhin nicht (und kann kaum ko- oder kontextuell rekonstruieren), was *die andre Seite* ist, auf die Mary und Markus *probieren* wollten, die Leiter zu *tun,* damit Markus *runter* (vom Baum?) kann. Auch die temporale Referenz ist für den Rezipienten nicht eindeutig. War das Umstellen der Leiter vor oder nach dem Pflücken? Und was können Mary und Markus ohne Livios Hilfe *nicht mehr hochziehen* (die Leiter?)? In welcher Art Verbindung steht ferner das beinahe *zamme runtergehen* von Mary und Markus mit einem Fehler von Livio? Und was hat Livio *falsch gemacht,* der auf dem Kirschbaum (also einem anderen Baum!?) Kirschen pflückt? Für ein „envisionment" wäre der Rezipient auf Hypothesen angewiesen, die nur in der originalen Situation des Geschehens eine Stütze finden könnten, zu der er aber keinen Zugang hat.

Fortgeschrittene Erzähler mit einer gut entwickelten kommunikativen Kompetenz versuchen, sich mehr an die Stelle des Rezipienten zu versetzen und dessen Wissenslücken (hinsichtlich der erzählten Situation) zu berücksichtigen und aufzufüllen. Sie holen notwendige Information oft nach, d. h., sie unterformulieren zunächst und explizieren, sei es im Rahmen einer selbstinitiierten, sei es im Rahmen einer fremdinitiierten Reparatur. Nach diesem – von Sacks/Schegloff [1979] beschriebenen – Prinzip verfährt etwa die folgende, 14jährige Erzählerin an einem Geschichtenanfang:

(MG 8 II, 34a)
Pi: [im Ausflug sin mir nach Bregenz gange, und dann han se Versteckis gschbielt?
[sin se abgschdürzt, [(p) von unserer Klass
m: [chi

Als eine Reparatur in diesem Sinn läßt sich im OBSTKLAU-Beispiel die Spezifizierung des Agens (Z. 15., *damit er runter kann* der Markus) und die Ausleitung verstehen (Z. 19. f und vor allem 22./23.), die allerdings wenig hilfreich ist, weil sie den Kontrast zwischen Kirschbaum (Livio) und Birnbaum (wir) weiterhin im Dunkeln läßt. Es ist im übrigen zu vermuten, daß hier ein weiteres Schema nötig gewesen wäre, jedoch nicht evoziert wird, nämlich ‚mangelnde Zuverlässigkeit'. Es fällt auf, daß die Erzählerin zu Beginn ihrer Erzählung zentrale Komponenten des Orientierungsteils bzw. der Ereignisfolge wegläßt (etwa, vor Z. 55.12.: „Letztes Mal sind Markus und ich auf den Birnbaum. Der Livio sollte unten warten und aufpassen".) Wäre etwa nach Z. 18. *hamma Livio grufe* noch zusätzlich eingefügt worden: „war der inzwischen auf nen andern Baum geklettert", so wäre die Geschichte insgesamt als Vorwurf an Livio zu verstehen gewesen.

2.2.2. *Mangelnde referentielle Kohärenz*

Über eine Erzählung hinweg muß auf die zu Beginn eingeführten, aus der Origo gelösten Personen und Dinge gewöhnlich erneut Bezug genommen werden. Aufgabe des Erzählers ist es daher nicht nur, die Verschiebung aus der Origo, sondern auch die Kohärenz zwischen diesen einzelnen Bezugnahmen auf den gleichen Gegenstand sicherzustellen. Dies ist unter anderem ein Problem der Pronominalisierung. Aus der jüngeren Forschung[29] ist bekannt, daß der interpretative Prozeß der Anaphernauflösung nicht nur durch grammatische Kongruenz, syntaktische Funktion (Subjekt vs. Objekt) und Nähe gesteuert wird, sondern überdies inhaltliche Aspekte eine Rolle spielen, die teilweise wiederum an die über Schemata des Hintergrundwissens aufgebauten Erwartungen des Rezipienten gebunden sind. Ganz vereinfacht: Je klarer eine bestimmte Handlung in einer Erzählung beschrieben wird, um so mehr kann der Rezipient die im Handlungsschema prototypischen Aktanten identifizieren und mit den verfügbaren, schon eingeführten Protagonisten der Geschichte vergleichen. Auch wenn grammatische und Nähe-Prinzipien keine eindeutige Auflösung erlauben, wird dann oft eine schemagebundene Inferenz über den Handelnden möglich sein. Als Beispiel sei noch einmal auf die eingangs diskutierte Vareser Erzählung vom Tod des Vaters verwiesen [Beispiel (1)]. Die – verschobene – Referenz auf den Vater ist schon aus dem Vorfeld der Erzählung klar. Sie selbst enthält keine einzige nicht-pronominale Bezugnahme auf ihren wichtigsten Protagonisten. Dies ist möglich, obwohl zwischendurch andere Handelnde (Mutter, Bruder, *un signore che abita di sopra)* genannt werden und die Rückbindung nach Nähe und grammatischer Kongruenz oder Funktion blockieren; der Grund dafür ist, daß das zu Beginn indizierte Schema Sterben-an-einer-Krankheit Zustände wie „sich schlecht fühlen“ ziemlich eindeutig dem schon eingeführten Todeskandidaten zuzuschreiben erlauben.

Der Bereich der pronominalen Kohärenz stellt nun das zweite Problemfeld dar, auf dem die Erzählungen der untersuchten italienischen Migrantenkinder referentiell gesehen problematisch werden können. Betrachten wir dazu den folgenden Ausschnitt:

Beispiel (15) (MG 10 B I A 100) (Irma, 11 Jahre)

1:01 Ir.: qua na vote̎ ce̎ siame̎ perdute̎; – –
02 ie̎ e mamm(e̎);
03 m.: (vi) siete perdu:ti?
04 Ir.: sí; ⌈mia madre, – – voleve̎ scendere;=
05 ⌊co=mie̎ cugine̎;(.) doveve̎ andare dal dentiste̎ d=a
06 Spange; – –
07 m.: aha=
08 Ir.: {però / allore̎} noi abiame̎ – ⌈noi siame̎ scesi,= mia madre
09 (propre̎ li ddente̎, s=ha fatte sce);
10 poi siame̎ corsi dietro il ⌈bu::sse̎,
11 ⌊e n'amme̎ chiappate̎ più.
12 poi emme̎ viste̎ n' a:te̎ busse̎,
13 e emme̎ corse̎ di nuove̎ indietre̎,=
14 emme̎ fatte̎ almene̎ quattre volte andate̎=e=ritorne̎.

---

[29] Vgl. etwa Marslen-Wilson et al. [1982], Hauenschildt/Pause [1983].

15	m.:	ha [haha
2:01	Ir.:	[e poi è scese̎, e l'ha trovat.
02		(0.5)
03		con mie̎ cugine̎, pioveve̎; mie̎ cugine̎ c'aveva – a
04		Mütze, io no;

Übersetzung in monologisierter Zusammenfassung:

Ankündigung:	01	hier haben wir uns einmal verlaufen;
	02	meine Mutter und ich
Ereignisse:	04	meine Mutter – wollte aussteigen mit meinem Cousin
	05	er mußte zum Zahnarzt der Spange gehen.
	08	also wir haben wir sind ausgestiegen= meine Mutter
	09	gerade dort hat sie uns aussteigen lassen
	10	dann sind wir dem Bus nachgerannt
	11	und haben ihn nicht mehr erwischt
	12	dann haben wir einen anderen Bus gesehen
	13	wir sind ihm wieder nachgerannt,
	14	so haben wir's mindestens vier Mal gemacht Hin- und Rückfahrt
	01	und dann ist sie ausgestiegen und hat es/ihn/sie gefunden
Ausleitung:	03/4	mit meinem Cousin, es regnete; mein Cousin hatte eine Mütze, ich nicht.

Die Erzählerin führt die handelnden Personen in der Erzählankündigung ein. Dort wird nach dem schon erwähnten Verfahren der elaborierenden Selbstreparatur das zunächst unspezifische *ce siame̎ perdute̎*, in *ie̎ e mamma* präzisiert (Z. 2.). Schon in der Handlungssequenz der Geschichte führt die Erzählerin allerdings eine weitere Person ein: *mie̎ cugine̎*. Die ursprüngliche referentielle Interpretation des ‚wir' wird dadurch revidiert. Für den Rezipienten ist die Elaborierung auf zwei unterschiedliche und für den weiteren Verlauf der Erzählung unterschiedliche Erwartungen aufbauende Weisen verstehbar. Zum einen kann es sich um eine einfache Korrektur der ursprünglichen Angabe der Protagonisten handeln, die durch die geringere Wichtigkeit der dritten Person für den Ablauf gerechtfertigt sein mag. Zum anderen kann die verspätete Einführung aber auch signalisieren, daß das Subjekt von *perduti* (1.1.) nur Mutter und Erzählerin sind: so daß zu erwarten ist, daß auch nur diese beide, nicht aber der Cousin, sich verlaufen werden. Es ist überdies unklar, ob nur die Mutter mit dem Cousin aussteigen wollte oder auch die Erzählerin (1.4./5.) (ein Fall von übermäßiger ‚Ellipse').

Der erste entscheidende Fall problematischer Kohärenz folgt aber erst in Z. 1.8. Er betrifft die Interpretation des *noi* in *noi siame̎ scesi* und in den folgenden Äußerungen. Daß hier unspezifiziert blieb, von wem der drei Protagonisten (alle drei, Mary und Mutter oder Mary und Cousin) die Rede ist, behindert das „envisionment" der gesamten Handlungssequenz. Noch eigenartiger ist die Verwendung des Nullpronomens

(3. Person) in dem dieser Sequenz folgenden Z. 2.1.: *e poi è scesë e l'ha trovat.* Der Wechsel von ,wir' auf ,sie'/,er' ist weder durch die Suche nach der nächsten vorausgehenden, grammatisch kongruenten NP erklärbar, noch liefert das Schema Sich-Verlaufen Hinweise. Da Erzählerin *und* Mutter als diejenigen eingeführt werden, die sich verlaufen, stellt die Äußerung eine unbefriedigende Resolution für die gesamte Handlungssequenz dar, weil Subjekt der Resolution und Subjekt der Erzählankündigung nicht kongruieren.

Die ebenfalls mangelnde Spezifizierung einiger räumlicher Elemente des Umfeldes des Geschehens ist vermutlich aus der Koinzidenz der „verschobenen" örtlichen Bezugspunkte der erzählten Vergangenheit mit denen, in der Mary und ihre Gesprächspartner sich zur Zeit des Sprechaktes befinden, zu erklären und für den Rezipienten unproblematisch. (Vgl. *qua ci siamë perdutë,* Z. 1.)

Es gibt nun allerdings im Falle der Personenreferenz klärende Wissenselemente, die einem Rezipienten mit einschlägigem kulturellen Hintergrund verfügbar sind und die einige der zunächst befremdlich erscheinenden Äußerungen zu rekonstruieren helfen. Eine wichtige Frage ist z. B., wer eigentlich zum Zahnorthopäden mußte. Nach dem regionalit. *dovevë* (Z. 5.) mit Nullpronomen, das auf die 1., 2. oder 3. Person Singular referieren kann, sind Mary, die Mutter oder der Cousin mögliche Kandidaten. Aber *io* (also Mary) liegt zu weit im Text zurück (Z. 2.), der *cuginë* (Z. 5.) hat eine zu sekundäre Position als Komitativkomplement des unmittelbar vorangehenden Satzes (Z. 4.). In beiden Fällen wäre nicht die Nullform, sondern ein betontes Personalpronomen *(io oder lui)* zu erwarten. *Dovevë andare dal dentista d=a Spange* referiert so ohne weiteres auf *mia madre,* was durch die Interpretation von Z. 2.1., 3. – *e poi è scesë e l'ha trovatë co mië cuginë* unterstützt wird. Da aber zum Zahnorthopäden Kinder und nicht Erwachsene (insbesondere nicht Gastarbeiterfrauen) gehen, heißt dann *dovevë andare dal dentista d=a Spange* ,sie mußte den Vetter zum Zahnorthopäden *begleiten.*' Denn es sind die Erwachsenen (im Fall des Arztbesuchs sind es meistens Mütter), die die Verantwortung für die Kinder tragen; vgl. *volevë scendere* (Z. 1.4.), *dovevë andare* (Z. 1.5.), *s'ha fattë sce* (Z. 1.9.), *è scesë e l'ha trovatë* (Z. 2.1.).[30]

In Einklang mit diesem Sachverhalt steht auch die Alternation ,wir' – ,sie' (3. Person = die Mutter). So wie das erzählende ,ich' (vgl. Goffman 1974) hat auch das kollektive ,wir' mehrere Identitäts- und Referenzfacetten. Die ganze Gruppe ist Protagonist, also Figur des Sich-Verlaufens; die Mutter ist verantwortlich (Strategin) und Animatorin der Handlung, Mary ist nicht nur Figur, sondern auch Erzählerin, der Cousin ist der sekundäre Mitspieler, wenn auch die ganze Expedition seinetwegen unternommen wurde.

Es wurde schon erwähnt, daß die in 2.2.1. und 2.2.2. ausgeführten potentiell problematischen Eigenschaften der Sprache italienischer Migrantenkinder durch Elemente des szenischen Erzählens abgefangen werden können. Ein Beispiel dafür ist die gerade diskutierte Geschichte (15) oder auch die folgende Erzählung:

---

[30] Vgl. „category-bound activities" [Sacks 1972] und Ökonomieprinzip [Sacks 1972; Fillmore 1982a].

Beispiel (16) (V. B 41) (Alfredo, 14 Jahre)

01	Al.:	c'era – c'è il:=Chef allore il padrone. –
02		c' ha uttand=a:nne; – –
03	Cm.:	°Heilandsakr/°
		((flüsternd))
04	Al.:	ajere l=ha=telefonate qua:rte volte; la tele-
		((unsicher))
05		visione non va e lui stesso è il padrone, e non zape
06		come va; – s'ëggiustë la televisione;=
07	m:	=°hehehe°
08	Al.:	lë chiamë a guardare, erë solo il programma
		((unsicher))
09		non era mmiso buono.
10	Cm.:	Jesses nei!
11	m:	h h h h h h h h h h
12	Al.:	però – was möchsch achzig Jahr, – fünfaachzig
13		fasch °(ja)°
14	Ag.:	°°fünfaachzg Jahr schon°°
15	Al.:	der kann nimma denke,

Übersetzung in monologisierter Zusammenfassung:

ORIENTIERUNG:	01	da war – da ist der Chef – der ist 80
HANDLUNGEN:	04–6	gestern hat er ihn viermal angerufen; der Fernseher geht nicht und er selbst ist der Chef und weiß nicht wie es geht – den Fernseher zu richten
	08	er ruft ihn daß er schaut
	08/9	war nur das Programm nicht gut eingestellt

Sowohl in (15) als auch in (16) wird die Erzählung durch Lachen (vgl. (16) Z. 07. und 11. und (15) Z. 15.) und Kommentare (vgl. (16) Z. 10.) quittiert, auch wenn referentielle Details, die für ein klares Vor-Stellen der Szene und Handlung notwendig wären, fehlen. (So wird in (16) eine Hauptfigur der Erzählung, auf die in Z. 4./8. mehrmals anaphorisch referiert wird, nicht eingeführt; in (15) bleibt die Handlungssequenz teilweise uneindeutig, weil Teile übersprungen werden und die Kohärenz zwischen den pronominalen Bezügen schwach ist etc.) Daß diese Geschichten trotzdem interaktiv erfolgreich sind, ist teilweise auf szenische Elemente zurückzuführen, insbesondere, in (16), auf die Verwendung der direkten Rede und des *präsens historicum* und in (15) auf die Verkürzung und Parallelisierung in Z. 1.10. ff. (Dazu kommt, daß es beide Erzähler verstehen, die Pointe ihrer Geschichten trotz solcher Unklarheiten herauszustellen. Für diese Pointe ist es in (16) unerheblich, bei wem der *padrone* angerufen und wer ihm den Fernseher repariert hat, ebenso wie es in (15) unerheblich ist, warum wer wo aus dem Bus ausgestiegen ist. Zu den stilistischen Elementen, die den Erfolg von (15) ausmachen, gehören neben den erwähnten szenischen auch das Wortspiel *andate̎ e ritorne̎* und das Code-Shifting in den Dialekt in der gesamten Passage (Z. 1.8.–15.), in der die Jagd nach dem Bus geschildert wird.)

3 *Zusammenfassung und abschließende Bemerkungen*

In dieser Arbeit haben wir versucht, einige der textlich-kommunikativen Eigenschaften ‚interpretativ' zu rekonstruieren, die den Erzählstil bilingualer italienischer Migrantenkinder charakterisieren. Es wurde gezeigt, daß dieser Stil stark kontextabhängig und situationsgbunden ist.

Bei der Textualisierung eines Ereignisses in eine Erzählung werden die Ereignisbeschreibungen asyndetisch oder parataktisch mit koordinierenden Konjunktionen *e (und),* temporalem oder pseudotemporalem, aneinanderreihenden *poi* (selten adversativem *però)* bzw. *und dann* verknüpft. Sätze, die zu den vorangehenden in einem Verhältnis der Kausalität, Konsekutivität, Finalität, Konzessivität usw. stehen, werden selten durch eine entsprechende Konjunktion eingeführt (gelegentliche Ausnahme: *perché weil).* Genau so selten erscheinen temporale Adverbien oder Konnektoren des Typs *prima che/bevor, dopo che/ nachdem, quando/als,* die die Protasis hypotaktischer Konstruktionen einleiten, sowie hintergrundschaffende Relativsätze oder plusquamperfektische Tempora.

Durch die verwendete Art der parataktischen Verknüpfung werden der spannungsschaffende *(prótasis)* und der spannungslösende Bestandteil *(apódosis)* des Satzes nicht lexikalisch oder syntaktisch (außer durch Stellung), sondern durch Prosodie und inhaltlich verbunden. Die für das Verständnis eines Satzes und des dadurch referierten Sachverhalts notwendige (zu inferierende) Information kann unterschiedlich kontextualisiert sein. Sie kann im Text (endophorisch) – davor (anaphorisch) oder danach (kataphorisch) – ausgedrückt sein und so eine intratextuelle, entfernte Verankerung darstellen. Sie kann aber auch im Text abwesend sein (exophorisch) und – nur aus einem Schema heraus rekonstruierbar – stillschweigend angenommen werden (Schemaellipse).

Die festgestellte Elliptik des Stils ist häufig mit Ambiguität und Verdunkelung des Sinns verbunden. Eine schnelle, adäquate Interpretation wird insbesondere für den Rezipienten erschwert, der nicht zur ‚in-group' gehört.

Ein anderer Aspekt der Kontextgebundenheit des Erzählstils der Migrantenkinder stellt die sehr häufige Verwendung pronominaler Ausdrücke dar, welche – wie die Ellipsen – sowohl textlich (anaphorisch, kataphorisch) als auch außertextlich (exophorische Deixis) vorkommen. Durch analogische Deixis wird die räumlich und zeitlich verschobene Ebene der Erzählwelt dem hic, nunc, (ego et vos) der aktuellen Situation angenähert. Situationsgebundenheit zeigen auch die häufig angewandten Verfahren der direkten Rede, der ikonischen (onomatopoetische Lautbildungen für Handlungsverben) und indexikalischen Ausdrücke (Gesten zur Verdeutlichung von Agens, Patiens, Handlungen oder Zuständen und ihrer Situierung usw.). Diese Ausdrücke stellen die entsprechenden Teile (Szenen) der erlebten Welt mehr durch konkrete Mimesis als durch abstrakte Symbolisierung dar und evozieren dadurch die Situation, die diese Teile (Szenen) einbettet.

Auf den ersten Blick scheinen die genannten Verfahren die Kohärenz zwischen den Textteilen und den Elementen der dargestellten erlebten Welt sehr lose zu machen. Dieser Eindruck entsteht aber zumindest teilweise aus der Ungewöhnlichkeit dieses Stils für die Erwachsenen oder für andere an einen redundanteren und ‚präziseren' Stil gewöhnte Rezipienten. Innertextliche Kohärenz wird durch Kontextualisierungsmittel wie Intonation, Rhythmus, Code-Shifting usw. erzeugt. (Einige dieser Kontextualisierungsmittel, wie z. B. Intonation, Satzverknüpfungsausdrücke u. a., werden aber anders und in einem geringeren Umfang eingesetzt als bei den monolingualen Kindern in Varese, die ein fortgeschritteneres Stadium in der normativen kommunikativen Kompetenz des Italienischen zeigen.) Kohärenz mit der Ereigniswelt wird durch die erzwungene verstärkte Kooperation der Rezipienten erreicht, die massiv inferieren und sich in die konkrete Situation versetzen müssen.

Der Vergleich mit einer Gruppe monolingualer, mit ihren Familien von Süd- nach Norditalien (Varese) migrierter Kinder ergab für deren Erzählstil die komplementären Eigenschaften. Die Vareser Kinder tendieren zu einem schriftlichen und kodifizierten Stil. Der Stil der bilingualen Migrantenkinder in Deutschland weist hingegen Züge auf, die typisch für einen nicht-kodifizierten, oralen Stil sind. Dies steht in einem signifikanten Zusammenhang zu dem unterschiedlichen ethnographischen Hintergrund der zwei Gruppen.

In der Migrationssituation ist die sprachliche Sozialisation sehr schwach; dies betrifft nicht nur Lexikon und Grammatik, sondern auch die rhetorisch-kommunikative Kompetenz. Im Unterschied zu den monolingualen Kindern in Italien sind unsere Migrantenkinder kaum der Wirkung der rhetorischen Modelle der Institutionen und der Massenmedien ausgesetzt. Die für die Kinder relevanten italienischen Interaktionsnetzwerke in der Migration sind oft geschlossen. Hier ist der indexikalische Erzählstil (B) primär und natürlich (also einfacher) und mit der Sphäre des Dialekts assoziiert; hingegen ist der schriftnahe Stil (A) der sekundäre und elaboriertere und wird mit der Sphäre einer normierten und standardisierten Sprache verbunden. Es ist also wahrscheinlich, daß die Migrationssituation sprachliche Netzwerkbeziehungen begünstigt, die aufgrund ihrer Geschlossenheit und Konstanz einen sprachlichen Stil erlauben, der ein hohes Maß an geteiltem Hintergrundwissen voraussetzt und indiziert, anstatt es zu explizieren, und die aufgrund der alltagsweltlichen Bereiche, die sie abdecken (Familie, Teile der Freundschaftsbeziehungen), eher mit dem situationsgebundenen als mit dem verschobenen Sprechen assoziiert sind.

Sicherlich werden Knappheit und Elliptik dieses Stils auch von der teilweise geringen Beherrschung des Normitalienischen unterstützt, das in Interaktionen mit Gesprächspartnern außerhalb des Netzwerkes von vielen der Informanten angestrebt wird.

Ursache und Wirkung sind hier allerdings kaum zu trennen: Nicht nur scheint Stil B geringere Anforderungen an die grammatische (nicht: prosodische und rhetorische!) Kompetenz zu stellen, das Vorherrschen dieses Stils macht für die Kinder den Erwerb bestimmter grammatischer Muster, die zu Stil A gehören, auch unnötig.

Nun ist allerdings zu beachten, daß der Erzählstil der Kinder nicht nur für ihr Italienisch, sondern auch für ihr Deutsch gilt. Für den deutschen Erzählstil der Kinder fallen Erklärungen aus, die sich auf den Status und die Verwendungsmöglichkeiten des Italienischen in der Migrationssituation beziehen. Erwartbar wären hier eher Erzählstrategien wie in Varese. Daß diese nicht auftreten, hängt mit dem unterschiedlichen Prestige von Stil A und B in der deutschen bzw. der norditalienischen Kinder- und Jugendkultur zusammen. Eine erste Analyse vergleichbarer deutsch-monolingualer Erzählungen ergibt u. a. bei männlichen Jugendlichen eine Neigung zu Stil B. Daraus ist zu schließen, daß der Erzählstil (B) der deutschen *peers* für die untersuchten italienischen Bilingualen als Vorbild dient und das Dominieren von Stil B für sie nicht nur Ergebnis der Migrationssituation, sondern auch der Erzählkultur der deutschen Aufnahmegesellschaft bzw. eines Segments daraus ist.

Der elliptische, viele Inferenzen erfordernde Stil ist referentiell unproblematisch in alltäglichen Interaktionen innerhalb der *peer-group* und der Familie. Er wirkt aber oft inadäquat, wenn er aus dieser Sphäre herausgerissen und außerhalb des eigenen, geschlossenen Netzwerks für eine breitere Palette von Interaktionen – auch in öffentlichen, institutionellen Kontexten – verwendet wird. So entstehen für die Kinder Schwierigkeiten, wenn sie in formellen Situationen interagieren müssen, wo ein stärker neutraler, präziser und redundanter Stil geeigneter erscheint oder verlangt wird. Ihr (B-)Stil kann dann als defizitär beurteilt werden und zu Erschwerungen der Kommunikation führen.[31]

---

[31] Einige unserer Erkenntnisse und Überlegungen könnten mit Bernsteins Erkenntnissen und Hypothesen assoziiert werden. Dennoch sind sowohl der methodologische Ansatz unserer Erhebung, Beschreibung und Interpretation als auch unsere theoretischen soziolinguistischen Annahmen verschieden. Wir haben versucht, eine feinere, interpretative Analyse auf viele Ebenen der Rede (kommunikative Kompetenz) durchzuführen. Dazu ist die statistische Aufzählung grammatikalischer oder lexikalischer, aus der kommunikativen Situation losgelöster Elemente ebensowenig zulässig wie ihre Bewertung als „elaborierter" oder „restringierter Code". Wir würden weder von ‚Codes' sprechen noch diese kategorisch mit „sozialen Klassen" assoziieren.

Literatur

Auer, P. [1984a]. Referential problems in conversation. *Journal of Pragmatics* 8, 627–648.

Auer, P. [1984b]. *Bilingual Conversation.* Amsterdam: J. Benjamins.

Auer, P. [1986]. Kontextualisierung. *Studium Linguistik,* Nr. 19, 22–47.

Auer, P. [1988]. On deixis and displacement. *Folia Linguistica* XXII, 1.

Auer, P./Di Luzio, A. [1983a]. Three types of variation and their meaning. In: L. Dabène et al. (Hrsg.), *Status of Migrants' Mother Tongues,* Strasbourg: European Science Foundation, S. 67–100.

Auer, P./di Luzio, A. [1983b]. Linguistic variation and its meaning among Italian migrant children in W. Germany. In: R. Bäuerle et al. (Hrsg.), *Meaning, Use and Interpretation of Language,* Berlin: de Gruyter, S. 1–21.

Bally, Charles [1954]. *Linguistique générale et linguistique française.* Bern: Francke.

Bierbach, Ch. [1985a]. ‚Nun erzähl doch mal!' Textstruktur und referentielle Organisation in elizitierten Erzählungen italienischer Kinder. In: E. Gülich/Th. Kotschi (Hrsg.), *Grammatik, Konversation, Interaktion.* Tübingen: Niemeyer.

Bierbach, Ch. [1985b]. Raconter en deux langues: comment les enfants de travailleurs immigrés italiens racontent des blagues. *Linguaggi* II.2: 9–22 (Sonderheft *Gli italiani in Germania,* hrsg. v. M. Vedovelli/Ch. Bierbach).

Bühler, K. [1934]. *Sprachtheorie.* Jena: Gustav Fischer.

Coleman, L./Kay, P. [1981]. Prototype semantics: the English word *lie. Language* 57, 26–44.

Cook-Gumperz, J./Gumperz, J. [1976]. Context in children' speech. In: Dies., *Papers on Language and Context,* Working Paper No. 46. Berkeley: University of California.

Cuff, E. C./Francis, D. W. [1978]. Some features of ‚invited stories' about marriage breakdown. *International Journal of Sociology of Language* 18, 111–133.

D'Angelo, D. [1984]. Interaktionsnetzwerke und soziokultureller Hintergrund italienischer Migranten und Migrantenkinder in Konstanz. *Papiere des SFB 99,* Universität Konstanz, No. 98.

di Luzio, A./Auer, P. [1985]. Identitätskonstitution in der Migration. Konversationsanalytische und linguistische Aspekte ethnischer Stereotypisierungen. *Papiere des SFB 99,* Universität Konstanz, No. 109. Auch erschienen in: *Ling. Ber.* 104 (1986), 327–351.

Fillmore, Ch. J. [1982a]. Ideal readers and real readers. In: D. Tannen (Hrsg.), *Analyzing Discourse: Text and Talk.* Washington DC: Georgetown University Press, S. 248–270.

Fillmore, Ch. J. [1982b]. Monitoring the reading process. In: *Linguistics in the Morning Calm.* Seoul: Hanshin, S. 329–348.

Goffman, E. [1974]. *Frame Analysis: An Essay on the Organization of Experience.* New York: Harper and Row.

Grimes, J. [1975]. *The Thread of Discourse.* The Hague: Mouton.

Hauenschild, Ch./Pause, P. E. [1983]. Faktoren-Analyse zur Modellierung des Textverstehens. *Linguistische Berichte* 88, 101–120.

Klein, W. [1984]. Bühler Ellipse. In: C. F. Graumann/Th. Herrmann (Hrsg.), *Karl Bühlers Axiomatik.* Frankfurt, Klostermann, S. 117–141.

Labov, W./Waletzky, J. [1967]. Narrative analysis: oral versions of personal experience. In: H. Helm (Hrsg.), *Essays on the Verbal and Visual Arts.* Seattle: University of Washington Press.

Lausberg, H. [1963]. *Elemente der literarischen Rhetorik.* München: Hueber.

Maas, U. [1988]. On the linguistic analysis of historical records. Linguistic relations in 17th century Osnabrück. In: P. Auer/A. di Luzio (Hrsg.), *Variation and Convergence,* Berlin: de Gruyter, S. 11–42.

Marslen-Wilson, W./Levy, E./Komisarjevsky-Tyler, L. [1982]. Producing interpretable discourse: the establishment and maintenance of reference. In: R. J. Jarvella/W. Klein (Hrsg.), *Speech, Place and Action.* London: Wiley, S. 339–378.

Meyer-Hermann, R./Rieser, H. (Hrsg.), [1985]. *Ellipsen und fragmentarische Ausdrücke.* Tübingen: Niemeyer.

Michaels, S./Collins, J. [1984]. Oral discourse styles: classroom interaction and the acquisition of literacy. In: D. Tannen (Hrsg.), *Coherence in Spoken and Written Discourse.* Norwood, N. J.: Ablex Publ. Corp., S. 219–244.

Müller, K. [1985]. Deixis und Interimsprache. In: S. Kutsch/I. Desgranges (Hrsg.), *Zweitsprache Deutsch - ungesteuerter Erwerb.* Tübingen: Niemeyer, S. 182–210.

Peirce, Ch. S. [1960–66]. *The Collected Papers of Charles Sanders Peirce,* hrsg. v. Ch. Hartshorne, P. Weiss, A. Burks. Cambridge: Harvard University Press.

Quasthoff, U. [1984]. On the ontogenesis of doing personal reference: syntactic, semantic and interactional aspects. *Folia Linguistica* XVII. 3–4, 503–538.

Sacks, H. [1972]. On the analyzability of stories by children. In: J. Gumperz/D. Hymes (Hrsg.), *Directions in Sociolinguistics.* New York: Holt, Rinehart and Winston, S. 329–345.

Sacks, H./Schegloff, E. [1979]. Two preferences in the organization of reference to persons in conversation and their interaction. In: G. Psathas (Hrsg.), *Everyday Language.* New York: Irvington.

Schank, R./Abelson, R. P. [1977]. *Scripts, Plans, Goals, and Understanding.* Hillsdale N. J.: Erlbaum.

*Ist der Gebrauch der Sprache ein durch ein Regelsystem geleitetes Handeln? – Das Rätsel der Sprache und die Versuche seiner Lösung –**

Friedrich Kambartel, Pirmin Stekeler-Weithofer (Projekt H)

Vorbemerkung

Die folgende Untersuchung ist *begrifflich* orientiert; d. h. sie versucht, für die Klärung sprachtheoretischer Ansprüche wichtige Unterscheidungen zu vergegenwärtigen oder zu treffen. Es wäre daher falsch, sie nach dem Muster deduktiv organisierter Argumente oder empirischer Theorien zu verstehen. Die Unterscheidungen rekurrieren allerdings in einem bestimmten Sinne auf Erfahrung, auf unser Vertrautsein nämlich mit der Sprache, mit der Praxis der Rede und auch mit verschiedenen Weisen der Darstellung sprachlicher Formen in Grammatiken.

1 *Das Rätsel der Sprache*

Unbestreitbar lernen wir die Sprache (den richtigen Gebrauch der Sprache) durch Teilnahme an und Beobachtung von *bestimmten Situationen* des korrekten Gebrauches. Und hier kann es stets nur eine endliche Reihe von (Beispiel-),Fällen' geben (gegeben haben). Die so erworbene Fähigkeit, die Sprache zu sprechen, richtig gebildete Sätze in der richtigen Weise zu verwenden, erstreckt sich dagegen auf unbegrenzt viele, gegenüber den Lernsituationen großenteils neue sprachliche Ausdrücke und Kontexte. Wie ist es nun möglich – dies scheint hier eine sinnvolle und wichtige gelehrte Frage zu sein –, daß uns eine begrenzte Anzahl von Lehr- und Lernsituationen ein unbegrenztes Feld von Verwendungssituationen und eine unendliche Vielfalt komplexer sprachlicher Ausdrücke verfügbar macht?

Die Linguistik betrachtet die so beschriebene, uns vertraute Situation (spätestens seit der von Chomsky eingeführten Perspektive) weithin als ein Rätsel, das der Aufklärung

* Die vorliegende Abhandlung benutzt Materialien aus dem Zusammenhang einer größeren Darstellung zur philosophischen Semantik, die als Buch erscheinen soll.

durch wissenschaftliche Nachforschung bedarf. Wir verlangen hier also mehr, als daß uns einfach gezeigt wird, wie wir den Gebrauch bestimmter Sätze (und damit der Worte in ihnen) in bestimmten Situationen kennenlernen, und daß wir dann für diese Worte über weitere Satzverwendungen verfügen: dies *sehen* wir ja alles, indem wir es tun.

Es steht nun zugleich eine verbreitete Vorstellung bereit, welche die gesuchten Lösungen des Rätsels der Sprache (insbesondere der sprachlichen Bedeutung) bestimmt und einen weitergehenden Zusammenhang (über die bloße normale Folge möglicher Verwendungssituationen auf geeignete Lehrsituationen hinaus) nahelegt: Diese Vorstellung läßt sich aus dem Vergleich mit dem Rechnen (aber auch mit schematisch geregelten Spielen wie dem Schach) gewinnen. Auch hier ist es nämlich häufig so, daß wir bestimmte Operationen nach einem rein exemplarischen Unterricht, an ausgewählten Beispielen also, lernen und dann bei unendlich vielen neuen Rechenaufgaben ausführen können. Denken wir etwa daran, daß jemandem das schriftliche Addieren an *einigen* Ziffernkolonnen vorgeführt wird und er dann *weitere* Kolonnen ‚selbständig' aufaddieren kann. Beim Rechnen sind wir es gewohnt, das ‚Bindeglied' zwischen den (wenigen) Lehrbeispielen und den (vielen) neuen Anwendungen des Gelernten sogleich angeben zu können, als die (Rechen-)*Regeln* nämlich, welche aus den Lehrsituationen entnommen werden müssen und dann nicht nur diese, sondern das ganze mögliche Feld der Regelanwendung regieren. Wir können den Regeln hier im allgemeinen auch einen expliziten Ausdruck verleihen, etwa indem wir unbestimmt andeutende Buchstaben verwenden; wie dies z. B. der Fall ist, wenn jemand für das Addieren die folgende so genannte „induktive Definition" gibt:

$$m + 1 = m'$$
$$m + n' = (m + n)'.$$

Können wir also nicht auch bei der Sprache davon ausgehen, daß *Regeln*, welche für die Lern- und für die Verwendungssituationen in gleicher Weise gelten, die gesuchte Verbindung herstellen? Wir mögen Schwierigkeiten vorhersehen, die Regeln der Sprache in ähnlicher Weise *explizit* anzugeben, wie wir das für die Mathematik als jederzeit möglich unterstellen. Und doch muß es sie, so mag es uns scheinen, ‚hinter' den ‚Erscheinungen' der Sprachpraxis geben, wenn uns diese Erscheinungen nicht in der erwähnten Weise rätselhaft bleiben sollen. Auf diese Weise kommen wir zu einem Forschungsprogramm moderner Linguistik und Sprachtheorie, das sich so zusammenfassen läßt:[1]

Die (korrekte) Sprachpraxis ist ein Handeln nach weitgehend ‚implizit', über die ihnen gemäße Praxis, gegebenen Regeln. Die sprachlichen Regeln bilden ein geordnetes Ganzes (System), welches uns die Erklärung für die Lehrbarkeit und allgemeine Verfügbarkeit der Sprache gibt, das Rätsel der Sprache (und der sprachlichen Bedeutung) löst. Die Sprachtheorien haben also Hypothesen über das (implizite) Regelsystem der Sprache aufzustellen, und zwar so, daß das uns bekannte (korrekte) ‚Sprach*verhalten*' den mit den Hypothesen unterstellten Regeln der Sprache entspricht.

---

[1] Für die Syntax vgl. etwa die (frühe) Charakterisierung der Ziele einer Theorie der Grammatik in Chomsky [1957]. Für die Semantik vgl. etwa: Dummett [1975] und [1976].

2 *Grammatik*

Wenn wir etwa eine Fremdsprache lernen, bemerken wir in der Tat, daß die Sprachen je ihre eigene (grammatisch geregelte) ‚*Struktur*' haben, daß wir das Sprechen in diesen Sprachen weitgehend ‚*systematisch*', unter Zuhilfenahme gewisser Regeln der *Ausdrucksbildung* und des *Ausdrucksgebrauches* bzw. gewisser *Übersetzungsregeln,* lernen können. Daher wollen uns die menschlichen Sprachen ganz selbstverständlich als *Systeme* erscheinen, als durch grammatische Regeln ‚erzeugte' Ausdrucksformen, deren ‚*Bedeutung*' (Gebrauch) ebenfalls geregelt ist.

Schon zum Erlernen der *Schrift* benötigen wir die Kenntnis einer besonderen Art sprachlicher Regeln, wie sie die Grammatik lehrt, die zunächst vor allem als *Schriftkunde* auftritt. Die *Lautschriften* unseres Kulturkreises beruhen ja auf der Möglichkeit, sprachliche ‚*Ausdrücke*' in Sätze, Worte, Silben und einfache Laute (‚Phoneme') zu *zerlegen* und dann wieder *zusammenzusetzen,* auf der Kenntnis der ‚*syntaktischen*' (konfigurativen) ‚*Sprachstruktur*' also. Unsere ‚phonematischen' Schriften lassen sich dann, wie wir wissen, ‚schematisch lesen', etwa im Gegensatz zu reinen Hieroglyphen (soweit diese noch nicht als Silben-Lautschrift verwendet werden) oder zur chinesischen Schrift.

Soweit eine Grammatik uns sagt, wie gesprochene Sprache zu schreiben und geschriebene zu lesen ist, und soweit wir unsere Rede in einer Hochsprache dann auch an der Schrift orientieren, ist Grammatik *normativ.* Gerade als Regelung der Sprache und Schrift ist sie eine *Kulturleistung* der Menschen: Zusammen mit ausgewählten Beispieltexten konstituieren Grammatiken seit alters die *Hochsprachen,* das antike Griechische und Lateinische z. B. oder auch die modernen europäischen und asiatischen ‚*Nationalsprachen*'[2], die gerade im Unterschied zu den sich ‚natürlich' entwickelnden ‚*Umgangssprachen*' oder ‚*Dialekten*' relativ ‚festgelegte', also partiell *normierte,* Sprachen sind. Und gerade solche Sprachen und Schriften lernt man nun in der Tat in der Schule, zum Teil über explizite grammatische Regeln.

Dabei normieren diese Festlegungen in der Regel jedoch nur, was nicht als selbstverständlich gilt, was sich nicht schon von selbst aus dem ‚normalen' Sprachgebrauch in der Sprachgemeinschaft ergibt. Darüber hinaus wird für die Bedürfnisse des Sprach*erwerbs* dann allerdings auch der ‚normale' Sprachgebrauch durch grammatische Regeln ‚beschrieben': Wir lernen so, Lexika und Grammatiken als Hilfsmittel zum Sprachenlernen zu verwenden. Außerdem ermöglichen solche ‚ausführlichen' Grammatiken die Deutung (‚Übersetzung') alter, nicht mehr gesprochener, Schrift-Sprachen. Die geschilderten Zwecke erfordern offenbar, daß eine Grammatik die jeweils behandelte Sprache als durch die grammatischen Regeln der Ausdrucksbildung und Interpretation ‚erzeugt' *darstellt.* – Doch letztlich sagt natürlich weiterhin die (übereinstimmende) *Sprachpraxis,* nicht erst eine Grammatik, welche Ausdrücke und Formen

[2] Bei manchen Sprachen spielt der Rückgriff auf (alte) Schriftzeugnisse eine besonders große Rolle, etwa beim modernen Hebräischen.

zu einer Sprache gehören. Allerdings bilden dann eben auch die Normierungen der Hochsprachen, als praxiskonstitutive kulturelle Regelungen, einen Teil dessen, was wir die „allgemeine Sprachpraxis" nennen.

In einer ‚Normalsprache' sind dabei zunächst alle Ausdrucksweisen ‚*korrekt*', die in der Gemeinschaft *üblich* und *verständlich* sind. Die Rede von den ‚*grammatisch richtigen*' Ausdrücken und Ausdrucksformen macht, heißt das, erst Sinn im Rahmen der kulturellen Institutionen der Grammatikschreibung und Sprach-Lehre.

3 *Grammatische Regeln*

Was sind nun typische grammatische Regeln? – Zunächst unterscheiden wir mit grammatischen Regeln, ob ein Ausdruck ‚wohlgebildet' ist. Wir denken etwa an Fälle wie: Die Präposition „wegen" wird im Deutschen mit dem Genitiv konstruiert. – Das Verb „geben" verlangt zwei Ergänzungen, ein Dativ- und ein Akkusativobjekt. – In vielen Sprachen (in slawischen Sprachen z. B.) läßt sich das *Mittel,* mit dem eine Handlung ausgeführt wird, durch einen (‚absoluten', nicht mit einer Präposition konstruierten) Kasus, den Instrumentalis, ausdrücken. Personennamen im absoluten Instrumentalis sind jedoch nicht zulässig: Personen sind keine Mittel. – Im Englischen verlangt „She has done it" im Unterschied zu „She did it", daß sich das gemeinte ‚Tun' – selbst oder etwa mit seinen Folgen – bis zur Gegenwart der Äußerung erstreckt.

Wir sehen, daß diese Regeln zum Teil auf den Aufbau (die Konfiguration) der sprachlichen Ausdrücke, zum Teil auf die Bedeutungsart (‚semantische Kategorie') der Ausdrücke, zum Teil auf Situationen, in die ihr Gebrauch jeweils eingelassen ist, Bezug nehmen.

Wir sehen an dem zuletzt genannten Beispiel zugleich, daß die Wohlgeformtheit eines sprachlichen Ausdrucks – für sich betrachtet – von der Wohlgeformtheit einer sprachlichen Äußerung in einer bestimmten Situation zu unterscheiden ist.

Haben diese grammatischen Regeln überhaupt etwas gemeinsam? Nun, sie ‚regeln' die Bildung von Sätzen (allgemeiner: von komplexen sprachlichen Ausdrücken oder Äußerungen) aus Worten oder anderen sprachlichen ‚Bausteinen'. Sie lehren uns, korrekte sprachliche Kompositionen von inkorrekten zu unterscheiden, oder geben für solche Unterscheidungen eine Beschreibung. Sie legen durch (paradigmatisch oder formal gekennzeichnete) syntaktische Muster fest, was wir bei der Sprachkomposition zu tun und zu unterlassen haben. Und sie tun dies zum Teil, indem sie zugleich Anwendungssituationen für die Geltung dieser Muster festlegen (beschreiben): daß ein Verlauf oder ein Zustand vorliegt; daß ein Wort (zusammen mit anderen Worten) zu einer bestimmten Wortart gehört; und dergleichen.

Um von der Beschreibung solcher Anwendungssituationen einen richtigen Gebrauch zu machen, müssen wir den Sinn der Worte in der Beschreibung – im allgemeinen oder in der jeweiligen besonderen Situation – bereits kennen (vor Augen haben): Wir müssen etwa wissen, was es heißt, einen Ausdruck als Personennamen zu verwenden oder auf einen Verlauf zu verweisen usf. In anderen Fällen, bei reinen

Kasus-Regeln etwa, mögen wir das Richtige im wesentlichen *figürlich*, z. B. an den Wortendungen, identifizieren. Wir könnten sagen, die grammatischen Regeln zerfallen in *rein formale* und in *semantisch gestützte* Regeln.

Wir könnten die bisher betrachteten grammatischen Regeln auch *syntaktische* nennen und sie grammatischen Regeln gegenüberstellen, welche über die korrekte Bildung der *Sätze* hinaus – auf noch zu erörternde Weise – *Gebrauchsweisen* der Sätze in sprachlichen Äußerungen regeln (oder zu regeln scheinen).

Eine erste Gruppe sind hier Regeln, die uns sagen, wie sprachliche Ausdrucksweisen, wenn sie in *Äußerungen* gebraucht werden, in Abhängigkeit von Redekontext und Situation *zu deuten* sind. So drückt z. B. der Genitivus possessivus aus, daß der Gegenstand, von dem die Rede ist, dem Gegenstand ‚*zugehört*', der durch den im Genitiv stehenden Namenausdruck ‚benannt' ist. In diese Gruppe gehören ganz allgemein Regeln für den Gebrauch von Nominalkomposita bzw. Nominalphrasen in Fällen, in denen dieser Gebrauch auf durch die Regel bestimmte Weise die *Gültigkeit gewisser Urteile* voraussetzt, ‚präsupponiert'. Beispiele aus der klassischen Grammatik sind eben gerade die Deutungsregeln von Genitivkonstruktionen, wie des genannten ‚Genitivus possessivus' oder des ‚Genitivus subjectivus' bzw. ‚objectivus' bzw. ‚der Lage' etc.; oder die Unterscheidung zwischen einschränkenden und ausmalenden (attributiven) Adjektiven in Nominalphrasen, in Fällen wie: „Die reichen Staaten der Welt ..." vs. „Die reichen Vereinigten Staaten ...".

Auch Regeln dieser Art können als Regeln der Wohlgeformtheit gelten, wenn diese nämlich auf Äußerungen bezogen wird. Wer eine Äußerung auf eine bestimmte Weise gedeutet wissen will, hat sich in diesem Sinne ‚richtig' auszudrücken.

4 *Bedeutung*

Wir sprechen vom normalen, eo ipso *korrekten* Gebrauch, von den vorhandenen *sprachlichen Institutionen*. Und hier müssen wir unterscheiden, ob wir diesen Gebrauch in seiner *ganzen Vielfalt* meinen – oder uns auf *bestimmte Fälle* beziehen wollen.

Wir könnten den so verstandenen Gebrauch die *allgemeine* resp. *besondere Bedeutung* der sprachlichen Ausdrücke (der Worte und Sätze) nennen.[3] Wenn es hier dann

---

[3] Die Identifizierung der Bedeutung eines Ausdrucks mit seinem ‚normalen', institutionellen, ‚Gebrauch' ist keineswegs, wie die Einleitung dieses Bandes in 2.4 und 6 unterstellt, ein Plädoyer für eine ‚Gebrauchstheorie' der Bedeutung. Wir sagen ja nur, was die Bedeutung zunächst einmal ist. Demgegenüber mag dann der Wahrheitsbedingungen-Ansatz seinen eigenen Nutzen haben, gerade auch als Darstellungsrahmen für die ‚pragmatische' Unterscheidung von propositionalen und illokutionären Aspekten der Bedeutung. Entgegen der vom Herausgeber geäußerten Erwartung kann und will allerdings eine sinnkritische Beurteilung allzu weitreichender logischer und linguistischer Erklärungsansprüche keine alternative Methode der Sprachwissenschaft oder eine pragmatische *Theorie* der Sprache liefern. Sie ist ein Unternehmen ganz anderer Art.

einen Sinn ergibt, von *internen,* bedeutungs*konstitutiven* ‚Regeln' zu sprechen, so könnten sie entsprechend *„Bedeutungsregeln"* oder *„semantische Regeln"* heißen. Sprechen wir hier von einer ‚allgemeinen' und einer ‚besonderen' Bedeutung von sprachlichen Ausdrücken, so beziehen wir uns also auf ‚Umstände' unterschiedlicher Allgemeinheit, in denen diese Ausdrücke einen normalen, uns vertrauten Gebrauch haben.

5 *Lexikalisch-grammatische Bedeutung*

Bisher, insbesondere im vorigen Abschnitt, haben wir die Bedeutung gewissermaßen als die ‚Verfassung' des gesamten sinnvollen Gebrauchs verstanden. Wenn wir jedoch explizit nach der Bedeutung eines Ausdrucks fragen, sind wir häufig mit Auskünften zufrieden, wie sie in einem Lexikon oder einer Grammatik vorkommen könnten. Im Blick darauf könnten wir sagen, grammatische Deutungsregeln und lexikalische Bedeutungserklärungen liefern eine ‚Beschreibung' der *lexikalisch-grammatischen Bedeutung* sprachlicher Ausdrücke: Diese Beschreibungen lassen sich dann zu einer (allgemeinen) Darstellung von typischen Gebrauchsweisen komplexer Ausdrücke (besonders von Sätzen) zusammensetzen.

Ist nun die *Bedeutung der Wörter* nicht gerade die so genannte *‚lexikalische Bedeutung'*? Und wird diese nicht bestimmt durch Bedeutungserklärungen, wie wir sie in den verschiedenartigen Lexika finden? Nun, man kann die in Wörterbüchern notierten ‚synonymen Ersetzungen', Paraphrasen und (häufig stenographisch angedeuteten) Verwendungsbereiche als Kurzcharakterisierung normaler, bedeutungskonstitutiver Gebrauchsweisen dieser Wörter im Satz- und Situationszusammenhang verstehen. *„Lexikalisch"* heißen dann also Erläuterungen, welche die *Bedeutung* eines *bestimmten* sprachlichen Ausdrucks für einen *typischen Fall,* etwa durch Beispiele oder bekannte Äquivalente, Paraphrasen, angeben wollen.

6 *Grammatische Strukturen*

Die Regeln, die wir in Grammatiken finden, sind dann häufig Teile einer die Angaben eines Lexikons auf geeignete Weise ergänzenden Anweisung zur Verwendung solcher abgekürzten Erläuterungen. Z. B. weisen Kategorieangaben bereits in den Lexika den Wörtern ihren Platz in Satzbildungen gemäß kategorialsyntaktischen Satzbauregeln zu. Grammatische Deutungsregeln für syntaktische ‚Konstruktionen' erlauben uns dann, die lexikalischen Angaben ‚zusammenzusetzen' zu einer mehr oder weniger allgemeinen *Beschreibung* des Gebrauchs entsprechend zusammengesetzter Sätze, einer Beschreibung also der Bedeutung (dieser Sätze) im Sinne von Abschnitt 4. Die Rede von der ‚Zusammensetzung' der Sätze und Satzbedeutungen gehört damit zunächst zur Sprach*beschreibung*. Dieser sind die Bedeutungen (der Sprachgebrauch) als ‚Gegenstand' (und zur Kontrolle der Angemessenheit der Beschreibung), als Faktum, bereits vorgegeben.

Dies vor Augen, sprechen wir von *grammatischen* Strukturen der Sprache dort, wo konfigurative (syntaktische) Eigenschaften (Erscheinungen) sprachlicher Ausdrücke auf eine typische (allgemeine) Weise mit den Bedeutungen dieser Ausdrücke verbunden sind. In diesem Sinne ist das *Grammatische* an der Sprache mit dem *Konfigurativen* an der Sprache verbunden. Wenn sich uns z. B. der Dativ als eine *grammatische* Erscheinung der Sprache darstellt, müssen wir sein Auftreten an der Konfiguration, etwa der typischen (Buchstaben-)Form der Endung des Wortes oder der Stellung im Satz ablesen können. (Die *rein* figurativ verstandenen Zeichensysteme allerdings sind keine Sprachen, rein ‚formale Sprachen' dieser Art also hölzerne Eisen.)[4]

7 *Bedeutung und Gebrauch*

Wie aber verhält sich die *lexikalisch-grammatische Bedeutung* eines Ausdrucks zu seinem *typischen Gebrauch?* Legen etwa die durch eine Grammatik beschriebenen typischen Gebrauchsweisen von Ausdrücken *jeden* korrekten Gebrauch der Ausdrücke fest? Erlauben sie also in jedem Falle, bloß faktische, möglicherweise inkorrekte, Verwendungen der Ausdrücke als solche vom korrekten Gebrauch zu unterscheiden? ‚Beschreibt' eine ‚richtig aufgebaute' Grammatik etwa gar unsere Kompetenz; liefert sie eine ‚*Erklärung*' für unsere (faktische) Fähigkeit, immer wieder *neue*, bedeutungsvolle und verstehbare, Sätze zu bilden, zu äußern und zu deuten (zu verstehen)?[5] Trägt vielleicht sogar das für die Grammatik maßgebende Verständnis (das grammatische Verständnis) von sprachlicher Komplexität einerseits, von einem regelgeleiteten ‚Aufbau', einer regelgeleiteten ‚Zusammensetzung' sprachlicher Ausdrücke und deren ‚Bedeutungen' andererseits, zugleich eine systematische *Rekonstruktion des Gebrauchs* von Ausdrücken und Sätzen, eben als eines ‚geregelten' und insofern (über *Regeln)* systematisch geordneten? Kurz: Ist die Sprache *doch ein Regelsystem,* das den

---

[4] Es ist – entgegen der Meinung der Montague-Grammatik – ein höchst wichtiger theoretischer Unterschied zwischen ‚formalen' und ‚natürlichen' Sprachen, daß erstere bloß kalkülmäßig erzeugte Figurensysteme sind. Solchen formalen Systemen kann man eine beliebige, etwa eine wahrheitswertsemantische, Deutung geben. Natürliche Sprachen dagegen ‚sind schon in Gebrauch'. Man kann ‚an ihnen' nur *nachträglich* konfigurative und semantische Aspekte (Formen) trennen und aufeinander beziehen. Vgl. hierzu: R. Montague [1974], 188ff und 222ff.

[5] Zur Identifikation von Sprache mit der durch eine Grammatik beschriebenen Sprachkompetenz (resp. deren ‚Ergebnis' oder ‚output') vgl. etwa: Lyons [1968], 51 oder auch Chomsky [1980], 10.

‚korrekten Gebrauch der Sprache' charakterisiert und von einer (richtigen) Grammatik beschrieben wird? Und besteht die korrekte faktische Verwendung der Sprache in der ‚Befolgung' der Regeln dieses Sytems?

Daß wir beim Sprechen und Schreiben, bei der ‚Sprachverwendung', unter anderem auch Regeln befolgen, ist selbstverständlich. Und es ist auch klar: Wir verändern jeweils den Sinn der gerade formulierten Frage, wenn wir ein engeres oder weiteres Regelverständnis zugrundelegen, als etwa dasjenige, welches uns aus (traditionellen) Grammatiken vertraut ist.

8 *Faktische Verwendung*

Neben dem, was wir den bedeutungskonstitutiven Gebrauch der Sprache genannt haben, gibt es andererseits die *faktische,* vielleicht falsche (nicht korrekte) *Verwendung,* die wir von einem sprachlichen Ausdruck machen, dessen Bedeutung dazu bereits als gegeben unterstellt ist. Zur faktischen Verwendung kann im Extremfall sogar gehören, daß wir darauf verzichten, einen Ausdruck (etwa in einer bestimmten Bedeutung) überhaupt zu verwenden; daß wir ein Wort etwa aus unserem Vokabular streichen.

Als *‚regulative' Verwendungsregeln* in diesem Sinne – welche die Bedeutungen der sprachlichen Ausdrücke schon voraussetzen – lassen sich viele stilistische Regelungen oder zweckmäßige (Einschränkungen von) Ausdrucksformen betrachten.

Es wäre möglich, die faktische Verwendung, wie wir sie gerade erläutert haben, überhaupt nicht „Gebrauch" zu nennen, so daß dann die *Bedeutung* im oben (Abschnitt 4) eingeschränkten Sinne des Wortes, von der *faktischen Verwendung* unterschieden wäre.

9 *Bedeutung und faktische Verwendung*

Wie *bestimmt* nun die Bedeutung eines sprachlichen Ausdrucks seine faktische Verwendung? So also, mit der Antwort auf *diese Frage,* wollen wir die (korrekte) faktische Verwendung aus der Bedeutung ‚erklären'.

Und muß diese Erklärung nun nicht so sein, daß die Bedeutung einen Zusammenhang zwischen Situation und Verwendung herstellt? Sonst, könnten wir sagen, wäre ja die Verwendung des Ausdrucks in jeder Situation möglich und insofern *beliebig verfügbar,* d. h. es wäre kein situationsbezogenes Urteil über seine korrekte Verwendung möglich. – Nun, in einem bestimmten Sinne ist die Verwendung ja auch *beliebig verfügbar.* Die bedeutungsgemäße Verwendung wäre sonst nämlich kein *Handeln.* Denn daß ein Geschehen eine Handlung heißt, unterstellt schließlich gerade, daß der so Handelnde sie im Normalfall nach seinem Belieben ausführen kann.

10 *Normalität*

Aber liefert uns dann die Bestimmung eben des Normalfalles nicht gerade das, wonach wir suchen, nämlich das Gelenk zwischen Situation und Verwendung? Die Verwendung im Normalfall ist, so scheint es, die bedeutungsgemäße Verwendung.

Wer das Bein gebrochen hat, kann nicht springen: Gehört dies zum Verständnis dessen, was wir unter dem Springen verstehen? Ist es nicht eher so: Wer weiß, was das Springen im Unterschied etwa zum Laufen, Gehen, Stehen usw. ist, kann dann auch Erfahrungen damit sammeln, wann (ihm und anderen) das Springen möglich ist. Das Springen lernen wir – selbstverständlich – in Situationen kennen, in denen es möglich ist. Und so ist es etwa auch mit der Verwendung des Wortes „reichen": Um eine sinnvolle *Aufforderung* der Form „Reich mir . . ." oder eine sinnvolle *Feststellung* „Ich habe Dir . . . schon gereicht" machen zu können, muß man nicht lediglich *Sätze* der genannten Formen korrekt artikulieren (können), sondern es müssen auch gewisse ‚normale' Vorbedingungen erfüllt sein, damit man richtig verstanden wird.

Der Normalfall wird *für das Verständnis* (bzw. die Bedeutung) *unterstellt;* er trägt zu dessen Bildung (fast) nichts bei.

11 *Regelgeleiteter Gebrauch*

Was heißt es nun zu sagen, eine Regel *leite den Gebrauch* der Sprache *an?* Was wären Beispiele für Regeln, welche in diesem Sinne die Bedeutung sprachlicher Ausdrücke regeln?

Wir haben Bedeutungsregeln für syntaktische Konstruktionen wie Genitiv- oder Präpositionalkonstruktionen erwähnt. Zusammen mit lexikalischen Bedeutungsangaben können solche Regeln offensichtlich in den praktizierten Sprachgebrauch einführen; – so gehen wir ja mit Sprachlehrbüchern um.

Zu den lexikalischen Regeln zählt dabei auch die Angabe semantischer Unterordnungen, sogenannter ‚Hyponymien', wie: „Ein Morgenstern ist eine mittelalterliche Schlagwaffe", „Ein Fagott ist ein Musikinstrument".

In der Logik nennt man solche Angaben häufig „Prädikatorenregeln", die etwa als Teil einer Einführung in den Sprachgebrauch auftreten und auf die sich dann bestimmte Urteile und Schlüsse berufen. Insofern Prädikatorenregeln den Sprachgebrauch ‚richtig' beschreiben oder vielleicht auch normieren, erlauben sie, Einordnungen vorzunehmen und korrekte Schlüsse von falschen zu unterscheiden.

Zeigen uns nun diese Hinweise und Beispiele nicht hinreichend, *wie* die lexikalisch-grammatische Bedeutung den typischen Gebrauch eines Ausdrucks bestimmt? Ohne daß hier noch etwas zu ergänzen wäre? Daß wir hier also vergebens eine Antwort erwarten, die mehr leistet, als uns die Vielfalt der Möglichkeiten der Bestimmung des Sprachgebrauchs vor Augen zu führen, und unter ihnen diejenigen, die wir, mehr oder minder passend, „Regeln" nennen würden?

12 *Normalitätsbedingungen*

Nun erscheint unsere bisherige Darstellung einseitig, wenn wir auf noch andere Regeln sehen, welche – der Sprechakttheorie zufolge[6] – für den korrekten Sprachgebrauch konstitutiv sind. Hierhin gehören Regeln wie diese: Wenn einer eine Frage stellt, so dürfen wir i.a. annehmen, er wisse die Antwort nicht, sei ernsthaft an einer Antwort interessiert. Sonst müssen wir Äußerungen, welche die Form einer Frage haben, auf andere Weise deuten, etwa als ‚Scheinfragen', rhetorische Fragen usf. Die rhetorische Frage wird dabei etwa zu einer Behauptung. Die alternativen Deutungen mögen im übrigen selbst als durch die Gebrauchssituationen regelartig bestimmt erscheinen.

Oder: Gibt jemand ein Versprechen, so gilt in der Regel:
- daß die Ausführung des Versprochenen in seiner Macht steht;
- daß er beabsichtigt, das Versprechen zu halten;
- daß der Angesprochene an der Einhaltung des Versprechens interessiert ist.

Wo dies nicht so ist, mögen wir ein „Ich verspreche dir . . ." als *Prognose* deuten, etwa wenn der Satz mit: „. . . daß es regnen wird" weitergeht; oder als bloße *Vortäuschung* eines Versprechens erkennen, etwa wenn es zusätzliche Äußerungen oder andere Anzeichen dafür gibt, daß der Sprecher das Versprochene nicht halten will; oder gar als *Drohung*.

In der Sprachanalyse der „Ordinary Language Philosophy" hat man solche ‚Regelungen' „Normalitätsbedingungen" für Sprechakte genannt (Searle)[7], oder auch „Implikaturen" (Grice)[8].

13 *Philosophie der normalen Sprache*

Wenn wir richtig verstanden werden wollen, so müssen wir uns in der Regel an das ‚Normale' halten: nämlich an die Weisen, die von der öffentlichen Institution ‚Sprache' für das, was wir sagen wollen, vorgesehen sind. Dies ist eine uns vertraute Tatsache; und wir kennen unzählige Fälle, in denen wir sagen (könnten): „Wenn du das *so* (. . .) sagst, dann wirst du *so* (. . .) verstanden."

Soweit die „Philosophie der normalen Sprache" uns schlicht hierauf hinweisen will, hat sie unbestritten Recht; etwa auch mit selbstverständlichen ‚Regeln' wie: Wer bloß eine Vermutung äußern kann, sollte nicht sagen: „Ich weiß, daß . . .", er sollte in der Regel auch nicht die Form einer Behauptung wählen.

---

[6] Vgl. Searle [1969].

[7] Zu den ‚Normalitätsbedingungen' vgl. Searle [1965], Teil V; ferner ders. [1974].

[8] Vgl. Grice [1968].

14 Kommunikative Handlungen

Hier ist, wie wir sehen, eine Unterscheidung geboten:

Auf der einen Seite ist etwa zu verstehen, was es heißt, ein Versprechen zu geben – mit welchen Worten oder Gebärden auch immer wir dies (das Versprechen) zum Ausdruck bringen. Wir könnten das Versprechen-Geben eine *kommunikative Handlung* nennen, und das heißt hier nur: Das Versprechen hat ein Gegenüber und ist mit vereinbarten Verpflichtungen verbunden. – Wir wüßten im allgemeinen nicht, was es hieße, von der ‚Bedeutung' eines Versprechens zu reden und entsprechend nach Bedeutungsregeln zu forschen. Ein Versprechen kann *wichtig* und in diesem Sinne *bedeutungsvoll* erscheinen; aber dies ist dann keine Sache des Sprachverständnisses.

Auf der anderen Seite haben wir bestimmte *Sätze,* die mit „Ich verspreche Dir ..." beginnen, und ihre *Bedeutung.* Diese Sätze dienen normalerweise dazu, ein Versprechen zu geben, haben dies als ihre *normale Bedeutung.* Unter besonderen Umständen geben wir ihnen (oder auch nur dem einleitenden „Ich verspreche Dir") allerdings einen anderen Gebrauch, etwa denjenigen einer Vorhersage oder Drohung. Und es ist zunächst ein Indiz für einen *besonderen* Gebrauch, daß die Bedingungen, welche den *normalen* Gebrauch tragen, nämlich den Gebrauch als *Versprechen,* offensichtlich nicht vorliegen.

15 Sprechakte

Da die sogenannten ‚Normalitätsbedingungen' allenfalls *kommunikative Handlungen,* etwa des Versprechen-Gebens, ‚konstituieren', schreiben sie zunächst nichts für die Bedeutung *bestimmter Sätze* vor. Nur wo wir diese Sätze zur Artikulation einer bestimmten kommunikativen Handlung benutzen, greifen (rücken) dann deren Konstituentien in die Bedeutung der Sätze ein.

Keine der Normalitätsbedingungen weist uns also zwingend an, etwas auf eine bestimmte Weise zu tun oder zu sagen, in Abhängigkeit von bestimmten ‚Intentionen'[9] oder Situationen etwa. Wir können nämlich neben den normalen Formulierungen unter geeigneten Umständen vielerlei (ungewöhnliche) Ausdrucksweisen verwenden – und verstanden werden.

Für denjenigen, der schon in die Sprache eingeführt ist, können hier allerdings ‚Regeln' die Wahl zwischen möglichen Ausdrucksweisen erleichtern. Und einem Menschen aus *einem anderen Kulturkreis,* der in seiner Sprache – so wie wir – zu fragen, zu antworten, Versprechen zu geben usw. gelernt hat, mögen solche Regeln deutlich machen, welche *Ausdrucksformen* unter welchen Bedingungen zur Artikulation von Fragen, Antworten, Versprechen usw. in *unserer* Sprache gebräuchlich sind.

---

[9] Zu den ‚Intentionen' vgl. Searle [1965] und [1983].

Sollen wir nun das *Versprechen-Geben* oder aber den *Gebrauch der Sätze* „Ich verspreche Dir ..." den *„Sprechakt"* nennen? Beides wäre offenbar inadäquat, wenn man an den (so gespaltenen) Gebrauch des Terminus „Sprechakt" in den *Sprechakttheorien* denkt.[10]

Andererseits gilt natürlich: Wer die ‚Standardbedeutung' von Sätzen „Ich verspreche Dir ..." kennt, also mit *diesen* Sätzen ein Versprechen geben könnte, der weiß, was ein Versprechen ist. Er kann den ‚Sprechakt' ausführen, der darin besteht, ein Versprechen mit *bestimmten* Standardformulierungen zu geben (auszudrücken). Und es wäre nun denkbar, jemand hätte nicht begriffen, daß kommunikative Handlungen auch unabhängig von Standardformulierungen möglich sind. Er würde dann, wenn ein Versprechen mit einer ungewöhnlichen Formulierung oder durch eine bloße Gebärde gegeben wird, dies nicht als solches erkennen (anerkennen).

16 Regeln der Sprache

Wir wissen, was es heißt, sich an Sprachgebrauchsregeln lexikalisch-grammatischer Art oder an Normalitätsbedingungen für kommunikative Handlungen zu halten: Wir verstehen die ‚Regeln' und sagen: Ja, *so* handeln wir, weil wir unseren Sprachgebrauch, unsere Handlungen, schon kennen. Wir lernen diese Handlungen nicht erst, indem wir einer Art von Anweisung folgen und dies als die Weise verstehen, in der die Sprache unser Handeln zugleich konstituiert und anleitet.

Wir gebrauchen bestimmte Formulierungen, geben Versprechen, stellen Fragen. Dann sagen wir häufig *später,* wenn wir dieses Tun *beschreiben,* daß wir (angebbaren) Regeln folgen. Wir tun schließlich auch sonst vielerlei, bevor wir die Unterschiede in diesem Vielerlei als solche artikuliert haben. Und häufig sind dann allerdings Beschreibungen dieser Unterschiede in unserem Handeln von einer Art, welche die Charakterisierung „Regelungen" oder „Regeln" nahelegt.

So kann man regelartige Beschreibungen dessen, was ein Versprechen oder eine Drohung ist (Beschreibungen, wie sie die Sprechakttheorie zu geben pflegt) schlicht als Artikulation immer schon *praktisch* unterschiedener Handlungen verstehen.

---

[10] Searle kann sich offenbar nicht entscheiden, ob er die *Bedeutung* bestimmter Ausdrucksweisen beschreiben will oder aber den Sinn (die Bedeutsamkeit) und die ‚Form' gewisser (institutioneller, u. a. sprachlich verfaßter) *Handlungsweisen* (die sich ganz verschiedener Ausdrucksweisen bedienen können) – etwa der Handlungsweisen des Versprechen-Gebens, Dankens, Bittens usw.

17 *Darstellungen*

Wenn gesagt wird, die linguistische (grammatische) Sprachbeschreibung stelle Sprache und ihre ,Formen' als durch ein Regelsystem erzeugt dar, so ist zum Verständnis dieser Redeweisen (und der sie begleitenden Vorstellungen) die Analogie zu unserer Auffassung eines Bildes hilfreich. Denn auch an Bildern läßt sich eine charakteristische Schwierigkeit aufweisen, welche sich insbesondere mit dem verbindet, was wir den *„Gegenstand"* der Darstellung, das Phänomen, auf das sich unsere Beschreibungen beziehen, nennen:

Das Bild ,stellt dar', *was im Bilde zu sehen ist.* Dies ist zunächst in einem bestimmten Sinne der ,Gegenstand' des Bildes, der ,Mann mit dem Goldhelm' etwa, den uns Rembrandts(?) Bild zeigt. Und hier ist es ganz unerheblich, wen das Bild in einem anderen, etwa den Historiker interessierenden Sinne ,darstellt'. Der Historiker könnte uns etwa darüber aufklären, daß und wie das Bild Eigenschaften der tatsächlich abgebildeten Person, seines ,externen' Gegenstandes (,Originals'), verändert wiedergibt. Er müßte dazu auf andere Weise Zugang zu diesem Original haben.

Der externe Gegenstand braucht andererseits nicht zu existieren, das Bild kein bestimmtes reales Vor- oder Urbild besitzen, damit wir etwa den ,Mann mit dem Goldhelm' als (,inneren') Gegenstand des Bildes ausmachen und kennzeichnen können. Wenn sich jedoch bei einem Bilde externer und interner Gegenstand unterscheiden (ein externer und ein interner Gegenstand identifizieren und zugleich aufeinander beziehen lassen), so mag es in bestimmten Fällen sinnvoll sein, den internen Gegenstand als die ,Darstellung' oder ,Erscheinung' des externen Gegenstandes zu charakterisieren. Im Bilde erscheint der externe Gegenstand gewissermaßen in einer internen Form oder Sicht, unter einem ,internen Aspekt'. Wir betrachten ihn *als intern* (in bestimmter Weise) *dargestellten.* – Und hier lassen sich im Regelfall *viele Darstellungsweisen* wählen und, zu ihrer Rechtfertigung, mit allerlei Zwecken verbinden. Hier herrscht *Pluralität,* und doch nicht der *Pluralismus beliebiger Wahlmöglichkeiten:* Darstellungsweisen erscheinen bezogen auf die Absichten, welchen sie dienen, mehr oder weniger angemessen, richtig oder falsch.

Wir können die Eigenschaften, welche der Gegenstand unserer Behandlung *in einer bestimmten Darstellung* zeigt, unterscheiden von der Art und Weise, wie er uns im direkten Umgang begegnet, wie er ,(wirklich) ist'; vorausgesetzt selbstverständlich, wir haben die Möglichkeit eines direkten Zuganges. Sonst kann uns das „ist" des Wirklichkeitsbezuges hier nur auf die Tatsache anderer Darstellungsmöglichkeiten aufmerksam machen (wie etwa Kants „an sich" auf den Erscheinungscharakter unserer Erfahrung).

Soweit wir z. B. den Umgang mit sprachlichen (Ausdrucks-)Formen und mit den Worten „Ausdruck" und „Form" kennen und beherrschen, haben wir gewissermaßen ,direkten Zugang' zu den Formen der Sprache. Wir können dabei mit Ausdrücken ,operieren', in ihnen Ausdrucksteile ersetzen, verschieben und weglassen, und wir können direkt die Gebrauchsmöglichkeiten (,Bedeutung') der so entstehenden Ausdrücke prüfen. Durch solche Operationen werden Ausdrücke zu Beispielen für Ausdrucksformen – und wir lernen dies schon als Kinder in Reim- und anderen (echten) Sprach*spielen.* Die ,Distributionsanalyse'[11] des ,linguistischen Strukturalismus'[12] ,beschreibt' sprachliche Formen durch die systematische Anwendung der genannten Operationen, in diesem Sinne also ,direkt'.

Nun lassen sich konfigurative (etwa ,syntaktische') Formen auch *schematisch,* durch Verwendung von Buchstaben als ,Platzhalter' oder ,Variable', darstellen; – ungefähr so, wie mathematische *Formeln* die Formen von Rechenausdrücken (,unbestimmt') andeuten, ,repräsentieren'.

So läßt sich die ,Satz-Form' eines Satzes wie „Peter schlägt seinen Hund", d. h. die Form Nomen (Subjekt) – Verb – Nomen (Objekt), durch die Buchstabenfolge NVN[13] repräsentieren (darstellen). An solchen Formen (resp. Formeln) lassen sich dann weiter (Teil-)Formen identifizieren (,zusammenfassen'). Z. B. ist „schlägt seinen Hund" ein (,komplexes') Verb, also VN ,von der Form' V. Man erhält auf diese Weise Formen von Formen ... (Formen verschiedener ,Tiefe') und gewisse Beziehungen zwischen den darstellenden Formeln. Z. B. lassen sich die *Formeln* (!) NV und NVN – ähnlich wie die Formeln der Logik und Kalkültheorie – durch Regeln erzeugen (,generieren') bzw. als durch Regeln erzeugt ,denken', etwa durch Regeln der Art $S \rightarrow N\ V$ und $V \rightarrow V\ N$. (Hier erinnert der Buchstabe S an das Wort „Satz".) ,Angewendet' werden solche Regeln in der Beschreibung von ,Herleitungen' (,Herleitungsbäumen') für Formeln. Ein Herleitungsbaum für die Formel NVNN, die einen Satz mit zwei Verb-Objekten repräsentiert, wäre etwa:

---

[11] Zur Methode der Distributionsanalyse vgl. Lyons [1968], 50f. und 70ff. Da die grundlegenden Operationen der Distributionsanalyse die gleichen sind, wie sie jede logische Syntax, aber auch die Formeln der Mathematik, konstituieren, lassen sie sich, wie der Herausgeber dieses Bandes (in 2.1) richtig sagt, in wenigen Stunden lernen. Dennoch bedarf die richtige Handhabung dieser ,strukturalistischen' Methode, insbesondere bei der Auswahl von Gesichtspunkten und der Bewertung der relevanten Kontexte (z. B. bei der Definition der Ebenen der Phonologie, Morphologie, Syntax oder der formalen Semantik) langer Erfahrung und einer anderen Art von Mühe, als sie für den Entwurf mathematischer Sprach-Modelle notwendig ist.

[12] Es ist hier der amerikanische Strukturalismus mit seinen behaviouristischen Tendenzen (z. B. bei Bloomfield) vom europäischen (der ,Prager Schule' und ihrer Nachfolger) zu unterscheiden. Der letztere untersucht die ,Funktionen' der sprachlichen Einheiten und Formen im Sprachgebrauch und nennt sich daher auch „Funktionalismus". Vgl. dazu etwa: Mathesius [1975], bes. 12ff. Zur strukturalistisch-distributionell-funktionalen Beschreibungsmethode vgl. Glinz [1952].

[13] Es wird in diesem (sehr groben) Beispiel einer ,Struktur' nicht, wie üblich und an sich notwendig, zwischen den Kategorien N und NP, V und VP unterschieden.

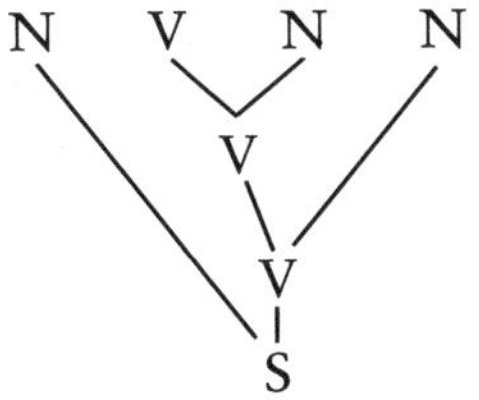

In der „Generativen Transformationsgrammatik“[14] nennt man solche Bäume (grammatische) „Tiefen-Strukturen“ und benutzt sie (u. a.) zur Darstellung gewisser ‚grammatischer Operationen‘, so genannter ‚Transformationen‘, etwa indem man Bäume (Strukturen) nach gewissen Regeln in andere Bäume umformt, und so etwa die Regeln der Aktiv-Passiv-Umformungen einer Sprache anschaulich macht.

Struktur-Herleitungsregeln und Transformationsregeln der betrachteten Art können zwar auch als Ausdrucks-Erzeugungs-Regeln in einen Computer eingegeben werden. Und doch sind die ‚Strukturen‘ (Bäume und Buchstabenfolgen) der Generativen Transformationsgrammatik nur dann als Darstellungen grammatischer Formen (‚Regeln‘ und ‚Strukturen‘) der Sprache deutbar, wenn man sie auf distributionell charakterisierte Ausdrucksklassen (Kategorien) und auf unsere Praxis des (probeweisen) Ersetzens, Verschiebens und Weglassens von Ausdrücken in der (Gebrauchs-) Sprache bezieht. Zumindest prima facie handelt es sich also bei diesen Regeln nicht um ‚reale‘ Regeln der Spracherzeugung und Spracherkennung der Sprecher einer Sprache, sondern nur um ein auf bestimmte Weise geordnetes System der Darstellung konfigurativer Regelmäßigkeiten von sprachlichen Ausdrucksformen, die wir schon in Gebrauch haben.

Die (‚Tiefen‘-)Strukturen (Bäume) der modernen Linguistik sind also weder bloß Formen einer völlig *beliebig* gewählten Darstellung der Sprache – da die Distributionsanalyse den Zusammenhang mit dem ‚externen Gegenstand‘, dem Sprachgebrauch, sichert[15] – noch sind sie etwas, was ‚hinter‘ der Oberfläche des uns vertrauten Sprachgebrauchs läge, diesen etwa ‚erklären‘ könnte. Sie zeigen uns vielmehr am Gebrauch der Sprache konfigurative Formen, und zwar dadurch, daß wir sie als konstruierte, anschauliche, ‚Vergleichsobjekte‘ neben die Ausdrücke der Sprache und neben unsere ‚formalen‘ Operationen mit diesen Ausdrücken stellen.

---

[14] Vgl. dazu auch Chomsky [1965].

[15] Im Unterschied zur strukturalistischen Erarbeitung grammatischer Formen am Sprachgebrauch gibt die generative Grammatik ihre (syntaktischen) Regelsysteme als ‚wirkliche‘ Erzeugendensysteme ‚der‘ sprachlichen Formen aus, tut so, *als ob* wir in der Sprachpraxis tatsächlich derartigen Regeln folgten, ohne dies als Fiktion zu begreifen.

18 *Interne und externe Erklärungen*

Im Falle von Darstellungen treten typische Verständnisprobleme auf, die vor allem zwei Ursachen haben, und es ist wichtig, diese beiden Ursachen deutlich zu unterscheiden:

Im ersten Fall ist uns der Ort des Dargestellten *in unserer Darstellung* unklar. Wir müssen dann eine (geeignete) Übersicht über den Zusammenhang der Darstellung gewinnen. Und man könnte dies, wenn es gelingt, eine *interne* Erklärung nennen. Erklärungen dieser Art unterrichten uns also insbesondere über die ,(innere) Form der Darstellung'.

Im zweiten Fall sind wir mit unserem Erklärungsbedürfnis noch auf der Suche nach einer *angemessenen* Darstellung, die unser Verständnisproblem zur Ruhe bringt. Unser Erklärungsproblem ist hier gewissermaßen extern; d. h. nur: wir bewegen uns mit ihm noch gar nicht *innerhalb* einer *bestimmten* Darstellung.

Eine scharfe Grenze zwischen externen und internen Erklärungsfragen ist damit allerdings nicht gezogen. Es könnte, ohne daß wir dies zunächst sehen, um einen (für bestimmte Zwecke notwendigen) *Wechsel* der Darstellung gehen. Auch dann läßt sich unsere Verständnisschwierigkeit ja nicht *innerhalb* der problematischen Darstellung lösen.

Häufig ziehen wir aus ,inneren' Beziehungen der Darstellung, aus ,internen Notwendigkeiten', d. h. aus der Form der Darstellung, Folgerungen.

Z. B. ,folgt' aus „A ist (in) B" und „B ist (in) C": „A ist (in) C", wenn man an die Flächeninklusionen der Subsumptionslogik denkt.

Oder die ,Wahrheitsbedingungen-Semantik'[16] ,erklärt' uns etwa, warum ein Schluß von Urteilen der Form „Jedes A ist ein B" und „Es gibt kein B" auf das Urteil „Es gibt kein A" ,logisch' gültig ist. Es wird nämlich in dieser ,Theorie' der logischen Worte die *Bedeutung* von Sätzen der entsprechenden Formen durch zweiwertige Wahrheitswertzuordnungen so normiert (festgelegt), daß – intern – der genannte Schluß ,gilt', d. h. daß einem Satz der Form „Es gibt kein A" jedenfalls dann der Wert ,das Wahre' zugeordnet ist, wenn jedem der Sätze „Alle A sind B" und „Es gibt kein B" der Wert ,das Wahre' zugeordnet ist. Die (wahrheitsfunktionale) Normierung der Bedeutung der logischen Wörter konstituiert dabei die (jetzt) theorieinterne (,theorieabhängige') Rede von der logischen Form und der logischen Gültigkeit. Ebenfalls intern gelten dabei Prinzipien wie das Prinzip vom ausgeschlossenen Dritten: Jedem nach der Theorie semantisch wohlgebildeten Satz soll genau einer der beiden Wahrheitswerte zugeordnet sein.[17]

---

[16] Eine Einführung in die Wahrheitsbedingungen-Semantik findet man in Cresswell [1979].

[17] Zum Tertium non datur als internes (Wahrheitswert-)Prinzip vgl. Stekeler-Weithofer [1986], § 7.4.

Und hier ist es nun wichtig, die erschlossenen darstellungsinternen Sachverhalte nicht als gewissermaßen ‚reale' Eigenschaften der Gegenstände der Darstellung mißzuverstehen.

19 Beschreibungen und Erklärungen

Gute Beschreibungen leisten nun, andererseits, häufig eben dies: Sie stellen das Phänomen, den Gegenstand der Beschreibung an den richtigen Ort, in den rechten Kontext. Wir verstehen dann den Zusammenhang; und insofern ist unser Wunsch, eine *Erklärung* zu erhalten, befriedigt.

Auch bei den sprachlichen Erscheinungen wird die Frage nach einer ‚Erklärung' im allgemeinen mit der Einordnung in einen geeigneten Zusammenhang beantwortet.

Erklärungen antworten auf Verwunderung, Unverständnis. Und die kausale Erklärung (explanation) ist hier nur ein Sonderfall. Auch die logische Erklärung (logical explanation) kann, recht verstanden, nur auf den Sitz der Worte (Begriffe) in typischen Situationen unserer Sprache und Praxis aufmerksam machen, ihn möglichst gut kennzeichnen.

In vielen Fällen dienen also Erklärungen gleichsam der ‚Einordnung' eines Gegenstandes, Satzes oder auch Ereignisses, wenn diese z. B. nicht in allgemein bekannte und uns vertraute (oder auch nur so scheinende) Zusammenhänge gehören bzw. aus solchen herausfallen.

20 Grenzen formaler semantischer Konstruktionen

Kann die *logische* Semantik als Muster rationaler Spracherklärung dienen? – Die Leistung formaler logischer (sprachnormierender) Konstruktionen für die Konstitution und Explikation mathematischer Praxis ist unbestreitbar.[18] Dies gilt – in den richtigen Kontexten – sowohl für die wahrheitsfunktionale Logik als etwa auch für alternative Regel-Logiken, z. B. für die Dialogischen Logiken, und hier besonders für ihre ‚effektiven' Varianten.[19]

Werden allerdings logische Normierungen, die in bestimmten mathematischen Kontexten erhellend sind, in anderen Zusammenhängen zum Vorbild für die Sprachanalyse und -normierung, so kann dies in die Irre führen: Wenn wir nämlich die in den logisch-mathematischen Konstruktionen konstituierte Rede von der ‚Bedeutung', ‚Wahrheit' und ‚Begründbarkeit' von Sätzen und Urteilen dem Verständnis der Sprache

---

[18] Vgl. Stekeler-Weithofer [1987].

[19] Vgl. Stekeler-Weithofer [1986], Kap. 11–13.

in anderen Fällen als Norm vorhalten. Schon innerhalb der Mathematik zeigt der Fall der effektiven Deutung der logischen Worte ja, daß man den Begriff der Bedeutung von Sätzen unzulässigerweise einschränkt, wenn man dort ihre Bedeutung durchweg mit Wahrheitsbedingungen identifiziert.[20] Wer darüber hinaus grundsätzlich den Sinn (die ‚Bedeutung') von Sätzen einer Sprache mit den Bedingungen ihrer Wahrheit bzw. Falschheit identifiziert (wie es etwa in den Bedeutungstheorien D. Davidsons oder R. Montagues geschieht)[21], erklärt durchaus bedeutungsvolle Sätze und Urteile für sinnlos, oder ändert ihren Sinn, indem er sie gewissermaßen ‚zwangsweise' dem wahrheitssemantischen Sinnkriterium, eben der Wahrheitswertigkeit, unterwirft. Viele sogenannte Begriffsexplikationen und Sprachanalysen der analytischen Philosophie bestehen gerade aus solchen Umdeutungen, die unbemerkt bleiben und dann zu philosophischen Verwirrungen führen.[22]

So verschiebt man den normalen Gebrauch futurischer Sätze und die durch sie ausgedrückten ‚Vorhersagen', wenn man sagt, eine Vorhersage sei (heute schon) wahr oder falsch, je nachdem, ob der vorhergesagte Sachverhalt eintreffen wird oder nicht. *Vorhersagen* sind aber gerade – wie auch Aufforderungen oder Wünsche – weder wahr noch falsch. Es ist eines, eine Vorhersage *als solche* zu begründen, etwa durch gemachte Erfahrungen, und etwas anderes, eine Feststellung als ‚wahr' aufzuweisen. Die Rede von ‚futurischen *Aussagen*' verführt dazu, die Bedeutung dieser Verschiedenheit zu unterschätzen. Das ‚Sprachspiel' des Vorhersagens hängt allerdings mit dem Konstatieren von Sachverhalten zusammen, wenn wir nämlich später das Eintreffen oder Nicht-Eintreffen einer Vorhersage ‚feststellen', beurteilen.

Und ganz allgemein verstellt der Glaube, wissenschaftliche (Beschreibungs-) Modelle und (erklärende) Theorien (in Natur- und Humanwissenschaften) seien *wahr* oder *falsch*, je nachdem, wie es sich in der Welt ‚wirklich' verhält, das Verständnis der entsprechenden Wissenschaften. – Theorien können hilfreich sein, Erfahrungen übersichtlich und beherrschbar zu artikulieren, sie können sich dabei *bewähren*. Und häufig sagen wir dann kurz, aber mißverständlich, eine Theorie sei *‚wahr'*, sie *stelle* die *Sachverhalte richtig dar*. Aber damit können wir – wenn wir es recht bedenken – eben nicht viel mehr meinen, als daß sich die Darstellung der Theorie auf diese oder jene Weise bewährt hat. Ein für die *Mathematik* stellenweise angemessenes Wahrheitsprinzip hat hier, das heißt in dieser *allgemeinen* theoretischen Situation, nichts zu suchen.

---

[20] Vgl. ibid., § 11.3.

[21] Vgl. Davidson [1970]; ferner Montague [1974], Nr. 6 und Nr. 7.

[22] Insbesondere läßt sich das vom Herausgeber in 2.4 der Einleitung geübte Hantieren mit der Formel ‚Saying so makes it so' nicht für die generelle Anwendbarkeit der Wahrheitsbedingungen-Semantik ins Feld führen. Wir können zwar *sagen*, daß die Äußerung eines Satzes der Form „Ich verspreche dir, daß p" *wahr* ist, genau dann, wenn sie *als Versprechen zählt*. Wir erläutern damit aber nur eine hier mögliche Verwendung des Wortes „wahr" und *nicht* die Bedeutung des Satzes. Es mag ja sein, daß es uns gelingt, alle Sätze oder Äußerungen mit zustimmungsfähigen Kommentaren der Form ‚ „. . ." ist wahr, genau dann, wenn . . .' o. ä. zu versehen, wie im gerade genannten Beispiel. Daß wir so *reden* können, heißt allerdings nicht, daß die Bedeutungen immer sinnvoll als Wahrheitsbedingungen explizierbar seien, erst recht nicht in einem wahrheitsfunktionalen Aufbau. Talking in a way does not make things this way.

21 Erklärung der Sprachfähigkeit

Wir sehen: Als ein Regelsystem erscheint Sprache nur, wenn sie der interne Gegenstand bestimmter linguistischer (grammatischer) Sprach-Darstellungen ist. Die Sprachpraxis andererseits, die Vielfalt des ‚normalen' und ‚richtigen' Gebrauchs der Sprache (das Sprechen, Schreiben, Lesen usf.) ist uns weitgehend unabhängig von expliziten und detaillierten grammatischen und logischen Beschreibungen verfügbar: Wir lernen die Sprache durch Teilnahme am Gebrauch. Und dann (danach) können wir die uns über die praktische Ausübung bereits vertraute Sprache (die Sprachpraxis) durch die ‚Regeln' und ‚Strukturen' einer (ggfs. logischen) Grammatik beschreiben und erläutern – unter einer bestimmten Perspektive und im Regelfall sehr partiell.

In ‚wissenschaftlichen' Sprachtheorien herrschen nun neuerdings andere Vorstellungen vor: Hier ‚definiert' man die Sprache als System der von ihren Sprechern als ‚grammatikalisch' (grammatisch korrekt) akzeptierten *Ausdrücke* (Sätze) und denkt sich diese erzeugt durch ein grammatisches Regelsystem.[23] Es entsteht dann der Schein, als bestünde die ‚Sprachfähigkeit' der Sprachteilnehmer in einem ‚*impliziten*', psychisch verankerten, grammatischen Regel-Wissen, der so verstandenen ‚Sprachkompetenz'.[24] Die ‚theoretische Linguistik', die sich in dieser Sicht der Dinge gern auch „kognitive Linguistik"[25] nennt, ist dann (scheinbar) vor die Aufgabe gestellt, diese ‚implizite Sprecher-Grammatik' explizit zu beschreiben und ihre Entstehung beim Spracherwerb zu ‚erklären'.

Die Annahme eines impliziten (sprachlichen) Regel-Wissens[26] ist allerdings keineswegs selbstverständlich. Die Sprecher einer Sprache können uns ja im allgemeinen nicht sagen, welche Regeln sie befolgen und warum sie dies tun. Es gehört aber zu den begrifflichen Normalitäten unseres Umgangs mit dem Wort „wissen", daß, wer von sich behauptet, er wisse etwas, uns sagen können muß, was der *Inhalt* seines (vorgeblichen) Wissens ist und auf welchen *Gründen* es beruht. Nun sagen wir zwar auch häufig, wir wüßten, *wie* etwas zu tun ist (im Sinne eines Hinweises auf unser *Können)*, ohne daß wir dabei immer *erläutern* könnten, auf welche Weise wir dies im einzelnen tun. Das heißt aber nur, daß die Fähigkeit, eine Handlung auszuführen, eines und die Beschreibung dieser Handlung ein anderes ist. Und hier wäre es verfehlt, nur an Beschreibungen zu denken, die auf die Befolgung von Handlungs- oder gar Verhaltens-*Regeln* abstellen (es sei denn, man hat ein merkwürdig weites Verständnis dessen, was es heißt, in seinem Verhalten oder Handeln einer Regel zu folgen).

Die ‚kognitive Linguistik' nimmt dagegen von vornherein an, daß die Ausübung der sprachlichen Fähigkeiten dem (geregelten) ‚Rechnen' oder ‚Operieren mit Rechenaus-

---

[23] Vgl. hierzu Anm. 1 und Anm. 15.

[24] Vgl. Chomsky [1980] und [1980a].

[25] Zur ‚kognitiven' Konzeption der Theorie der Grammatik vgl. auch: Newmeyer [1983].

[26] Vgl. Chomsky [1980], 1ff. und 10.

drücken' analog ist.[27] Der ‚sprachliche Kalkül' selbst sei dabei in psychophysischen Zuständen und Vorgängen des Gehirns ‚repräsentiert', die wir zwar nicht im Detail kennen, wohl aber in ihrer Funktionsweise erfahren, – entsprechend den Verhältnissen bei Computern, wo sich die funktionalen Zustände (Regelsysteme) für sich, ohne Rücksicht auf ihre verschiedenartigen Realisierungen (‚Implementierungen') in der ‚Hardware' des Rechners, untersuchen lassen. Könnte man also nicht auch die menschliche Sprachkompetenz, ihr Regelsystem, *funktional*, ohne Rücksicht auf die besonderen Fragen seiner physiologischen Repräsentation, beschreiben?[28]

Im Rahmen dieser Vorstellung stellt sich die kognitive Linguistik dann überdies die Frage, auf welcher (angeborenen) Basis sich beim Spracherwerb das Regelsystem der Sprachfähigkeit entwickle. Auf diese Weise, so scheint es, ließe sich auch ‚erklären', warum Menschen, nicht Tiere, die (menschliche) Sprache erlernen können.[29]

Aber daß die Sprachpraxis *für bestimmte Zwecke* angemessen als ‚geregelte' und ‚geformte' Praxis darstellbar ist, daß die Sprache ein sinnvoller Gegenstand der grammatischen Sprachdarstellung ist, heißt keineswegs, daß die internen Regeln einer Grammatik der so dargestellten Praxis ‚real' zu Grunde lägen oder – als angeborene oder erworbene – die Teilnahme an ihr allererst ermöglichten, wie die kognitive Linguistik unterstellt. Zwar sind allerdings manche Regeln praxiskonstitutiv, etwa alle institutionellen Normierungen einer Schrift- und Hochsprache, und dies selbst dann, wenn der Einzelne sie in der Sprachpraxis, insofern ‚implizit', lernt. Institutionelle Regelungen, Sprachgewohnheiten und (mögliche) sprachliche Operationen (etwa konfigurationeller Art) lassen sich natürlich ‚systematisch darstellen', insofern ‚explizit rekonstruieren'. Doch wäre es nicht ebenso absurd, den institutionellen Sprachregeln und Gebrauchsweisen der Sprache psychophysische Realität zuzuschreiben, wie anzunehmen, die ‚impliziten Regeln' eines Gewohnheitsrechtes seien in den Gehirnen der Richter und Rechtsanwälte realisiert (repräsentiert)?

Ein oberflächlicher Vergleich mit Computern führt uns hier möglicherweise in die Irre. Die Operationsregeln der maschinellen Rechner werden ja von uns explizit ent-

---

[27] Zur ‚Faculty Psychology' und ‚Computational Theory of Mind' vgl. etwa auch: Fodor [1983], besonders 1–38.

[28] Vgl. Chomsky [1980], 9f.

[29] Ibid, 10ff. Der Herausgeber des hier vorliegenden Bandes sagt (in 2.1) ganz richtig, daß die (je bisherige) Sprachverwendung die ‚möglichen Grammatiken' weit unterdeterminiert, daß dennoch ein auch weiterhin *gemeinsamer Sprachgebrauch* möglich ist. Es wäre zwar nicht recht sinnvoll zu behaupten, Kinder lernten die Teilnahme an der Sprachpraxis durch explizite oder implizite Distributionsanalyse; gänzlich sinnlos aber ist die Unterstellung, diese Teilnahme werde durch die Entwicklung eines angeborenen grammatischen Regelsystems ermöglicht. In beiden Fällen nämlich *stellt man den Spracherwerb nur so dar,* als bestünde er in der Ausbildung von Regeln der Art, wie wir sie jeweils zur (zweckorientierten) *Darstellung* des schon verfügbaren, funktionsfähigen Sprachgebrauchs benutzen. Im übrigen bedeutet die Rede von den ‚angeborenen' Fähigkeiten letzten Endes nichts anderes als das Eingeständnis der Unerklärbarkeit der Fähigkeiten.

worfen und dann in der von uns gebauten Maschine realisiert. Ein Computer *kann* daher nur nach den (von uns) festgelegten und eingebauten Regeln ‚rechnen'.

Es ist üblich geworden, den Menschen und seine (sprachlichen) Fähigkeiten mit den ‚Fähigkeiten' eines Computers zu vergleichen, ihn in einem solchen Vergleich zu ‚beschreiben'. Aber dabei sind *Sinn* und *Grenzen* eines solchen Vergleichs zu beachten: Als ‚Erklärungen' der Sprachfähigkeit des Menschen tragen Vergleiche und metaphorische Rede nicht!

Man könnte allenfalls dann sinnvoll von ‚im Gehirn repräsentierten' grammatischen Regeln und Strukturen oder von (mentalen) sprachlichen Prozessen reden, wenn wirklich *nachgewiesen* wäre, daß dem Spracherkennen (Verstehen) und Sprechen im einzelnen *regelmäßig physiologische* Zustände und Prozesse korrespondierten. Wie immer man über die Möglichkeit eines solchen Nachweises denken mag, er kann nicht dadurch geführt werden, daß man einfach *sagt* (und damit schlicht *unterstellt),* Sprache sei durch ein Regelsystem definiert, und, überdies, es müsse *daher* auch eine Realisierung des Regelsystems im Gehirn geben.

Im übrigen gibt es eine *Vielfalt* sinnvoll möglicher Darstellungen der Sprachpraxis als ‚regelgeleitetes Handeln', und nur der je *interne Gegenstand dieser Darstellungen* ist durch das jeweilige Regelsystem erzeugt. Macht es überhaupt Sinn, nach einer (physiologischen) Realisierung einer *Darstellung* zu suchen? Und welche Darstellung wäre hier zu wählen? Begeht man hier nicht eher einen sprachlogischen Fehler; wenn man nämlich nicht sieht, daß die (externe) Sprachpraxis *nicht* durch ein Regelsystem erzeugt ist, daß wir beim sprachlichen Handeln *nicht* ‚impliziten Regeln' folgen, schon gar nicht in dem Sinne, daß diese Regeln unser Verhalten bestimmen (determinieren)?

Das ‚Verhalten' eines Rechners dagegen ist durch das eingebaute Regelsystem und durch die Eingabedaten (den ‚Input') vollständig bestimmt. Hier scheitert der Vergleich zwischen dem ‚Rechnen' eines Computers und den (sprachlichen) Handlungen des Menschen.

Physiologische Gehirnzustände (z. B. Krankheiten) beeinflussen (beeinträchtigen) die Fähigkeit des Sprechens und Sprachverstehens in der Tat. Es ist eben auch diese Fähigkeit wie andere menschliche Fähigkeiten leiblich bedingt. Physiologische oder funktionale *Bedingungen* der normalen Sprachfähigkeit können zwar u. U. – für den Fall ihres Ausbleibens oder Aussetzens – auftretende *Störungen* menschlicher Fähigkeiten erklären, nicht jedoch diese selbst, in ihrem ‚Arbeiten' und in ihrer Entstehung. Wohl können Darstellungen, welche bestimmten Aspekten der Sprache den Charakter von Regeln geben, eine Auskunft darüber ermöglichen, welche Regeln bei bestimmten (physiologischen) Defekten nicht mehr richtig ‚befolgt' werden können. Und es mag für derartige Zwecke verschieden ‚gute' Darstellungen geben. Die dazu vorgeschlagenen grammatischen Regelsysteme, welche der empirischen Erforschung der ‚funktionalen' Bedingungen des Spracherwerbs eine gewisse Ordnung geben, beziehen sich dann allerdings auf unsere sprachlichen Fähigkeiten, wie sie uns durch den gelingenden Erwerb und die gemeinsame Praxis der Sprache gegeben und gegenwärtig sind: Sie sind daher bestenfalls ‚deskriptiv adäquate' Darstellungen der Sprachpraxis. Die psychophysische *Realität* der *Sprachkompetenz* als ein *‚im Gehirn repräsentiertes Regelsystem'* allerdings läßt sich auf diesem Wege nicht erweisen.

Eine ‚kognitive' (‚psychologische', ‚biologische') *Erklärung der Sprachkompetenz* wird sich allerdings mit der empirischen Erforschung *notwendiger* Bedingungen des Spracherwerbs und der Sprachfähigkeit nicht begnügen. Sonst entbehrte die Behauptung jeden Sinnes, unsere Sprache sei ein ‚Epiphänomen', erzeugt oder getragen von der eigentlichen (etwa auch physiologisch materialisierten) Realität eines kompetenztheoretisch aufgefaßten Regelsystems. Hier kommt dann nämlich eine andere Vorstellung von Adäquatheit zum Vorschein, die nicht die angemessene (ordnende) Beschreibung der Sprachpraxis, sondern die Übereinstimmung einer in der Form grammatischer Regeln organisierten Kompetenztheorie mit letztlich physiologisch erforschbaren Tatsachen im Auge hat.[30]

Die menschliche Sprachfähigkeit als real mögliche, gemeinsame Sprachpraxis ist eine *Kultur*leistung (*kulturelle* Institution), keine *Natur*tatsache; – auch wenn es ‚natürliche' Vorbedingungen für sie geben mag. Verfehlt allerdings wäre es, das Entwerfen und Schreiben von Grammatiken (und in diesem Sinne die Linguistik) auch nur mit der Erforschung solcher Bedingungen zu verwechseln, wie dies die ‚kognitive Linguistik' und ihre ‚Grammatiktheorie' nahelegt; – allerdings leider weitgehend in der Absicht, statt bloßer (physiologischer oder funktionaler) Bedingungen bestimmter Sprachfähigkeiten am Ende sogar so etwas wie naturhafte Repräsentationen sprachlicher Regeln zu finden, und so das Rätsel der Sprache zu lösen. Dieses Rätsel aber gibt es, bei aufgeklärter Betrachtung, nicht.

---

[30] Grewendorf [1985] betont ganz richtig, daß sprachanalytische Überlegungen der hier oder auch bei Wittgenstein vorgetragenen Art durch ‚empirische' Sprach- und Grammatiktheorien nicht berührt sind, so daß etwa auch Chomskys Wittgenstein-Kritik unhaltbar ist. Falsch aber ist Grewendorfs Annahme, es gäbe keine logischen (sprachanalytischen) Einwände gegen Sprachtheorien des ‚kognitiven Typs'. Wie sich aus unseren Untersuchungen ergibt, lassen sich nämlich die weitgesteckten Erklärungsansprüche Chomskys weder in der Verlängerung bereits vorhandener Empirie verstehen; noch läßt sich für sie überhaupt, ohne Verwischung der begrifflichen (methodischen) Verhältnisse, sinnvoll eine (empirische) Konkretisierung erwarten.

Literatur

Chomsky, N. [1957]. *Syntactic Structures.* Den Haag: Mouton.
Chomsky, N. [1965]. *Aspects of the Theory of Syntax.* Cambridge, Mass.: MIT Press.
Chomsky, N. [1980]. Rules and Representations. *The Behavioral and Brain Sciences 3,* 1ff.
Chomsky, N. [1980a]. *Rules and Representations.* New York: Columbia University Press.
Cresswell, M. J. [1979]. *Die Sprachen der Logik und die Logik der Sprachen.* Berlin: de Gruyter. (Engl.: *Logics and Languages.* London: Methuen 1973.)
Davidson, D. [1970]. Semantics for Natural Languages. In: B. Visentini et al. (Hrg.), *Linguaggi nella Società e nella Tecnica.* Milano: Edizioni di Comunita.
Dummett, M. [1975]. What is a Theory of Meaning? In: S. Guttenplan (Hrsg.), *Mind and Language.* Wolfson College Lectures 1974. Oxford: Clarendon Press.
Dummett, M. [1976]. What is a Theory of meaning? (II). In G. Evans/J. McDowell (Hrsg.), *Truth and Meaning. Essays in Semantics.* Oxford: Clarendon Press.
Fodor, J. A. [1983]. *The Modularity of Mind.* Cambridge/Mass.: MIT Press.
Glinz, H. [1952]. *Die innere Form des Deutschen. Eine neue deutsche Grammatik.* Bern: Francke.
Grewendorf, G. [1985]. Sprache als Organ und Sprache als Lebensform. Zu Chomskys Wittgenstein-Kritik. In: D. Birnbacher/A. Burkhardt, *Sprachspiel und Methode. Zum Stand der Wittgenstein-Diskussion.* Berlin: de Gruyter.
Grice, P. [1968]. Utterer's Meaning, Sentence-Meaning and Word-Meaning. In: *Foundations of Language 4,* 1968, 1–18. Dt. Fassung in: G. Meggle (Hrsg.), *Handlung, Kommunikation, Bedeutung.* Frankfurt: Suhrkamp 1979, 85–111.
Lyons, J. [1968]. *Introduction to Theoretical Linguistics.* London: Cambridge University Press.
Mathesius, V. [1975]. *A Functional Analysis of Present Day English,* hrsg. v. J. Vachek. Prag: Academia.
Montague, R. [1974]. *Formal Philosophy,* hrsg. v. R. Thomason. New Haven/London: Yale University Press.
Newmeyer, J. [1983]. *Grammatical Theory.* Chicago: University of Chicago Press.
Searle, J. R. [1965]. What is a Speech Act? In: M. Black (Hrsg.), *Philosophy in America.* Ithaca: Cornell University Press, 221-239.
Searle, J. R. [1969]. *Speech Acts. An Essay in the Philosophy of Language.* London: Cambridge University Press.
Searle, J. R. [1983]. *Intentionality. An Essay in the Philosophy of Mind.* London: Cambridge University Press.
Stekeler-Weithofer, P. [1986]. *Grundprobleme der Logik. Elemente einer Kritik der formalen Vernunft.* Berlin: de Gruyter.
Stekeler-Weithofer, P. [1987]. Sind die arithmetischen Urteile synthetisch a priori? In: *Zeitschrift für Allgemeine Wissenschaftstheorie,* XVIII, Heft 1/2, 215-239.

Teil III. Dokumentarischer Anhang

1 *Übersicht über die Teilprojekte des SFB 99, gegliedert nach Projektbereichen*

Kenn-Ziffer des Teilprojektes	Bezeichnung des Projektbereichs Teilprojekts	Leiter des Projekts	Förderungsdauer
A	Formale Linguistik und linguistische Grundlagenforschung		
A 1	Entwicklung und Erprobung von linguistischen Beschreibungsformalismen	Pause/von Stechow	1974–1976
	Formale Syntax und Semantik natürlicher Sprachen	von Stechow/Pause	1977–1979
	Formale Syntax und Semantik natürlicher Sprachen	von Stechow	1980–1985
A 2	Automatische Übersetzung	Brockhaus	1974–1979
	Automatische Übersetzung	Pause	1980–1982
A 3	Interrogativlogik und automatische Fragebeantwortung	Schleichert	1974–1976
A 4	Rationale Grammatik	Kambartel/ Mittelstraß/ Schneider	1974–1976
B	Textlinguistik		
B	Strukturelle Textlinguistik	Hartmann/Rieser	1974–1976
	Dialoge in der Textlinguistik	Egli	1977–1982
B 1	Wissensabhängige Deutung von Ereignisbeschreibungen	Egli	1983–1985
C	Linguistische Fachdidaktik	Wolf	1974–1976

Kenn-Ziffer des Teil-projektes	Bezeichnung des Projektbereichs Teilprojekts	Leiter des Projekts	Förderungsdauer
D	Psycholinguistik		
D 1	Experimentalpsychologische Untersuchungen aphatischer Störungen	Cohen	1974–1985
D 2	The Structure of Human Semantic Memory Processes	Brockway/Freeman	1977–1979
D 3	Sprachphysiologie	Freeman	1980–1985
E	Textverstehen und Sprachverschiedenheit		
E 1	Vergleichende Lexikologie	Schwarze	1977–1982
E 2	Übersetzungsbezogene Kontexttheorie	Pause	1983–1985
E 3	Vergleichende Textsemantik	Schwarze	1983–1985
F	Geschichte der Sprachwissenschaft		
F	Geschichte und Bewertung sprachwissenschaftlicher Theorien	Hartmann/Egli	1977–1979
F 1	Geschichte und Bewertung sprachwissenschaftlicher Theorien	Egli	1980–1985
G	Soziolinguistik des Sprachkontakts		
G 1	Untersuchungen zur Muttersprache von Gastarbeiterkindern im Kontakt mit Deutsch	di Luzio	1980–1985
H	Sprachphilosophie		
H 1	Philosophische Semantik	Kambartel	1983–1985

2 *Liste der am Sonderforschungsbereich beteiligten Wissenschaftler (Stand: Dezember 1985)*

Name, Vorname akadem. Grad, Dienstleistung	Abschluß	Fachrichtung	Bezeichn. des Inst. d. Hochschule, Einrichtung außerh. d. Hochschule	GA/EA Stipendiaten	Teilprojekte (Kennziffer)
d'Angelo, Domenico wiss. Mitarb.		Linguistik	FG Sprachwiss.	EA	G 1
Auer, Peter Dr. phil., wiss. Mitarb.	Diss. 1983	Linguistik	FG Sprachwiss.	EA	G 1
Bäuerle, Rainer Dr. phil., wiss. Mitarb.	Diss. 1977	Linguistik	FG Sprachwiss.	GA	B
Bayer, Josef Dr. phil., wiss. Mitarb.	Diss. 1982	Linguistik	FG Sprachwiss.	EA	B
Cohen, Rudolf Professor		Psychologie	FG Psychologie	GA	D 1
Davies, Margarete wiss. Mitarb.		Psychologie	FG Psychologie	EA	D 1
Döpke, Wilfried Dr. phil., wiss. Mitarb.	Diss. 1983	Linguistik	FG Sprachwiss.	EA	E 3
Egli, Urs Professor		Linguistik	FG Sprachwiss.	GA	B/F
Engelberg, Klaus-Jürgen Dr. phil., wiss. Mitarb.	Diss. 1979	Linguistik	FG Sprachwiss.	GA	E 2
Faure, Jean-Pierre wiss. Mitarb.		Linguistik	FG Sprachwiss.	EA	E 2
Fery, Caroline wiss. Mitarb.		Linguistik	FG Sprachwiss	EA	A 1

Name, Vorname akadem. Grad, Dienstleistung	Abschluß	Fachrichtung	Bezeichn. des Inst. d. Hochschule, Einrichtung außerh. d. Hochschule	GA/EA Stipendiaten	Teilprojekte (Kennziffer)
Freeman, Robert Professor		Psychologie	FG Psychologie	GA	D 3
Glöckner-Rist, Angelika wiss. Mitarb.		Psychologie	FG Psychologie	EA	D 1
Gutbrot, Klemens wiss. Mitarb.		Psychologie	FG Psychologie	EA	D 1
Haas, Ulrike wiss. Mitarb.		Linguistik	FG Sprachwiss.	EA	A 1
Hauenschild, Christa Dr. phil., wiss. Mitarb.	Diss. 1985	Linguistik	FG Sprachwiss.	EA	E 2
Hoffmann, Eva-Maria wiss. Mitarb.		Psychologie	FG Psychologie	EA	D 1
Hofmeister, Klaus Dipl. Psych., wiss. Mitarb.		Psychologie	FG Psychologie	EA	D 3
Hülser, Karlheinz Dr. phil., wiss. Mitarb.		Linguistik	FG Sprachwiss.	EA	F
Kambartel, Friedrich Professor		Philosophie	FG Philosophie	GA	H
Kelter, Stefanie wiss. Mitarb.		Psychologie	FG Psychologie	EA	D 1
Klein, Ursula wiss. Mitarb.		Linguistik	FG Sprachwiss.	EA	E 3
Klein, Monika wiss. Mitarb.		Linguistik	FG Sprachwiss.	EA	G 1
Knöpfler, Siegfried wiss. Mitarb.		Linguistik	FG Sprachwiss.	EA	E 2

Name, Vorname akadem. Grad, Dienstleistung	Abschluß	Fachrichtung	Bezeichn. des Inst. d. Hochschule, Einrichtung außerh. d. Hochschule	GA/EA Stipendiaten	Teilprojekte (Kennziffer)
Koemeda-Lutz, Margit Dr. rer. soc., wiss. Mitarb.	Diss. 1985	Psychologie	FG Psychologie	EA	D 1
Kolbert, Christa wiss. Mitarb.		Psychologie	FG Psychologie	EA	D 3
Lato, Donatella wiss. Mitarb.		Linguistik	FG Sprachwiss.	EA	G 1
Lerner, Jean-Yves Dr. phil., wiss. Mitarb.		Linguistik	FG Sprachwiss.	EA	A 1
Lorscheid, Thomas Dr. rer. soc., wiss. Mitarb.	Diss. 1982	Psychologie	FG Psychologie	EA	D 3
di Luzio, Aldo Professor		Linguistik	FG Sprachwiss.	GA	G 1
Mager, Barbara wiss. Mitarb.		Psychologie	FG Psychologie	EA	D 1
Meier, Erwin Dr. rer. soc., wiss. Mitarb.	Diss. 1985	Psychologie	FG Psychologie	EA	D 1
Meggle, Georg Dr. phil., wiss. Mitarb.	Habil. 1984	Philosophie	FG Philosophie	EA	H
Oh, Ye-Ok Dr. phil., wiss. Mitarb.	Diss. 1985	Linguistik	FG Sprachwiss.	EA	E 2
Posch, Günter Dr. phil., wiss. Mitarb.		Linguistik	FG Sprachwiss.	EA	B
Ries, Manuela wiss. Mitarb.		Linguistik	FG Sprachwiss.	EA	G 1

Name, Vorname akadem. Grad, Dienstleistung	Abschluß	Fachrichtung	Bezeichn. des Inst. d. Hochschule, Einrichtung außerh. d. Hochschule	GA/EA Stipendiaten	Teilprojekte (Kennziffer)
Rüttenauer, Martin Dr. phil., wiss. Mitarb.	Diss. 1977	Linguistik	FG Sprachwiss.	EA	B
Schepping, Marie-Theres Dr. phil., wiss. Mitarb.	Diss. 1981	Linguistik	FG Sprachwiss.	GA	E 3
Schluroff, Michael Dr. phil., wiss. Mitarb.	Diss. 1979	Psychologie	FG Psychologie	EA	D 3
Schwarze, Christoph Professor		Linguistik	FG Sprachwiss.	GA	E 3
von Stechow, Arnim Professor		Linguistik	FG Sprachwiss.	GA	A 1
Stekeler-Weithofer, Pirmin Dr. phil., wiss. Mitarb.	Diss. 1984	Philosophie	FG Philosophie	EA	H
Sternefeld, Wolfgang Dr. phil., wiss. Mitarb.	Diss. 1984	Linguistik	FG Sprachwiss.	EA	A 1
Torris, Thérèse wiss. Mitarb.		Linguistik	FG Sprachwiss.	EA	A 1
Zimmermann, Thomas, M. A. wiss. Mitarb.		Linguistik	FG Sprachwiss.	EA	E 3

3 Förderung des Sonderforschungsbereichs 99

Der Sonderforschungsbereich 99 wurde 1974 unter dem Titel „Linguistik (Formale Sprachwissenschaft, Grundlagenforschung)“ an der Universität Konstanz eingerichtet. Der Titel wurde ab 1983 in „Grammatik und sprachliche Prozesse“ abgeändert. Die Deutsche Forschungsgemeinschaft hat den Sonderforschungsbereich in den Jahren 1974 bis 1985 mit insgesamt DM 15.584.000,- gefördert.